U0140436

清华哲学文库

思想的立足点

维特根斯坦《哲学研究》中的一个主题

[葡] 查尔斯·特拉维斯（Charles Travis） 著

陈楚淼 马 健 译

唐 浩 审校

清华大学出版社

北京

北京市版权局著作权合同登记号　图字：01-2022-0485

图书在版编目（CIP）数据

思想的立足点：维特根斯坦《哲学研究》中的一个主题/（葡）查尔斯·特拉维斯著；陈楚森，马健译.—北京：清华大学出版社，2023.11
（清华哲学文库）
书名原文：Thought's Footing—A Theme in Wittgenstein's Philosophical Investigations
ISBN 978-7-302-64463-7

Ⅰ.①思…　Ⅱ.①查…②陈…③马…　Ⅲ.①维特根斯坦（Wittgenstein，Ludwig 1889—1951）—哲学思想—研究　Ⅳ.①B561.59

中国国家版本馆 CIP 数据核字（2023）第 153795 号

责任编辑：梁　斐
封面设计：常雪影
责任校对：薄军霞
责任印制：丛怀宇

出版发行：清华大学出版社
　　　　网　　　址：http://www.tup.com.cn，http://www.wqbook.com
　　　　地　　　址：北京清华大学学研大厦 A 座　　邮　　编：100084
　　　　社 总 机：010-83470000　　　　　　　　邮　　购：010-62786544
　　　　投稿与读者服务：010-62776969，c-service@tup.tsinghua.edu.cn
　　　　质量反馈：010-62772015，zhiliang@tup.tsinghua.edu.cn
印 装 者：三河市东方印刷有限公司
经　　销：全国新华书店
开　　本：170mm×240mm　　印　张：15　　　　字　　数：276 千字
版　　次：2023 年 11 月第 1 版　　　　　　　　印　　次：2023 年 11 月第 1 次印刷
定　　价：99.00 元

产品编号：092187-01

Foreword ●
中译本序

如果有人调查一下自维特根斯坦死后哲学界对其后期哲学的反应,那么其核心作品《哲学研究》会显得有点像一个罗夏测验①。对一些人来说,他令人厌恶,甚至更糟;另一些人则对他忠心耿耿,就像对一个教派一样。这里的任何一个极端无疑都是对他作品中某些东西的回应。在我看来——作为一个不在任何一个极端的人——在维特根斯坦的作品中,每一方都有**一些东西**可以回应。无论如何,维特根斯坦的著作都有其特殊之处,而这解释了为什么它们会引起如此多样的反响。维特根斯坦自己在《哲学研究》的序言中指出了这一点,他写道:

> 起先,我的本意是归拢成一本书,而对于其形式,我在不同的时候有过不同的设想。不过,根本上说,书中的思想应该以一种自然而平顺的条理从一个主题推进到另一个。
>
> 在几次将我的思想熔接成这样一个整体的失败尝试之后,我意识到这永远不会成功了。我能写出的最好的东西始终只能是哲学评论。……我们被迫在一个广阔的思想领域中纵横交错地行走,在各个方向上萦回。本书中的哲学评论就像是在一次漫长而迁曲的旅程中产生的一组风景速写。

我最常希望维特根斯坦未曾这么快就放弃写一本有条理的书。不过,他没能做成,或者索性没能去做,对我们来说或许也有好处。因为在我看来,如果事先对于自己发现什么哲学问题值得探索没有一个想法,就根本无法进入《哲学研究》。在广泛的可能选项中——至少对我来说,在哲学大部分的中心地带(广义的形而上学和认识论),我们很可能会发现切中肯綮的评论。**有时**人们可以为这些问题中的

---

① 罗夏测验(Rorschach test)是由瑞士精神病学家罗夏(Hermann Rorschach)于1921年首先提出的一种投射型人格测试。测试首先向被试展示若干张由墨渍随机形成的卡片,然后要求被试回答他们认为卡片看起来像什么,主试继而根据其回答来诊断被试的人格特征。——译者注

某一个正是维特根斯坦所关心的问题给出一个合理的理由。当这可以做到的时候，这也是很有意思的。随着我在自己的哲学发展中进步，被我发现有吸引力的问题也有些变化。然而我仍然发现它们在《哲学研究》中以相当独特和有益的方式被谈及，即便是以我此前并未看到的方式。

2005 年夏天，当我完成这本书的手稿时，我认为《哲学研究》是在处理一系列有序的、相互联系的问题，直到大约一半的地方，开始变得有点不那么有条理，但仍然充满了对**我**看到的问题的评论，而我现在看到的问题，在他的书中有所呈现。我围绕这些问题安排了**我**的这本书。我在这里简要地重述一下这些划分。

首先，众所周知，《哲学研究》以对**语言游戏**这一概念的引入开篇。正如维特根斯坦所坚持的，一个语言游戏会是一个参照物。但与什么相参照呢？我在 2005 年可能会更多地强调一件事，那就是维特根斯坦非常随意地使用了一个德语的摇摆词（所谓摇摆就是在一小组不同的概念之间来回转换，而不对任何一个采取明确的立场）。我指的是德语词"Satz"，它有广泛的含义。至少有三种高度相关的东西，是一个"Satz"可能所是的。第一，就是一门语言中的一个句子。第二，一个言语行为（一种看法是，在一个场合中嘴里说出的话，即某个特定的历史事件），这第二个选项把我们带到了思想**表达**中的一个核心组成部分。第三，"Satz"至少可以用来指代类似弗雷格所说的"Gedanke"的东西，即既非空间亦非时间的东西。这在复合名词"Lehrsatz"，或"定理"中最为明显。现在在我看来（我想当时亦然），这三种可能性中的第二种才与维特根斯坦的关切最为相关。无论如何，我当时认为并继续认为，这个概念的主要应用不是作为构建一个语言的语义理论的工具。

接着，最初对语言游戏的讨论转入了对"家族相似性"的讨论。我现在注意到，我们可以认定这一讨论与维特根斯坦在《蓝皮书》中的一段评论有本质上的关联：

> 为了弄清一个通称词项的意义，人们就得在其所有应用中找到共同的元素，这一想法禁锢了哲学研究，因为它不仅徒劳无益，还致使哲学家以为具体的例子无关紧要而漠视之，而唯有它们才能帮助他理解这个通称词项的用法。当苏格拉底问到"什么是知识"这个问题时，他甚至没有将列举知识的例子作为一个**初步**的回答。（《蓝皮书》第 19—20 页）

家族相似性的概念被用来打消我们对贯穿一个"通称词项"或概念的所有应用的共同元素的想法。（在这里，或许有人也想到这个传统的观念，即一个概念可被一组"Merkmale"来定义，也就是说，给定其他的概念，满足这个被定义的概念就是满足**它们**。）

家族相似性的讨论又转入了大约从第 92—136 节的部分,这部分涉及逻辑的本质、其与语法的关系,以及作为语法的哲学的想法。(当然,是在某种或许是略微专用的**语法**概念上。)

这一系列话题中的下一个是所谓的"遵行规则的讨论"。我只想说,我认为这涉及概念与"落入"它们"之下"的东西的关系。在这里,我把余下的话留给这本书本身。按照我的划分方式,遵行规则的讨论结束在第 242 节。第 243 节开始了下一个话题:用通常的术语来说,是"私有语言"的讨论。我在这篇序言中只提一点,私有性的相关想法出现在某种怀疑论论证的终结之处,而且这种论证有几种非常不同的类型。弗雷格坚称,"通过我借以为自己赢得一个环境的那一步,我将自己暴露在错误的风险之中"。这也是这样说的一种方式:公共性是有思想(或者至少是分解为可数的**诸思想**的思想)这种东西存在的一个先决条件。而这一点,我现在认为,直接关系到人们应当认为遵行规则的讨论所表明的东西是什么。(仍然隐晦,但不管好坏,它最好不要把我们推向关于思想或真理的观念论。)

按照我的划分,私有语言的讨论在第 309 节左右结束。这也终结了我将事情划分为我刚刚列出的那种主题的有序序列的能力。从那里开始,我们会发现一些简短的片段,每个片段都与刚刚探究过的这个或那个问题高度相关。而我甚至还没有提到《哲学研究》所处理的一些最重要的主题。例如,有一组问题,每一个都涉及一些或许符合雅克·布弗雷斯(Jacques Bouveresse)的意味深长的术语"内在性的神话"(The Myth of Interiority)的东西。而这要交给(但愿)另一部作品了。

最后,我想感谢唐浩教授组织翻译工作,以及其他人,尤其是马健和陈楚焱,完成了想必非常困难的翻译工作,还有出版社的编辑梁斐,为本书的出版作出了非常可观和值得肯定的努力。

查尔斯·特拉维斯

2022 年 10 月 1 日

Foreword

代译序

　　这本书讨论维特根斯坦的后期哲学,作者特拉维斯(Charles Travis)是当代国际知名哲学家,著述甚丰。书中给出了许多对维特根斯坦《哲学研究》的独特诠释,但其内容远远超出了单纯的诠释,因为特拉维斯在诠释的同时还提出了很多自己的见解,涉及语言哲学、心灵哲学、认识论等领域中的若干重要问题。

　　从诠释和运用维特根斯坦后期思想的角度看,此书最大的特点也许是把弗雷格视为理解后期维特根斯坦的关键人物。弗雷格对理解早期维特根斯坦至关重要,这众所周知。但认为弗雷格对理解后期维特根斯坦也至关重要,这是种比较少见的观点。这个观点是否合理,能带来什么洞见,这也许是此书读者能追问的最有意思的问题。

　　特拉维斯文风非常独特,甚至有些古怪,很不好读,更不好译。两位译者马健和陈楚淼运思良多,反复打磨。特拉维斯本人也提供了诸多帮助,包括就一些具体翻译问题进行沟通和讨论。在此一并致谢!

　　哲学如吃饭,味道是嚼出来的。诚愿读者从这本书中嚼出味道。

唐　浩

2022 年 10 月

Preface and Acknowledgements
前言及致谢

　　2001 年秋天,我出乎意料地被邀请在法兰西学院作几场讲座——我欣然接受了这一殊荣。碰巧的是,我当时正好觉得自己对《哲学研究》许多具体段落的解读已经有了足够多的新想法,这使我能够再次明确地就维特根斯坦写点什么。因此我提议就《哲学研究》作讲座。起初,我以为这些新想法之间并没有联系,每个想法只与文本中某个特定段落有关。然而,在我着手准备这些讲座时,它们汇聚成了对《哲学研究》及其主要论题的统一看法——它包括两个(或三个)紧密相连的主题,其中第一个使得第二个(和第三个)更为不容忽视。2002 年 5 月和 6 月的讲座内容就是这样呈现的。我从这一经历中获益良多,也希望其他人能有同感。不消说,这里出版的内容并非我当时宣读的版本。本书的内容在当时甚至远谈不上成形。我在演讲时对草稿的使用一向比较随意。摆在眼前的是一项长久努力的成果,它将这些草稿的主旨整理成某种至少是融贯的,或甚至是可消化的东西。随着这个进程的推进,又有许多新想法加入进来,与最初的想法并驾齐驱。

　　这些讲座得以可能,许多人厥功至伟,这些功绩既有哲学方面的,也有其他方面的。我尤其想要感谢雅克·布弗雷斯(Jacques Bouveresse)、桑德拉·劳希耶(Sandra Laugier)、乔斯林·伯努瓦(Jocelyn Benoist)、让-雅克·罗萨(Jean-Jacques Rosat)、布鲁诺·安布鲁瓦兹(Bruno Ambroise)、吉姆·科南特(Jim Conant)、彼得·沙利文(Peter Sullivan)和麦克·马丁(Mike Martin)。功归于人而过在我,这一惯例亦适用于本书。

查尔斯·特拉维斯

Contents
目录

导言

在对《哲学研究》的这项研究中,我从始至终都遵循了一个核心的方法论原则:如果你想理解维特根斯坦在《哲学研究》中某些特定的地方要做什么,就总要参看弗雷格——看维特根斯坦所说的如何能够回应(无论是修正还是拒斥)弗雷格所说的某些东西。除了这一原则带来的成效外,我不为它提供任何辩护。换言之,这一原则指导之下的对维特根斯坦的阐释,或许也有办法吸引那些自然地倾向于认为其哲学令人反感的哲学家们。对于一些人来说,后期维特根斯坦显得仿佛失去了对**哲学**的感觉或关切。他对"人类的自然史"的关心,**可能**在一些人听来,仿佛完全指向了其他地方——甚至可能是荷兰语中所谓的人生哲学(*levensbeschouwelijke visies*)——对人类困境的零乱的反思,或者更直白地说,仅仅是咕哝而已。维特根斯坦也可能显得仿佛只是在平白无故地蔑视弗雷格为哲学提供的那种来之不易的严谨性。然而事实上,维特根斯坦对"自然史"的关切和与之相伴的一切,所指向的其实是弗雷格的思想以及当前哲学中最为核心的东西。维特根斯坦的关切,以其自有的方式,与弗雷格及当下的哲学相会。

　　弗雷格不容忽视的成就在于，他使某种有强烈吸引力的、有关思想和语言的观点变得清晰明了，使之足以承受严格的批评。维特根斯坦承担了那项唯有经过弗雷格才得以可能的任务。他从那些（偶尔出现的）对弗雷格察觉到的威胁的过度反应之中，挑选出弗雷格哲学中值得保留的东西，这些威胁最显著和经常地来自观念论。在批评这些过度反应的过程中，维特根斯坦也在批评传统的（尤其是英国的）经验论和它当下的后继者们——尽管他的批评根本不是从传统理性主义的立场出发的。当然，弗雷格并不同情经验主义。他以自己的方式对其进行了猛烈的攻击。经验主义恰恰构成了他所忧惧的观念论的威胁。如果弗雷格和经验论者之间还留有足够的相似之处，以作为维特根斯坦这一类批评的共同目标，那这本身就会是一个有趣的发现。而如果这是对《哲学研究》内容的正确看法，那么就算是那些不同情维特根斯坦的人，也有理由去关注里面说了什么。如果本书能激发一些哲学家重新审视《哲学研究》，我将非常高兴。

　　就我个人而言，无论是否为维特根斯坦代言，我都将更进一步。正如牛顿——在很大程度上，虽然不是一劳永逸地——为我们留下了对于力学中的许多问题在当今仍然正确的思考框架，弗雷格同样也在很大程度上，虽然不是一劳永逸地，留给了我们一种现今仍然最有成效和见地的方式，来思考许多有关语言和思想，以及它们与事物的对应关系的问题。这一点持续给我留下越发深刻的印象，因为我发现自己越发频繁地求助于弗雷格，以寻找一种方法来思考那些我发现自己被卷入其中的各种争论。正如牛顿的一个令人满意的继承者应该（而且确实）让我们看到，前者构建问题的方式在其适用之处何以仍然富有成效一样，弗雷格的一个令人满意的继承者也应该如此做。他应该将弗雷格哲学中仍然正确的那些东西置于合适的位置，即便在我们已经超越了（如果确实超越了）他之后。我认为维特根斯坦在《哲学研究》中，着实非常清晰而准确地让我们看到了弗雷格哲学的价值。我希望这一点在本书中有所体现。

　　在本书中，我将以思想在《哲学研究》中的发展顺序，介绍书中的一条严密思路。按其他顺序介绍也讲得通。人们可能以其在维特根斯坦本人的发展过程中出现的顺序对他现存的思想进行有益的研究。那将会是一个相当不同的方案。举例来说，如果我对《哲学语法》的看法是正确的，那么从《逻辑哲学论》通往《哲学研究》的道路实际上不仅经过，而且**经由**了本书第 3 讲中所呈现的材料。它很可能始于对什么是"命题变量"（更宽泛地说，什么是一般的变量），因而也是对什么是逻辑的一种新理解。但我在此将不再进一步追随这条历史探究的路线。就我当下的目标而言，文本现在的顺序是完全令人满意的。

那么，我所说的这一条严密思路是什么呢？我们可以从本书的书名说起。（事物是如此这般的）思想是如何获得立足点的？思想的成败如何能以一种足够确定的方式依赖于事物的状况，以至于世界（在其正常进程中）能够配合地要么**正是**所思想的那样，要么正好不是？首先，这样一种对事物的依赖关系可能是怎样的？它可能采取怎样的形式？

弗雷格从对象和概念的角度提供了一个答案。在最简单的情况下，思想是对一个对象和一个它在其中作为自变量的概念而言的。概念将那个自变量映射到一个真值上，后者（至少在关乎现世的情况下）取决于对象处于何种情况。在一个合作的世界中，对象要么满足概念，要么不满足。根据其状况，自变量的类型将真值映射为真，或映射为假。所以，以一种结构正确的方式对待一个对象和一个概念（也就是说，将对象作为满足概念的那种东西，将概念作为由此被满足的那种东西），就**是**以正确方式的一种具体形式对事物的状况负责。此外，一个人如何**因此**负责，恰恰决定了一个人何时能够被事物的状况所辩护；它恰恰决定了一个人如何才算是判断正确，也**恰恰**决定了他就此判断的是什么。

维特根斯坦在《哲学研究》最开头所提出的第一个主要观点，就是事情并非如此。就算你以这样一种方法，用一个态度或词语来为你想要命名的任何对象和概念命名，对事物状况的依赖也会有无数种不同的、正确的方法，所有这些方法都与命名那些事物相兼容。词语（借由概念和对象）所命名的东西，以及它们用于**命名一事**的有结构的方式，都**不能**唯一确定它们何时为真。缺少的东西是思考或言说某事的那种**后果**——所说之事为真的前提下，借助它可能完成的东西——在某种程度上，它可以通过说一个语言游戏该如何玩（通过为它提供规则）而被解释清楚。在言说（准确来说）某事时，一个人所说的何时为真并不独立于该事（在该言说的情境中）为什么，或者恰恰如何与所说的相关，具体来说，也不独立于后者如何与我们可能**做**的事情相关。这便是引入语言游戏这一概念的初衷。

此处有一个连接真理和后果的一般性的观点，当然，它**不**是维特根斯坦所特有的。它的流通范围要广泛得多。这里有一些二者的切点值得注意。在后者被尽可能认真对待的前提下，维特根斯坦的图景也很大程度上受到以下观点的驱使，即某事如何相关不能独立于它在其中相关的那个特定情境而被确定，以及与之有关地，它不能被事情的所谓无限制的具体性所确定，其差异可能关乎一个人在说事情是如此这般时，什么时候所说的为真。

这是对这一问题的其中**一种**回答：真理对事物状况的正确的依赖关系应当是怎样的——思想如何能够对现实情况有一种正确的把握？赋予思想这种把握的，是它在给定的场合或对其的给定表达下，在更大的事项中的参与。这一回答引发了其他相似的问题，这些问题通向了第二个重要的母题。假设我说"猪在客厅里"，论及"某只特定的猪"和（用弗雷格的话说）"在客厅里"这一概念。如果我所说的为真，那么它**可以**有什么后果？应该对它有什么期望？什么能够决定这一问题的答案为何？

对于弗雷格来说，为了正确把握事物的状况，一个概念内在地受制于一种特定的依赖方式，一种这一概念在其中要紧的特定方式。对他来说，这种方式被一种特定的赋值法则（*Gesetz der Zuordnung*）所固定下来，它是一种将对象和真值联系起来的法则。事实上，为该概念命名，就恰恰是并且仅仅是调用依赖关系的那种具体形式。对于这种命名是其中一部分的整体来说，正确性的条件将是如此被调用的特定依赖关系的**函数**，因此对于任何与这些依赖关系结构上相同的调用来说，情况都是一样的。无论对这种构想还有什么可说的，至少，一个事情是如此这般的判断的正确性如何依赖于事物状况，一旦以这种方式被决定，**其**正确性所要求的东西就独立于我们或任何人特定的偏狭的能力或思想形式——某个特定种类的思考者（比如一个人）所特有的思想的特性。

在对事物状况的依赖关系采取维特根斯坦所认为的形式时，情况则不同了。如果一个人所说的为真，是什么决定了他可以如何**使用**说出的那些语词——在那种情况下，一个人可以或应当期待自己能够做什么呢？首先，人们可以如何使用那些（以一种给定的有结构的方式）谈论给定的概念和对象的语词，必须真正依赖于它们被说出的情境。进一步地，我们应当假定，并不存在这样的算法，借此我们可以根据（即将成为的）给定的其他有关言说的、独立于这一问题答案的事实来算出那个答案。我们可以把这当作以下这条一般规则的一个特例，即我们的概念所谈论的东西总是容许，并且有时要求，理解——这是表述维特根斯坦对弗雷格对概念功能的设想的拒斥的另一种方式。另一方面，如果我，一个特定种类的思考者，对与我同类的思考者说话，那么我们——作为那类思考者，如果适当地熟悉（*au fait*）我的言说所在的情境的话——将会对一个人可以期待的东西的细节有广泛的共识。根据维特根斯坦的观点，这种广泛共识，作为一条规则，被等同于**认识到**这些事实是什么。所以，这些事实能被，或许仅仅能被一种特定的偏狭感性所达及，并且由此被塑造。我在此（以及在整本书中）使用"偏狭"一词来指称一种心灵特性或思想形式，它被一个给定种类的思考者所具有，却不必然被一切思考者所具有；它指称的是一个并非仅仅因为是一个思考者就必须具有的东西。

在我们的思想活动中，偏狭似乎起到了实质性的作用——这恰恰是弗雷格出于对观念论的恐惧而希望阻止的结果。当我说事物是如此这般时，事物何时会是如**我**所说的那样，如今依赖于在我正确言说了其**处于那种状况**的条件下，事物应当如何相关——依赖于一个人之后可能(有权)期待什么——而这又至少部分地被我们对于这些事物的偏狭的感觉所决定——因此,它似乎依赖于那些将会或能够被我们认识,并由此与我们相关的东西。对于包括弗雷格在内的许多人而言,如果那种偏狭不能在这一点之前被很好地阻止,判断的崩塌或许就会降临。**这种**形式的立场不会**是**判断。

我将在这里展开的,也是《哲学研究》的思路中的第二个观点,反转了这一灾祸到来的方向。它可以这样来说:少了那种偏狭的作用(用维特根斯坦的话来说:缺少判断上的共识这一背景),(为了承载真值)一个将事物表征为如此这般的表征无法具有判断的正确形式——无法使自己以正确的方式对事物之所是负责。为了使之成为一个判断,它的形式必须属于一个给定种类的思考者。

根据第二个观点,根本没有不由偏狭所形成的判断这回事。这与根本就没有判断这回事完全兼容。但那当然并非维特根斯坦想要的结论。是第三个观点阻止了这一结论。弗雷格对于一个概念及其在判断中的作用的构想,没有给偏狭形成判断留下余地。对维特根斯坦来说,这种构想是对观念论的一种威胁的过度反应,这种威胁仅仅**看似**由发挥作用的偏狭所导致。它看似如此,因为似乎可以问出某种问题,有关什么才是**真正的**判断、什么才是**真正地**以那个正确的方式对世界负责。第三个观点的要旨,就是没有这样的问题。

假设我说猪在客厅里。你拿起驱猪棒,把它赶出客厅。我陈述了什么吗?我说了什么要么真、要么假的东西吗?如果是这样,那么就有一种事物的状况,事物通常要么处于这种状况,要么不处于。我所说的东西的正确性正取决于事物的状况是不是那样。如果有这样一种状况,那么它将会是:猪在客厅里。但**果真**存在这么一种状况吗?你走进客厅。在你看来,事物可见地、或许清晰地如我所言,或不然。相应地,你要么感到愉快,要么恼怒。在此可以被看到的,是你**会**根据它是否存在,由此认为事物是否如我所说的那些东西。到现在为止,我们可以依靠你对它的反应——除非事情过于反常(猪在客厅里,没错,如果它被屠宰的尸体悬挂在壁炉架上,或者它的上半身卡在一扇打开的窗户中间,它也是在客厅里,抑或如果(背着圣徒悄悄说)这猪可以烤着吃,但那样就无所谓它是在客厅还是猪圈了)。这些也不都是关于你的。我们中的任何人去亲自证实我的话时,也确实会发现与你所见相同的东西。你准备认识到(承认)如下区分,即正如我所说的那样存在的事物和与之不同的事物——这一区分如果被给定,就有了一种事物的状况,使我所说的话需要对其负责。在这些方面,我们这一类的思考者都会达成共识。然而,在认识到此处我们所准备承认之事的过程中,我们是否对于事物实际上的状况有所**发现**?或者我们只是在赋予事物一种它们本身尚未获得的地位?

在此,在对你准备承认之事的认识中,你对何时能够说事物以我所说的方式存在的一种**偏狭**的感觉得到了援用。或至少可以怀疑有这种援用。我们的共识就肯认了这样一种感性——当然如此,因为前者就清楚显现了后者。对于一个人何时**真正地**以正确的方式对世界负责,我们想问的问题似乎是那些即便在任何这样的偏狭感性有所言说之后,仍然亟待解答的问题。如果我确实陈述了某事,那么客厅里有或者没有一头猪,就是现实情况的一部分;因此它也是一个**判断**的正确性可以被其决定的一件事。但是,正如面对这些事情何时发生这一问题,偏狭在我们的知觉中发挥作用时那样,当它在与上述类似的情况中发挥作用时,我在以这样日常的方式说话时是否确实陈述了某事这一问题,其实仍未获得解答。这样一来,偏狭的这种作用似乎能够造成观念论的威胁,后者正是弗雷格竭力反抗的那一种。我们原本想要的是,如果确实(真的)有一头猪在客厅里,那么即便每个人都不这样想,这也是真的。但现在看来,真的如此,或至少是否真的如此,似乎并不清楚。

对这一忧虑的回应——在那一思路中我希望在此阐明的第三个主要观点——是事实上并没有这样的问题可被问出。一个给定种类的思考者所专有的、对于——当存在一种特定的事物状况时——什么才能算是一个判断或陈述,或者何时才有某个能够被判断是否如此,并因此是或不是如此的东西的知觉,免于来自外部的批评。或者至少,它免于设想这些问题时所被预想的那种批评。因此,弗雷格在这一方面的忧虑是错置的。

如果按照时间顺序而非解释的顺序,第三个观点就成了第一个。因为这是维特根斯坦对《逻辑哲学论》的第一个决定性的背离的关键部分。这一背离中的决定性的一步,是承认不存在一个统一的命题概念——某种普遍的概念,它足够有确定性,以至于能够唯一地确定哪些东西被归入它之下,而哪些东西不能。没有一个命题概念能唯一确定一个命题(总)会是,或必须是什么,**除非**(用《哲学研究》的说法)这个概念被在某种偏狭的思想形式之内算是命题的东西所塑造。或者至少,不存在这样的普遍概念,它足够有确定性以至于允许判定一个偏狭的形式把错误的东西算作了命题。这就是**一个**阐述为什么不存在这样的"来自外部"的批评的方式。

这脱离《逻辑哲学论》框架的最初的一步,和维特根斯坦前期和后期著作的另一个分歧相辅相成,后者再怎么强调也不为过。这便是他对无意义会是什么,或可能是什么的构想的一个根本性转变。他的新构想源于第一个中心观点,它关乎思想如何获得其立足点以将事物表征为其所是或不是的状态。在前期的设想中,无意义是一个语法(或缺少语法)的问题。如果我不能说"给我从这头奶牛那里挤一些糖"并由此命令你做某事,那是因为不存在有效的规则(没有这样的规则被制定出来)来规定这些词语如何组合在一起使用。我们有的是一串汉语词和短语,其中任何一个都**可能**扮演某个逻辑角色(确定那个承受某件事的东西、确定那件被前者所承受的事),但是在这一组合中(还)没有。

对于后期维特根斯坦来说,情况是很不同的。与真理的一个新维度(概括地说,一个以语言游戏的规则为代表的维度)相配合的,是一个无意义可能在其中出现的新维度:不在于语法,而在于使用。你说:"给我拿一些糖。"语法上一切正常。然而,在你说这句话的情境中,可能并没有东西能够确定一个对于什么能够算作你做**那件**事(拿糖)的充分理解——说它充分的意思是,它足以使如下问题有一个回答,即你是否按我所说的做了,这无关于你如何尝试去帮忙。拿给你溶解的糖,或某些你可以通过一个反应转化为糖的化合物,算是拿给你糖吗?不然,假设没有糖可以被拿来。在**某些**情境中,仅仅说你想要糖还不足以确定什么东西能够满足你所说的需要。如果我把日落时的太阳称作红色的,我说的在合适的情境中可能为真,或者同理可能为假。因为存在一种对是红色的理解,在这种理解下太阳是红色的,也存在另一种理解,在其之下太阳不是红色的。但是如果我在没有这种理解被确定的情境中说这句话,我将会没有说任何东西(是如此)。此处暗示了那种无意义的存在,并且它不仅仅是不好的语法所致的无意义。这一发现在抵制观念论威胁所包含的传统哲学看法,以及包括维特根斯坦在内的其他人希望抵制的、传统哲学中的许多其他看法时,是极其重要的。

为了完成对后文的介绍,我将简要地说一下每篇讲座的内容。第 1 讲涉及《哲学研究》开头(粗略地说,在前 25 节中)对语言游戏的讨论。它介绍了上文谈过的三个观点中的第一个,并为其辩护。它显示了在形成我们对于事物何时会被正确地(真实地)描述的感知中,偏狭何以有一席之地。它是通过讨论并拒斥迈克尔·达米特(Michael Dummett)的一条原则来实现这一目标的,这一原则大体上是:任何实践能力都能用命题知识来表述。该讲以如下提醒作结:为偏狭留出的空间可能召来观念论的幽灵,消除其危害必定是维特根斯坦计划的一部分。

第 2 讲涉及《哲学研究》的第 33—64 节。它处理了一个罗素于 1918 年前后提出的问题:一个人类思考者如何能够思考一个单称思想?罗素提供了一种解决方案。但是,该讲中的讨论显示这一解决方案无法奏效。事实上,如果这个问题以罗素的提法提出,就没有对它的解决方案。所以真正的问题在于罗素的提问方式错在哪里。通过应用上述第三个观点背后的一般性思路,我们就能用其他方式框定这一问题。我们可以问如下问题,而非问罗素提出的"何以可能"的问题。假设我们确实能思考和表达单称思想,并且我们大体能够(通过充分的反思)认识到我们是在何时何地这样做。在这一假设下,我们在什么情况下会被最合理地当成在这样做呢(尤其是,相较于被当成**不**在这样做更为合理)?假设通常情况下,**这个**问题有一个回答，并且根据这个回答，存在足够大范围的情况，在其中我们会作单称思考。那么，在这些情况下，我们就确实如此：对这一结论的进一步挑战，如果是从那个我们由此确立的视角之外的某个视角被提出的，就不会对该结论造成威胁。

思考一个单称思想，就是以一种特定的方式思考。那就是在那一思想中，以如下一种方式来与某个个体相联系，即，是如此连接的个体，不能等价于满足任何一般概念。我们有时以这种方式思考。我们是如何能够这样思考呢？在这里，第1讲的建议就发挥作用了。从语言层面讲（**不同于达米特，强调是我加的**），我们对于什么才是满足一个谓述的理解，例如"是红色的"这一谓述，即便当我们完全掌握了它所属的语言时，关于什么算是满足它、什么则算是不满足它的问题，也是悬而未决的。所以当思考一个特定的个体时，情况可能也如此：我们对于什么才是**那个**个体的理解，在那种理解是某种一般性的东西的前提下，也使事实上（在那种方式中）所要求的是什么这一问题悬而未决。它可能是我们对于如下事实的掌握的一部分，即谁，或什么，才是对**那个**特定事实的认识中成问题的东西。同样的问题也适用于我们一般而言的概念；在《哲学研究》中，这就是引入家族相似性这一主题的一个方式（这个讨论以对罗素问题的回顾作为其意味深长的结束）。

第3讲处理《哲学研究》的第89—114节。该讲的讨论对比了维特根斯坦对逻辑的前《哲学语法》观点和他在《哲学研究》中对逻辑的观点。尤其是，它为出现在第134—137节的对承载真值的讨论铺平了道路。正如我试图指出的，该讨论与《哲学语法》中的一个讨论非常类似。但是它也比《哲学语法》更进了一步。一个共同的主题是，在它能够开始获得任何类似外延的东西之前，**命题**这一概念需要从某个与它的一个具体应用相关的东西处获取更确定的内容。在《哲学语法》中，这个进一步的内容由其中有命题**存在**的（某种意义上的）一种语言提供。在《哲学研究》中，相关的单位是对某种语言的特定的**使用**或言说，以及由语言游戏所提供的进一步的内容，这些游戏作为"参照物"，可以模拟那种使用。此处我们有了一个与弗雷格相去甚远的观点的核心，这一观点有关逻辑法则如何与我们所思考的事物有关，从而有关逻辑法则是什么。我认为这个结果是一个远为更好的图景，用以刻画一个演算系统及它所体现的逻辑，和它可能被用来代表的那种推理之间的关系。同时，这个非弗雷格式的观点阐明了一种方式的细节，在这种方式下，一个人可以富有成效地依靠一个弗雷格式的框架来（在为了某一特定目标而将对话形式化的实践中）实现许多目的，同时对于这一框架**如何**框定了它所框定的东西这一问题，却不用认为弗雷格的看法**真的**正确。

第4讲涉及《哲学研究》中的两个对遵行规则的讨论。第一个讨论在第84—87节，第二个从第138节开始，一直到第242节。其宣称的目标是更清楚地理解意义、理解、思想，以及在第一个讨论中，言说的本质——理解我们所参与的表征活动的本质。这一工作的中心思想是，对语词的理解是由一部分单称思想构成的：由在给定的片段中被遇到（或将被遇到）的东西构成，在该片段中，事物**如此**存在就是它们是如此这般的状况。理解语词的一种方式就像是言说在事物**如此**存在的前提下，它们会是的那种状况；另一种则像是言说事物在相同前提下不会是的一种状况。第一种理解包含了单称思想：我们讨论的是这么一种状况，即如果事物如**此**，那么它就会是的一种状况；另一种理解也类似。这样的思想是维特根斯坦在第459节提到的翻译中的术语，他在那一节谈论的是对一个命令的"翻译"，它不被翻译成一个命题或者论证，而是翻译成**行动**。与命令不同，在给定语词中被言说之物既能被翻译为命题（篮子里有一些柠檬），也能被翻译为事物由此表征的**个例**（**这是**被如此说的那些事物）。在语词在其中有为真或为假的可能的情况下，这样单称化的翻译是那些词语所承载的理解的一部分。不过，单称思想要求亲知，即使是隔了一层的亲知。有一些拉普兰的居民，我无法对他们进行单称思考。相似地，也有一些情境，其中事物的状况如我所说（例如我说有一些柠檬），但我也同样无法思考相关的单称思想。那么，在我说"有柠檬"的那个时间和地点，我或其他人可以获得的理解如何能够确定那些当时不可获得的理解（我当时不能思考的思想）呢？可获得的理解如何能够将一些当时不可获得的理解纳入进来，而将另一些排除出去，以至于我说的话，或我说这句话想表达的意思，承载了在言说我的那些话或我想表达的意思时，语词会承载的理解呢？那些可获得的理解如何正好能有**那种**一般性？这些是什么样的规定？维特根斯坦指出，对这些问题的裁决出自一种对如何"翻译"到个体的（共享的）偏狭的把握。第138—242节反对了如下观点，即其他某个东西也可能确定这些，而其中并不需要偏狭发挥作用。

第5讲阐述了维特根斯坦（在《哲学研究》中）对无意义的新观点的一个应用。我已经将那一点与以下观点相联系，即我们对于什么是一个命题而什么不是的感觉——我们会准备当成命题的东西——不能受到"来自外部"的批评。除非是在特殊情况下、出于特殊的原因，不可能最终我们实际上是在把错误的事物当成命题，或认为本该是命题的东西不是。观念论，或至少据说是它的一种（"超验的"那种），其目标就是维护这样一种有关我们所准备认识到的事物的外部观点。相应地，某种希望保证我们没有陷入观念论的愿望，例如弗雷格的愿望，针对的也是这种外部观点。这里两者共同瞄准的东西并不存在。

本书的一个论题是，对私有语言的讨论（第243—308节）的**一个**要点（并不是全部要点）就是阐明为什么事情必须如此。正如我尝试论证的，那一讨论本身就是弗雷格（1918）的观点的一个改写。但与弗雷格自己相比，维特根斯坦需要将弗雷格的核心观点视为有更窄的范围。这里的区别与以下二者的区别对应，一是弗雷格将逻辑（或真值）法则当作对所有思想都属于其中的某个单一系统的最一般的结构的反映的设想，二是维特根斯坦的新设想，把逻辑视为如同语言游戏那样与思想有关，即被用作参照物——一旦一个人和维特根斯坦一样认为，命题或思想的概念本身并不足以确定任何这样的单一系统中的元素可能或可以是什么，那么他就需要持上述观点。这样一来，我对私有语言讨论的解读就建立在第3讲的讨论之上。

第6讲涉及《哲学研究》的第429—464节——一个关于思想与现实协调是怎么回事的讨论。此处的主题是一对互补的幻象，其一关乎表征（真理），其二有关经验，当一个人在一个场合下没能从自己的语言中回退得足够远，以至于没能认识到任何概念都是就那些容许解释的东西而言的这一点时，这些幻象就会产生。表征这边的幻象在某种紧缩的真理观中（事实上，在大多数这样的观点中）显现自身。而在经验这一边，某种意义上，它在经验有（或甚至能够有）一个表征内容这一观点（该观点并不包含在那一经验中，其主体如何向自己表征事物）中显现自身。这一讲的课题就是说明这些观点中哪些东西是虚幻的，以及它们有哪些共同点。

第 1 讲
掌握

维特根斯坦引用奥古斯丁以开始《哲学研究》。引文的一部分是：

> 当他们（大人们）说出某个对象的名称，并相应地靠近这个对象时，我看到这件事并领悟到，当他们想要指出这个东西时，这个东西就是被他们发出的声音所称呼的。……这样一来，在我听到语词在各种句子的适当位置中被反复使用的过程中，我逐渐学会了理解它们指示的是什么东西，而在我训练我的嘴去形成这些符号之后，我就用它们来表达我自己的欲念。（《忏悔录》，卷一，第九节①）

他告诉我们这"给出了……人类语言的本质的一幅特定的图景"（并且我认为也是一般而言的表征的图景），该图景是他接下来要去批评的。在这一图景中，一个语词的意义"是［它］指代的对

---

① 该引文实际上出自《忏悔录》卷一第八节。此处疑似作者笔误。——译者注

象"。他所批评的是奥古斯丁实际所说的吗？如果是这样，奥古斯丁究竟错在哪里呢？或者说，是否有其他方式使奥古斯丁的话"给出"这一图景？我将表明，奥古斯丁实际上说的其实并没有错。**那**并不是维特根斯坦攻击的目标。奥古斯丁说的只是一些老生常谈。但这些老生常谈在哲学中会引发误读，其中有一个值得注意。这个误读才是维特根斯坦攻击的对象。

此处的情况可用维特根斯坦在第 194 节的措辞来表述：

> 我们在意我们用于这些事情的那种表达；然而，我们并不理解它们，而是曲解了它们。当我们做哲学时，我们就像野蛮人、原始人一样，听到文明人的表达，对之加以错误的解释，然后由此得出最古怪的结论。

在这一场景中，我们要看到，奥古斯丁不是作为一个哲学家，而是作为一个文明人在自然地说话。对他所说的话的相应的野蛮人的解读，则是在对"语词的意义是它所指代的对象"这句话的言说中，可被表达的**某个**东西。问题就在于找出这个不良的观点。奥古斯丁的话中无害的部分有助于我们找出它。（对于奥古斯丁所说的话的无害性，我赞同 Goldfarb 1983。）

1.1　心理主义

纵然是轶闻或外行话，奥古斯丁讲的是个心理学故事。维特根斯坦时不时也有他自己的心理学故事要讲——例如，有关一个儿童学习怀疑的故事。关于这些故事，他说道：

> 我是在做儿童心理学吗？——我是在教学和意指的概念之间建立联系。
> （《纸条集》，第 412 节）

如果维特根斯坦提供了一个心理学假说，他就因此违背了他自己的意图。正如我们将会看到的，那些无意间这样做了的人反而是他此处所要攻击的目标。用弗雷格的话来说，他们打算区分出**心灵**（The Mind）的属性——对于作为一个思考者本身来说是本质性的那些属性（见 Frege 1918：74）。然而他们实际上假定的，是那些既不需要也没有被人类心灵所具有的属性。这是一种科学主义，我在此称为**心理主义**。他们在以下问题上犯了错，即思考事物要求的是什么。为了表明**这**一点，描绘一幅关于事情**能够**如何的图景就足够了，也即表明这一切**可能**如何奏效。如果维特根斯坦的心理学故事能达到这样的效果,便足矣。

在目前的情况下,这样一种心理主义潜藏在背景中。这是一个非常一般性的观点。但现在,我聚焦于它对意义必须是什么的影响。这个观点被迈克尔·达米特表述如下:

> 所以,我们的问题是:当一个说话者会一门语言时,他会的是什么,以及特别地,他就此关于这一语言中给定的任意句子知道什么。当然,当他会那门语言时,他所具有的是实践知识,即如何说那门语言的知识,**但这并不构成对该知识的表述是一种命题知识这一观点的反驳,对一套规程、一种因循实践的掌握,总是能够被如此表述**……因此我们所寻找的是对一种实践能力的理论表征。对于一整门语言的掌握的这样一种理论表征,就是戴维森所谓的,以及我这里亦将如此称呼的,语言的"意义理论"。(Dummett 1976:36)

我选择达米特,是因为他清晰地陈述了相关的假设,而不是由于**他**对一个意义理论会是如何的设想所具有的任何特殊之处。该假设不仅支撑了他自己对于这样一种理论的观点,而且同样地,也为唐纳德·戴维森(例如 Davidson 1967)等人所阐述的"真值条件"语义学的概念提供了基础。它的核心思想是这样的。当我们精通一门语言时,我们可以(有能力)认识到无限多关于它的正确使用的事实:关于它在无限多的情景中,应如何以及应将如何使用。当我们理解彼此时,这种认识就从这种理解中体现出来。这种能力是某种能力的一个实例,后者总能被某个命题或原则的集合所表述,从中可以得出一切我们能够认识到的有关词语何时被或将被正确使用的内容。

如果我说"我今天午饭吃了黑麦面包"这个汉语句子,这个理论将提供若干原则,它们正好蕴含了那些知道这些语词的意义会使一个人有能力认识到的东西(假定这些东西的内容是确定的)。更一般地说,我们能够将这些原则看作包含了变量(参量)。如果在这样说的过程中,我言说了某事,并且你理解了它、把握了它是什么,那么我说话的场合就会提供那些参量的值。那些因此而被例示的原则将会蕴含对**我**所说的话的理解会使你认识到的一切东西。

从这一心理学论题中,达米特(足够可信地)得出了如下结论:

> 一种对意义的构想——意义理论的中心概念的一个选项——是适切的,仅当存在一种普遍的方法,从如此被给出的一个句子的意义中推导出其使用的每一个特征,后者即一个说话者要能够正确使用那个句子,他所必须知道的

一切。(1976：93)

　　要把我们从对语言中句子的意义的知识……带向对说这门语言的实际实践的理解，要求非常大量的理论。……如果我们试着想象如何可能教一个火星人学习使用人类语言，我们就能够认识到一旦明确这些理论，它们的体量会有多大。……唯一的方法……来让一个火星人得以学习一门人类语言，就是学习关于那门语言的一种完全明确的意义理论。(1976：86)

　　一个火星人是一个思考者，因此具有任何思考者所必须具有的东西。我们可以同时假设他能够看见和听见事物。不过，要点在于，除此之外他和我们就没有更多共同点了。所以，给定其与我们的感觉器官对相同的末端刺激敏感，任何我们能做的事情，以及任何我们能认识到的东西，火星人也都可以做或认识到——正是在这样一种情况下，**我们**能做的事情能以某种方式被说清楚，这种方式让火星人免于对任何具体的人类直觉的依赖。也就是说：当且仅当我们能做的事情没有不可消除地依赖于任何具体的人类能力，或更一般地说，依赖于任何仅为一种特殊类型的思考者所特有的能力。如果火星人取得成功，那么任何我们依赖的能力都必须能够被某个原则的集合所捕捉，这些原则的表述并不涉及任何需要特殊的人类能力才能认识到的东西，并且从这些原则中可以得出该特殊能力允许一个具备该能力的人看到的所有东西。达米特的观点是，这始终是可能的。其要点在于，在这种意义上，**任何**人类特有的能力都是可消除的。这便是此处讨论的心理主义的一般形式。刚才勾勒的关于意义的观点是它的一个特殊情况。其他各种特殊情况将会在将来的讲座中讲到。

　　这里的一般性观点在很长一段时间内驱动了哲学的许多方面。它也不是那么容易被放弃的(详见 Travis 2004 和 Travis 2005)。从十七世纪以来，经验主义的那个中心任务就是消除对看到或认识到特定种类的事实的那些特殊能力的依赖：说明那些事实如何可能不依赖于它们而被认识(被不具备那些能力的人认识)；或者，更经常地，将这种消除的不可能性当作反对相关种类的事实的存在的一个论证(或者对那些事实不可能是它们看上去所是的那样的论证)。这就是休谟对于因果关系的方案。在更晚近的时期，就是蒯因对于他所谓的言内意义的"传统概念"以及与之相伴的同义性与分析性等概念的方案。他反对这些概念的依据仅仅是，所谓的关于意义的事实不可被还原为更被看好的一类事实，后一类事实至少能够被某个无法看出那个词语的意义的人(如果有任何能被看出的东西的话)所认识到。达米特赋予火星人的角色于是让他与蒯因式的经验主义结盟。两种情况都要求有同一种可消除性；而那些中心议题正是取决于那种要求。相应地，维特根斯坦对达米特的观点的反对就是一种更一般的反经验主义的一部分,我们将在接下来的讨论中见到其更一般的形式。

正如达米特所见,在我们对语言的运用和对其运用的理解中,有许多东西是我们能够认识到的。为了当下的目标,我想专注于一个小的领域。一门语言包含了大量方式,所有这些方式都可以供我们利用,以描述不同场合下的事物。汉语中的谓语"是蓝色的"的一种使用是将事物描述为有蓝色的颜色。谓语"在打滚"用于将事物描述为正在打滚。句子"猪又在郁金香田里"是用于将相关的那些猪描述为处于相关的郁金香田里。如此等等。有时,说汉语的人使用不同的这类手段来描述某个个体,或描述事物的存在方式。对于某些事物,他们由此描述正确,给出了正确的描述。对于另一些,他们则没有。一个能熟练说汉语的人,对于每个这样的描述以及使用它的无限多个场合,都能够认识到这些由此被给出的描述会何时、对于何物为真。按照达米特的想法,这意味着存在一些原则,它们(无需诉诸那些需要一种特殊能力才能认识到的东西)在一般情况下决定了这些描述**何时**为真。

对于戴维森对一个意义理论需要实现什么的观点而言,事情也是如此。对戴维森来说(撇开他对对象、时间、地点等的反复提及不论),这些原则的内容被"满足条件"(一个有关某事物或,视情况而定,某序列的开语句为真的条件)所给予,后者会由一个语言的意义理论(或者在后期戴维森那里,由某时刻的某一个人语型)所提供。这些条件以一种不依赖于描述性的方式或手段的使用场合的方式,连接了它们与世界。例如,一条这样的原则可能如此写道:"某个东西满足谓语'是蓝色的',当且仅当它是蓝色的。"后一个"是蓝色的"必须被理解为用以确定何时一个个体会是使那个谓语为真的东西之一。如果是这样,那么就有以那种方式存在的个体和不以那种方式存在的个体。该观点因此认为,在某个描述的一个使用中,事物是否其所描述的那样,仅仅关乎世界是如何存在的,以及被给予的是那个描述这一事实(例如,正如 Davidson 1986 中所清楚展现的那样)。

我将通过专注于我们的语言能力中的这个有限的领域,来发展维特根斯坦对我称之为心理主义的观点的回应,并且在此基础上发展《哲学研究》中对于意义和命名可能实现,以及确实实现了什么的观点。

1.2　中间性

我们可以认为,掌握第一门语言的路径是分阶段进行的。一个人从起初的无知开始,经由各种中间阶段,最后到达一个成熟(并且相对稳定)的阶段。至少在哲学中,人们想要在有关无知是什么样的那一方面避免心理学的假说。毫无疑问地,语言初学者并不以与我们分享共同的经验作为背景。但很难**先验地**说明这究竟有何意义。尤其是，人们想要避免这样一些假设，它们关乎什么可能会，或可能不会，被儿童自然地具有——关乎我们所自然具有的东西中，有多少是当时就已经存在了。同样不容易说明的还有如下问题：初学者或处于早期中间状态的儿童可能可以看到或做的事物，它们可能意味着什么。根据对维特根斯坦的一种常见解读，他自己对于这些问题有时也不太谨慎。我将不去追究这个文本解释方面的观点。无论如何，并没有关于无知的实质性假设在此处发挥作用。

至于成熟性，关键点在于我们就是衡量它的尺度。至少在某些特定的人际交往领域之内，我们中的一些人与其他人相比，可能更擅长理解被说出的话。但是一个和我们（我、我的读者们、我们所熟识的发育完全的人们）同样擅长运用语言与理解其使用的存在者，就是一个完全知道如何使用该语言（它如何被使用）的存在者。此外，他还大致是一个和人类一样擅长这件事情的存在者。所以如果有人想要提出一个我们未能满足的、对成熟性的**先验**要求的集合，他就会对成熟性是什么有一种错误的观念。他对于言说事物并理解它们所需要的那些东西，也很可能会有一种错误的观念。

在上述框架之内，我们可以将奥古斯丁看作在描述自己向一个中间阶段的发展。到了他描述的那个端点后，他就能表达他的一些欲念。但他还远未到达写出《忏悔录》的那个位置。我们可以大致认为，他的语言使用仍然是幼稚的。尽管如此，他告诉我们，在他处于这一中间状态时，他知道某些词语命名了或言说了什么，并且他能够表达自己的一些欲念。我将称这种阶段为**奥古斯丁式的**。为了解一个奥古斯丁式阶段可能是什么样的，我将讲述我自己的心理学故事。本着一种维特根斯坦式的精神，我将其当作一个关于事物**可能**的存在方式的故事来讲述。我并不打算断言事物**就是**以那种方式存在，尽管这个故事让我感觉足够可信。

我的故事是关于吉莱纳的，她是一个 18 个月大的女孩。吉莱纳接受的是通常类型的中产阶级早期教育。当她把食物散落在高脚椅和周围的地板上时，她的父母就和她玩各种各样的语言游戏。他们拿起手边的各式物品——比如一把勺子、一个碗或一只鞋子——并（也许指向它们）用——恰好是——汉语说出它们对应的词语。之后他们拿起物品，并让吉莱纳说出它们叫什么。通过这种方式，吉莱纳学会了在她父母拿起一只鞋子时说"鞋子"这个词。

现在，我的故事将对吉莱纳的部分提供一点巧合或创造。当吉莱纳在室内时，她通常光着脚走路。但是这家人的惯例是，她绝不被允许在室外那样。每当要去公园散步或逛商店的时候，她首先会被穿上鞋。在一个十分晴朗的日子，有点无聊的吉莱纳突然有了一个主意。她抬起脚，用孩子的蛮横语气说道："鞋子！"她的父母明白了她的意思,所以,现在就是穿鞋和散步的时间了。吉莱纳的示意很快就成了一种惯制,这是她要求出门的方式。这一计略经常奏效。但也有时不奏效。

我的意思是,事情**可能**是这样的;某个中间阶段可能是这样的。在我的故事中,吉莱纳对于"鞋子"一词如何使用,知道的并没有我们那样多。这一点可能在她上学的第一天显露出来,在她被告知必须穿鞋时,她拿出了她最喜欢的凉鞋。然后我们就需要解释,对于上学这一目的而言,凉鞋不算是鞋,在校方眼里,它们不算。吉莱纳于是学到了,这也是对是一双鞋的**一种**理解方式。但是——这是奥古斯丁式阶段的标志之一——她能够用"鞋子"一词表达自己的一些愿望。

另一个标志则是,在对于某个词语的奥古斯丁式阶段,一个人知道那个词语命名了什么。在这个例子中,一个人必须知道"鞋子"称呼的是(言说的是)鞋子。吉莱纳满足这个要求吗? 可以设想,她**可能**令我们大吃一惊,然后显示出对"鞋子"一词的应用的无疑错误的甚至奇异的想法。但在我的故事中,这将不会发生。她可能仍然对某些奇怪的鞋类感到困惑。她可能没法分清鞋子和靴子。但她并不会做类似于用"鞋子"来指勺子的事。考虑到这些她能做到的事情,对以上问题的最自然的答案(最通常来讲)是"满足"。她的父母当然会这样说。这也不仅仅是作为父母的骄傲。在这里,作如下区分是有积极意义的:区分她与"鞋子"的关系和她与,譬如,"螺丝刀"(一个她尚未见过的词)的关系;以及区分前者和米雷耶与该词的关系,后者是一个年龄稍小的女孩,她尚未玩过这类游戏,或至少还没玩过涉及鞋子的语言游戏。一般来说,吉莱纳通常能被正确地描述为知道"鞋子"言说了什么——也就是说,它意指或表示鞋子,或者(有时)意指或表示某物是一只鞋子。

我刚才说吉莱纳满足了要求。但**这个**说法本身必须加以限定。在《哲学研究》第 13 节,维特根斯坦指出,在说一个词语是指某某事物时,有许多不同的东西可能分别在某些场合被说出。相应地,在说某人知道一个词语言说了什么或知道它言说了某某事物时,一个人也可能说出许多不同的东西中的某一件。也许为了一些情势需要,对于知道"鞋子"言说了什么或知道它言说的是鞋子的那些标准是吉莱纳所没有达到的。但也存在一些情势需要或场合——事实上,它们是很常见的——以至于为了这些需要,或在这些场合中,正确的说法是她的确知道"鞋子"称呼的是什么(以及它言说的是鞋子)。在这些场合中说相反的话,就是在说并非实情的东西。这就是此处所需要的最重要的一点。

如下事实应该会使一些哲学家惊讶,即吉莱纳**可以**知道"鞋子"称呼了什么,同时对于它何地或何时会被正确使用,或对于(当其被)正确使用是用在什么东西上的知识,却并不是全部都清楚。这种惊讶与对于命名做了什么的一种特定观点有关。在现在这个例子中,这一观点就体现为,一个词语称呼了它所命名的东西这一事实——此处即"鞋子"称呼了鞋子这一事实——决定了与一个人在将该词用于某物时，何时说了真话有关的一切。所以**知道**它称呼了什么，就等于知道它何时可以被正确地用于某物。然而正如我所描述的，处于奥古斯丁式阶段的吉莱纳知道上述内容的一部分，但并不知道全部。尽管如此，我们还是准备承认，某些时候我们可以正确地将她描述为知道"鞋子"称呼了什么。

如果有人觉得需要通过解释来消除对我们承认这些事情的准备——从而得以坚持上述对命名做了什么的观点——那么他可以沿着这条路线继续下去。而对于日常目的而言，我们把对关于"鞋子"称呼了什么一事知道得足够多（对于现有的不管什么目的而言是足够的）的人算作知道它称呼了什么。但存在某个一个人可以知道的东西——某个尚未被知道的东西——它关乎"鞋子"称呼了什么，并且知道这个东西就**是**知道与它会对什么东西为真有关的一切。我们这样成熟的人，大概确实知道这样一个东西。因为如果这样一个东西是可知的，而我们却不知道它，那么我们就还没有完全成熟。有一个更高的意识状态是可以达到，但尚未达到的。我们充其量只是不完美的语言掌握者。这一点可以这样表述：对于日常目的而言，我们用更低的标准来将就——在对语词称呼了什么的知识并没有真正被具有的情况下，我们仅仅是出于礼貌而容许这样一种知识。但是在这里所描述的这类中间状态下，一个人并没有达到**真正**知道"鞋子"称呼了什么的程度。在这一点上，奥古斯丁显然是错的。但如果维特根斯坦确实认为他错了，他指的当然不是这个错误。

需要强调的是，将吉莱纳描述为知道"鞋子"言说了什么，并不是提供一个心理学的（或任何种类的）假说。并不是说我们认为她具有某个东西，后者以某种方式**解释**了她做她能用那个词语所做的事情的能力；具有对某个原则或东西的某种隐性知识，剩下的一切都以某种方式从它那里得出。并不是说，当她有了她的那种掌握的时候，我们对于她知道"鞋子"称呼了什么的这一看法可能仍然是错的，理由是她对这种掌握的表现是以"某种其他方式"产生的（就好像我们指出了它们产生的一种方式）。在一定程度上，吉莱纳能够以这个词语被使用的方式来使用它。以她的幼稚的方式，她能够做某些说汉语时用这个词可以做的事情。这里的想法在于，那种被表现出来的能力就可以（至少对于某些目的而言）被重新描述为知道"鞋子"言说了什么。具有那种程度的能力就是知道它称呼了什么。我们可以用维特根斯坦本人在讨论奥古斯丁式阶段时所使用的工具，也就是语言游戏这一工具，来使这个观点更加清晰。但我将不得不一点一点地将语言游戏的重要性展现出来。当我们完成时，一个原则将被我们展现出来，它将成为《哲学研究》最中心的指导思想。接下来的每一讲都会集中于《哲学研究》中的某一部分段落，这一母题会以某种特定的方式在其中加以阐述。

不过首先,让我们对目前为止的要点作一个总结。假设我们并没有兴趣教吉莱纳汉语。我们仅仅想要教她一个涉及"鞋子""袜子""手套""帽子""背心"这几个词语或声音的、有点无聊的小游戏。这个游戏包括两个玩家,孩子和家长。玩家 1(孩子)喊出上述词语中的一个。如果喊的是"鞋子",家长就给孩子穿鞋。如果喊的是"袜子",家长就给他穿袜子,以此类推。(如果孩子已经穿了鞋,他就不能喊"袜子"。如果那种情况发生,每个人都会大笑,孩子就算输。)这就是这个游戏的全部内容。吉莱纳掌握了这个游戏。她可以足够经常地认识到它何时是被正确地玩了,何时不是。(她可能对做成鞋盒的样子的前卫鞋子或网眼背心感到困惑。有些这样的东西,可能是这个游戏本身也没有预料到的。)现在这里有两个要点。第一,在这个游戏中,"鞋子"称呼了(言说了)鞋子,或者这样说至少可以是真的。第二,吉莱纳知道在这个游戏中"鞋子"称呼了鞋子。或者至少,在说它称呼鞋子是说了一句真话的情况下,说她知道这个也是说了真话。

为什么我要坚持第二个要点?因为如果"鞋子"在这个游戏中称呼的确实是鞋子(在它根据第一个要点而确实称呼鞋子的意义上),那么这一点只能是由那些关于这个游戏怎么玩的事实所致。那些事实是游戏的全部内容。除它们之外,"鞋子"是否称呼鞋子一事不可能依赖于任何其他东西。吉莱纳知道这个游戏怎么玩,她掌握了它,所以她知道对"鞋子"在这个游戏中称呼什么的知识所要求的全部内容。这正是知道它称呼了什么。而在这个游戏中,它所称呼的,就是鞋子。

"鞋子"也在大量其他游戏中被使用,我们可以说,在这些游戏里,"鞋子"称呼鞋子。这其中的许多游戏,吉莱纳从未听说过,当然也不知道如何玩它们。所以她不知道"鞋子"在这些游戏中称呼鞋子。在许多这些游戏中,对"鞋子"的使用就和它在说汉语的某些场合下的使用一样多。也就是说,它会在这个游戏中被正确使用(或被应对)的情况,大致就是根据汉语中它的那些使用方式,它会被正确使用(或被应对)的情况。对于其中的某些游戏来说,如下情况是可能的,即吉莱纳不知道"鞋子"在汉语中对应的使用方式。然而,目前的观点是,如果吉莱纳能够以足够多的、汉语中现有的方式使用"鞋子"一词,并且在足够多的这些使用中认识到它是如何被使用的,那么她就知道,"鞋子"在汉语中称呼鞋子。同样地,这并不是解释性的假说。知道那么多有关在汉语中如何使用"鞋子"的东西,就是知道它称呼鞋子。当然,对于吉莱纳是否知道"鞋子"在汉语中称呼或言说的是什么而言,什么叫作足够多,在不同场合也可能有所不同。

如果吉莱纳知道怎么玩上述游戏中的一个,那么她就知道"鞋子"在那个游戏中称呼什么。那是因为对于知道"鞋子"在那里称呼什么而言,已没有什么更多的东西有待知道了。在那个小的方面，吉莱纳并没有受制于有待克服的无知。这表明了两个进一步的要点。第一，如果这个游戏以上述方式对应了一种在汉语中使用"鞋子"的具体方式，并且如果吉莱纳知道如何在汉语中以那种方式使用"鞋子"，那么她就知道在汉语里的那种使用中，"鞋子"称呼了什么。第二，如果她在汉语里足够多对"鞋子"的使用中知道它称呼什么，那么她就知道它在汉语中称呼什么。**足够**是一个场合敏感的问题。这让我们可以说："足够就是足够，它不是一切。"

　　某个哲学家可能会认为，一种并非一切的足够不能**真正**让吉莱纳有资格知道"鞋子"称呼了什么；它只能让她有资格在某种松散的意义上"知道"这一点。但如果一种有时让吉莱纳有资格知道"鞋子"在汉语中称呼什么的"足够"，不能让她有资格**真正**知道它称呼什么的话，那只能是因为存在一种足够，它**就是**一切；对于知道"鞋子"在汉语中**可能**的使用方式而言，它**没有**留下任何其他的东西去知道。这样一种足够必须是可设想的。更强的一点是，根据我们关于成熟性的最初的要点，它必须是一种可达到的足够，并且事实上也通常被我们所达到。要想有这么一个东西，达米特对于一个人可以从一个意义理论中要求什么的观点就得是正确的。但我们不能只是轻易地接受存在这样一个**绝对的**"足够"这样一种观点。

1.3　语言游戏

　　我们这里所关注的语言游戏，首先是一个参照物。（见《哲学研究》第 81 节及第 130—131 节。）它是一种**被明确化**的方式，连接（被说出的）语词和不必是言语的行动，也许还连接前者和一个人可能面临的情景或所有的计划。一旦被明确化，一个游戏就可能被用来与某个实际谈话相对照，以及与**后者**连接进一步的行动或情景的方式相对照。该游戏连接谈话与进一步的东西的方式可能说明——也许可能被显明于——那个实际谈话与进一步的东西连接的方式。通过说这个游戏怎么玩，一个人明确了这样一个参照物。他**可能**通过明确它的规则是什么来做到那一点。

　　人们可以认为，规则在其支配谈话的语言游戏中分为**引入**规则和**消除**规则。（这样的划分并不需要唯一正确的方式。）比如，我们的第二个游戏的例子，就有针对说出"袜子！"的规则。在目前的情况下，这一行动可能被作为**孩子**的玩家任意地做出，前提是孩子必须是没有穿鞋的。以上是引入的方面。针对"袜子！"的消除规则告诉我们，当这一声响按照规则的要求被发出时，作为**家长**的玩家要给孩子穿上袜子。如果我们将该游戏中的"袜子！"视为一个命令（正如我们很可能做的），那么消除规则就确定了对它的遵循会是什么样子（前提是这在该游戏中**是**确定的）。

　　在另一个例子中——《哲学研究》第 2 节的一个变体——一个游戏可能包含

"石板"这一步,它被如下一条引入规则所支配:某个玩家"助手",在如此这般的场合下,会前往某个材料堆,查看其中是否有石板,然后前往另一个玩家"建筑师傅"那里,如果其中**有**石板,就说出"石板"。于是,消除规则可能是:建筑师傅可能开始着手进行某个需要石板的项目。给定这一规则,如果助手在材料堆中没有石板时说了"石板",那么根据规则,他就是不正确的。"石板"在**这个**游戏中可被看作在陈述某事。这样看待的情况下,这一规则确定了有关什么会随之被陈述的某事。

再一次地,这里的某事不需要是——此处也确实不是——一切。假设材料堆中包含的是曾经完整的石板,但现在每个都裂成了两半。材料堆里有没有石板?从一种关于材料堆里有**石板**是怎么一回事的观点来看,是的;从另一种观点来看,则不是。二者中并没有一种观点是断然错误的。所以,在这个例子中,规则容许理解,但它就其本身而言并不承载两种理解中的任何一种。(两种中的任何一种都不包含在对这条规则是什么的说明中。)所以,在这个例子中,规则并不决定助手会做什么。此处我们能利用消除规则来展示一个**好的**引入规则是什么样的。根据这一条消除规则,建筑师傅有权开展某些特定的项目。如果断裂的石板会使这些项目告吹,并且如果石板很可能断裂(就如同刚才所说,那就是事物实际的存在方式)的话,那么此处会被玩的、在点上的游戏就会是那种相关的引入规则承载第二种理解的游戏。从这样一种意义上说,一个引入规则可能是好的。

当我们陈述了一个游戏的规则时,我们就相当于说了那个游戏是什么。正确地玩那个游戏,就是按照那些规则所指定的方式玩它。除此之外,正确性不依赖于其他任何东西。在这个游戏中,一个词语**称呼**某个东西——无论是一个对象、一类事物,还是事物存在的一种方式(一只特定的鞋子、鞋子,或者作为一只半筒靴存在)——就是为它是其部分的整体中的正确性的标准,作出一项特定的贡献。在这个游戏中,一个词语唯一**可能**作出的这类贡献,就是对标准的贡献,这些标准根据游戏规则,实际支配着游戏中的所有步骤。在整体能被分解为命名的部分的情况下,这显示了这样一个部分**可以**称呼什么。一旦给出分解的剩余部分,它称呼的东西必须对那种实际存在的正确性条件的施行有所贡献,正如某个被称呼的东西所会的那样。

对于一个名称而言,称呼 X 就是使某一正确性条件以一种特定的方式依赖于X。这一条件是对于该名称是其部分的那个整体的正确性而言的。这种依赖的方式被那个整体的剩余部分所确定下来。所以假设有这样一个游戏,其中一个玩家可能会说"鞋子!"仅当有鞋子(被他观察到)存在于一张特定的床下。假设在这一步中,我们将"鞋子"视作称呼了鞋子,将这一步的剩余组成部分视作规定了那种正确性以如下方式依赖于"鞋子"称呼的东西:整个这一步是正确的,仅当那张床下存在(被观察到的)"鞋子"所称呼的东西的个例。以那种方式理解"鞋子!"这整个的一步，"鞋子"会对其正确性的适当的条件有所贡献——这里的条件，实际上是对于"鞋子!"凭借玩该游戏的方式而获得的正确性而言的。因此在该游戏中，说"鞋子"称呼鞋子，就成为真理——也就是**那个**真理。我们会清楚，一个人在如此说时，在何种情况下，他所说的"鞋子"会以那种方式对它在其中出现的那一步有所贡献。对于某个 X，在说"鞋子"称呼 X 时，如果我们会说它对一个不同于前述条件的正确性条件有所贡献，那么我们因此就不是在说一个真理。在这种意义上，一个词语在一个语言游戏中称呼什么，就被那个游戏要如何玩所完全确定了——在有规则来确定的情况下，它就被那些规则所确定。

在第 10 节，谈及第 8 节中的游戏时，维特根斯坦说：

> 那么，这个语言中的语词**指代**什么呢？——除了它们具有的那种用法，还有什么能够表明它们指代什么呢？而这我们已经描述过了。

我们已经到了维特根斯坦所寻求的论点的一半了。这个位置令人熟悉。我们有一个关于语言游戏的常规论点。我们想寻求的是一个关于语言，或关于说话的论点。最直接地，我们想要有关某个人、在某个场合、在说话(通常是说某种可辨识的语言)中，对语词的言说的一个论点。该论点将与一个如此出现的表达称呼某事物是怎么一回事有关。同样地，我们感兴趣的是在其最宽泛的理解之下的命名或言说，而不仅仅是对对象的称呼。

我们通往该论点的道路，经由作为参照物的语言游戏概念。在某个场合，某人说了某些词。例如，希德在停车场找他的车时，为了寻求帮助，告诉皮娅："我的车是蓝色的。"一个理解希德的话的人，会准备认识到一些与这些语词何时会是正确的有关的东西；如果事物正如希德所说的那样，那些东西是一个理解者会期望的。(我们中的一员，即成熟者、该语言的使用者、对希德所说的话足够精通的人，在其他条件不变的情况下，可能被推定为一个理解者。)例如，如果被漆成蓝色的是车身，一个理解者就会满意；他不会被黑色的轮胎或发动机组所影响。如果蓝色的只是红色油漆之下的玻璃纤维，他则不会满意。因此，希德所说的话的正确性条件，也差不多可被认为是某些语言游戏中听起来相似的某些棋步的正确性条件。

如此，那些语言游戏就可能以这种方式发挥参照物的功能。比方说，如果如下观点为真，即希德的"是蓝色的"称呼了是蓝色这种颜色的，那么以下观点，即在那些语言游戏中听起来相似的表达也称呼(言说)了是蓝色这种颜色的，也正好为真。所以那个论点成了：在用语言以言说某事的一个特定使用中，一个表达称呼什么，在为语言游戏展现的方式中被详尽地确定下来,即通过被如此说出的东西的、可认识的正确性条件而确定,或者对于一个命令或问题来说,通过对其的理解所要求的回应的正确性所确定。更一般地说,它是由这样一些可认识的条件所决定的,后者关乎在那种会被理解为如此的、对语言的使用被给定的情况下,以其会被对待的方式来对言说某事的那个个例的对待——例如,将其正确地视为要么为真、要么为假。在一个理解者会准备认识到的、有关一个名称在其中出现的整体的正确性的事实(将理解者视为确定的,就像将成熟的语言使用者一例中的成熟者视为确定的那样)之外,一个表达"真正"称呼的东西不可能依赖于任何进一步的事实;那些事实可能会产生与我们刚才所概述的方法所得到的结果相背离的结果。为了给刚刚所得出的论点起一个名字,我将称它为**维特根斯坦的第一原则**。

根据这一原则,一个词称呼某事物,就是这个词对某事物的一个可认识的正确性条件作一种特定的贡献。它**能够**以之前所概述的方式那样做,仅当它作为某个受到这一条件限制的东西的部分出现。只有在作为这样一个整体的部分时,它才发挥名称的**功能**。维特根斯坦在第 49 节注意到了这一点,以及他自己的观点和弗雷格的观点之间的相似性:

> 命名目前还并非语言游戏中的一步——正如将一个棋子摆在棋盘上相应的位置并非象棋中的一步。我们可能会说:当一个事物被命名了时,还没有事情被完成。如果不是在语言游戏中,它甚至没有获得一个名称。弗雷格说一个语词只有作为一个句子的部分才有意义时,说的也是这个意思。

维特根斯坦和弗雷格在这里的共同观点究竟是什么呢？ 他们又是从哪里开始有分歧的呢？

首先是一点准备工作——维特根斯坦和弗雷格没有分歧的一个观点。如果称呼某事物是对某一特定种类的整体作出某一特定种类的贡献,那么一个语词如何能够在一个语言游戏或一门语言中称呼某事物呢？ 比方说,"鞋子"在汉语中称呼鞋子,这一事实如何能够成立？ 这种贡献尤其是对于一个某事物的正确性条件所作的。但是如果在规定一个语言游戏时,我在其中说"鞋子"称呼鞋子,我还并没有提供任何可能有这样一种正确性条件的东西。为了提供那种条件,一个人会需要玩那个游戏。类似地,如果"鞋子"在汉语中称呼鞋子,那么尽管如此,仍然还不存在该词在其中出现的这么一种东西,它可以在某个相关的意义上是正确或不正确的。为了那一点,一个人会需要说一些汉语。(诚然,存在一些像"鞋子在床底下",或者"鞋子穿在脚上"这样的汉语句子。但是,出于我马上就会解释的原因,这样的整体将无法完成所要求的工作。**它们**没有正确性的条件，尽管它们是完全正确的汉语句子，或至少我希望如此。）

这里的关键点在于**面相**。在动词"称呼"的一个面相中，如果"鞋子"并没有出现在它可能对其正确性条件有适当贡献的整体中，它就不称呼任何东西。这就是维特根斯坦之前所要达到的观点。在这种意义上，如果我在建立我的小语言，并且宣布在其中"鞋子"称呼鞋子，那么鞋子甚至还并没有获得一个名称。但是假设（正如我所做的那样）在汉语中"鞋子"的意思是**鞋子**，这样说至少就等于说，这个词是被用于为在说汉语时被说出的东西作某种特定的贡献：如果在一个场合中，在正确地说汉语时，你使用了该词，那么你将会因此言说鞋子，或者言说某物作为一只鞋子而存在，等等。如果我打算对皮娅说她的袜子在床底下，但由于我不擅长汉语，说成了"你的鞋子在床底下"，那么我所说的就是她的鞋子在床底下。[如果我由于不擅长汉语，说成了"你的马路在床底下"，那么如果我既说了（正确的）**汉语**，又确实说了些什么的话，那我说的只能是皮娅的马路在床底下。但那就是另一回事了。]当然，所有这些仅仅粗略地是对的。我忽略了习语、口语化的用法和许多其他的东西。但是，到了这种精确程度，它就意味着动词"称呼"还有另一种面相，在其中"鞋子"在汉语中也称呼鞋子。对它以其在汉语中会被使用的方式的任何使用中，它都称呼鞋子。所以它称呼鞋子的方式，就好像洗衣剂将衬衫洗白的方式那样（尽管我架子上的那几盒，最近并没有将很多衬衫洗白）。

现在来谈谈对于维特根斯坦和弗雷格，什么是他们共同的观点，什么不是。对弗雷格来说，一个名称要成为名称，必须在某种特定的整体中发挥某种特定的功能。它能够如此做，仅当该整体的剩余部分也作了它的（或它们的）适当的贡献。如果这个名称称呼的是 X，它就使正确性取决于 X 的情况（或与 X 相关的情况）如何。但它无法那样做，除非整体中的其他某个东西确定了正确性**如何**因此被决定。换言之：一个给定的名称必须与整体中的其他元素联合起来发挥作用，从而产生一个该整体的正确性条件。必须**存在**这样一个条件。所有这些也是维特根斯坦观点的一部分。对弗雷格来说，那个相关的整体是一个思想[一串单词，但仅当它们有一个意义（Sinn）的时候——见 Frege 1918：60]的表达。所以存在这样一个整体，仅当存在一个思想的表达。对维特根斯坦来说，相关的整体则是语言游戏中的一步，或者，同样，在一个场合中使用语言来言说某事，其中这一使用以上面规定的方式，被某个语言游戏中的某一步（作为一个参照物）所捕捉到。所以，同样，对维特根斯坦来说，一个名称可以用来称呼，仅当在整体中出现的、组成整体的剩余部分和它一起发挥作用，从而使这个整体的一个足够确定的正确性条件得以**存在**。

那么，维特根斯坦和弗雷格此处的不同点在哪？假设我告诉你，在给定的一个思想的表达中，"是鞋子"言说了，或言说的是，是鞋子这回事。我告诉了你什么？从弗雷格的角度来看，我告诉了你很多东西。因为你就此知道了那个整体是一个思想的表达，从而知道了它还有其他部分，它们也作了适当的贡献。假设你知道该思想的整体的表达有如下形式，"A 是鞋子"——比如，"这些东西是鞋子"。根据我所告诉你的、有关"是鞋子"（在这个整体中）称呼什么的事实，你就知道，在这样出现时，它说的是某些东西或其他什么（或者就是某些东西）是鞋子。该整体的总体形式被给定后，它的剩余部分需要做的事情，就是去确定被言说的东西是哪些。在现在这个例子中，就是通过称呼它们来做。所以被我用"A"表示的那个整体的部分将会发挥如下功能，即使得特定的鞋子成为那个整体的正确性被其以适当的方式决定的那些东西。如果你知道它们是哪些东西——"这些东西"称呼的是（称呼了）哪些东西——你就知道了"是鞋子"如此对其有所贡献的全部正确性条件。

对于维特根斯坦，情形则更加概略一点。假设你知道一个语言游戏里的给定的一步中，"鞋子"称呼鞋子。你于是就知道了，使这一步成其为这一步的东西的剩余部分（充分地）决定了整体的正确性**如何**取决于鞋子。但那并不意味着一旦你知道了由此被称呼的**其他**东西，你就知道了那个正确性的条件是什么。一个人可能倾向于将这里的观点仅仅看作和言内之力有关。正如我在阐释弗雷格时所说的，一个名称的贡献是对一个思想的表达所作的；然而在维特根斯坦所考虑的语言游戏中，还有命令、要求、提问，等等。但那不是此处的重点。弗雷格的观点很容易适用于这些情况。

考虑一些之前的例子，我们就能发现正确的观点。假设助手希德在某个场合对建筑师傅皮娅说："材料堆里有一些石板。"假设我们知道某一个材料堆被称呼了。于是，从弗雷格的角度来看，我们就知道某个思想被表达了。因此"（是）石板"称呼了某事物。假设我们知道它称呼了石板，我们就因此知道了它称呼了什么。进而，假设我们理解存在量词，我们就知道该整体的**所有**部分称呼了什么。我们知道被表达的是哪个思想吗？我们因此知道了那个整体的正确性条件是什么吗？对于弗雷格来说，答案必然是肯定的。（关于这一点，见 Frege 1891。我马上就要说更多有关该文的主要观点的内容。）对维特根斯坦来说，答案又是什么呢？有多少个这样的不同语言游戏，在其中整体的那些元素可能称呼了那些东西（"石板"称呼石板、"材料堆"称呼那个材料堆，等等）呢？正如我们已经看到的，上述事实可能在有着对于相应的棋步（比如，在那些游戏中，通过说"石板！"所走的那一步）的任意数量的不同正确性条件的、任意数量的游戏中成立。举一个多样性的例子，有这样的游戏：石板在其中可能会裂成两半，也有它们不会如此的游戏。

如下例子也是类似：对于他的车，希德说"它是蓝色的"。我们可能知道他指的是哪辆车，以及它是蓝色的指的是什么。对于那个整体的部分称呼什么，我们已经知道了那么多。但是也存在一些游戏，它们有着所有那些都对其为真的棋步，然而那些棋步却在它们的正确性会要求的东西上有区别。在某些这样的游戏中，一辆蓝色的车不需要有蓝色的内饰或轮胎。在另一些中它必须有，等等。适用于游戏的那些东西，也原封不动地适用于在将某人的车说成是蓝色的时，会被说出的东西。在如此说的某些实例中，即便该车没有蓝色的内饰，一个人所说的也会是真的；在另一些中，则不是；如此等等。

　　所以二者的分歧可以这样来表述。弗雷格可以轻易地接受维特根斯坦的第一原则，对他来说，名称称呼的是什么，可以是一个关于它们是其部分的整体何时会正确的问题。对弗雷格来说，这一点可以是完全无害的。当我们就那一决定关系的相反方向进行提问时，它的无害性就体现出来。因为对他来说，如果一个人知道一个（某个思想表达的）相关整体的所有部分称呼什么，那么他**确实**就因此知道那个整体的正确性（真值）条件是什么。如果知道这一点，一个人就知道那个整体**何时**会是正确的（真的）。如果弗雷格想要将一个语言中的一个句子当作可能**有**这样一种正确性条件的一类东西，从而将其当作可能是在其语境中名称有所称呼的一个整体的话，那么正是这一点——存在可被称呼的事物，并且称呼这些事物可以达到这样的效果——允许他这样做。

　　对维特根斯坦来说，不存在这样的反方向的观点。迄今为止的例子可以证明，只要存在关于它们称呼的东西的可辨识的事实，一个人就可能知道一个思想表达的所有部分称呼什么，同时却仍不知道那个整体的正确性条件是什么。这是因为，这些部分称呼的正好是这些事物这一事实，和许多不同的正确性条件都兼容。"石板"可能称呼石板；但是在它的这种使用中，存在着各式各样的说关于给定事物的真话的条件。在《哲学研究》中，这一点被设计成通过语言游戏显示出来：所有关于被语言游戏中给定的一步的所有组成部分所称呼的东西的事实，与它在任意数量的不同游戏中作为一步而存在，都是相兼容的。根据我在这里建议的对《哲学研究》的解读，这就是该书对语言游戏的最初讨论所要提出的主要观点。它将是《哲学研究》中随后部分中的一切其他内容的核心，这些部分将会构成之后讲座的主题。

　　到目前为止，这一核心观点仍然只是对事物表面状况的一个观察。我们给出语词可以称呼的事物的例子，然后看到可能有不同的游戏，在其中语词都会称呼那个事物。在一个游戏被规则所规定的情况下，是那些规则决定了何时其中的一步会是正确的。关于命名的事实，或者我们知道如何表述的那类事实，并没有强迫我们编写任何一套特定的规则。当然，一个弗雷格主义者可能用对于什么是实际上说一个语词称呼什么的一个更严格的设想来回应。要对抗这种策略,我们需要看到的不仅仅是对表面现象的观察。我们对辨识语词称呼的东西的理解是否真的遵从那样一种方式,即当那一任务被完成后,对于一个给定整体的所有部分,一个该整体可能是其中一步的语言游戏只存在一套规则可被写出(至少就那些规则与该整体有关的情况而言)? 这就是我们现在必须转向的问题。

1.4　转变

根据维特根斯坦的第一原则,表达所称呼或言说的东西,由它们在其中出现的整体所被看作的那类语言使用所决定(如果它确实被决定了的话)——由在产生该整体时,语言被视为被调配的那种方式所决定。换言之,它被那种算作支配它的正确性的标准所决定。那么反过来呢? 有关表达所称呼或言说的东西的合适的事实,能够决定(如果确实被决定了的话)支配它们是(或曾是)其部分的整体的正确性标准的内容吗——尤其是,如果有关的话,它们能够决定该整体的真值条件是什么吗? 在我们现在的特例中,有关命名的事实能否决定,一个在某个场合中以给定的词语给出的描述何时会为真? 弗雷格认为能。我们可以通过回顾奥古斯丁的正确观点来接近答案。那将至少消除我们希望得到肯定回答的一个理由。它可能给我们期望一个否定回答的理由。

我们可以通过如此发问来接近这一问题:在从她的奥古斯丁式的中间阶段通往一个成熟阶段的路途中,吉莱纳将经历何种变化? 在她的奥古斯丁式阶段,吉莱纳知道(汉语中的)"鞋子"言说的是鞋子。鞋子**是**"鞋子"在汉语中言说的东西。尽管如此,她不知道,因而也不就此知道,与如何,以及对于什么事物而言,"鞋子"能够有时被正确使用有关的一切可被知道的东西。她还没有准备好去认识到,在正确使用汉语的情况下,在短语"是鞋子"中,被给出的对事物的**所有**描述何时会是真的。例如,她可能尚未领会到,如何将咖啡馆窗口的标语"不穿鞋子,不予服务!"应用到她脚上的凉鞋上。[①] 一种观点认为,只有出于礼貌,我们才能说吉莱纳知道"鞋子"称呼什么,或知道它称呼鞋子;只有在对于语词命名这一回事,或对于知道这一点会是怎么一回事的一种放宽的观点下,才能这样说。因为对于知道它称呼的东西,还存在其他某个东西可供知道,后者**会**解决所有那些吉莱纳尚未知道答案的问题。处于一个成熟阶段就意味着知道这样一个东西。这预设了对我们现在提出的问题的一个回答。

---

① 原文为法语,此处标语中的"鞋子"不包括凉鞋。——译者注

　　达米特对这样一个回答深信不疑。根据他的观点，一个成熟的汉语使用者确实知道有关"鞋子"一词意义的某样东西，后者确定了与它何时会正确描述一个事物有关的**一切**。他对那一点的坚持，来源于他对"实践知识"(此处指一个成熟的汉语使用者所准备认识的东西)和(对于相关参量的相关取值而言)蕴含所有成熟者准备认识的东西的命题之间的关系的一般性观点。

　　戴维森也对这一回答深信不疑。这是因为，在戴维森对一个语言的意义理论的设想中，"＿＿＿是鞋子"这一中文开语句有一个满足条件，它大致像是，或者相当于："事物满足'＿＿＿是鞋子'，当且仅当它们 A。"(例如，可能根据粗略的初步估计，"当且仅当它们是鞋子"。)"当且仅当"右边的表述旨在辨识事物在其之下会满足那一开语句的那些条件。也就是说，它旨在言说何时它们会如此。因此可以推测，存在这样一个事物可被言说(对这一点的详细阐述，见 Travis 1997 或 Travis 2009)。所以如果一个人知道满足条件，或者知道它说了什么，他就知道与在使用"是鞋子"意指它在汉语中所指的东西——从而关于那些个体，使用它言说它在汉语中所言说的东西——时，关于个体所说的东西何时会为真有关的、可被知道的一切。并且，如果存在这样一个东西可被知道，成熟的汉语使用者就会从对"鞋子"称呼鞋子这一事实的知道中(从他们在对这一事实的知道中所知道的东西中)知道它。[对戴维森来说，在某个场合，一个人以其在汉语中的意义使用"是鞋子"对个体进行言说时，关于个体(字面上)所说的东西，就等于那些汉语词本身关于该个体所说的东西——那些汉语词所说的东西，完全决定了使用它们时被说出的东西(以及**它们**对此的贡献)；这一观点导向了语词所意指的东西和一个人在(完全)知道其意义时准备好认识的东西之间的一种简单联系。]

　　所以对达米特和戴维森来说，在从她的奥古斯丁式阶段走向一个成熟阶段的过程中，吉莱纳将达成一个质的飞跃。她将获得对一个事实的知识，该事实蕴含了她在成熟之后将会准备认识到的一切，后者既包含她在奥古斯丁式阶段已经准备认识的东西，也包含她彼时尚未准备认识的、与(说汉语时)在对事物言说"是鞋子"时一个人何时会说真话有关的东西。她对于如何使用"鞋子"的当前(奥古斯丁式的)知识，还无法被任何决定了那样多的事情的原则的集合所表征。但是她对于如何使用"鞋子"的将来的、成熟的知识将能够如此。根据达米特关于实践知识的一般原则，对于他来说，事情将会如此。对于戴维森来说，事情也将如此，因为一个满足条件将会完成那项需要的任务。

　　这表明了一个与之对立的观点会是什么样的。根据这一观点，在通向成熟阶段的过程中，吉莱纳并没有经历这样的质的变化。她从我们的语言方式和世界的存在方式中获取经验，直到她几乎与我们同样熟练为止。她从我们事实上以及习惯于对于鞋子进行言说的方式中,也从我们参与的那些类型的活动中获取经验,那些活动至少能以某种方式与某物是否一只鞋子——我们对某物作为一只鞋子存在所习惯于期望的那些东西——相关。她也从判断或审慎中获取经验。在相关的实例中,她得以能够更好地看到我们所能看到的、与什么样的期望是合理的有关的东西。当她在这些方面获取的东西足够多以后,她就成为我们的一员,也就是成为一名成熟者。她的成熟性并不相当于其他任何东西,或任何一类达米特所说的那种东西。我们将需要做一些工作,以使这样一种观点具有适当的意义。不过,它是维特根斯坦在《蓝皮书》的如下段落中提出的一个观点:

> 语言游戏是一个儿童能凭借它来使用语词的那些语言的形式。……如果我们想研究有关真与假,有关命题与实在的一致与不一致,有关断言、假设和提问的本质的问题,我们最好着眼于语言的原始形式。在后者中,那些思想形式的出现,并不伴随着高度复杂的思想过程中令人困惑的背景。……我们看到的是那些清晰而透明的活动与反应。另一方面,我们从这些简单过程中认识到的语言形式,并不与我们的更复杂的形式截然分开。我们看到,我们能够通过逐渐增加新的形式,来从那些原始形式中构建出复杂的形式。
>
> 现在,让我们难以采取这种研究方式的,是我们对一般性的渴求。
>
> 这种对一般性的渴求,是一些倾向所导致的结果。……
>
> (a)对于被我们通常归入一个通名之下的实体,去寻找某个所有这些实体都共有的东西的倾向。……一般性概念是其特殊个例的一个共同属性这一观点,与其他有关语言结构的原始的、过度简单的观点联系在一起。它与如下观点是可类比的,即**属性**是那些具有该属性的事物的**组成部分**;例如,美是一切美的事物的组成部分,正如酒精是啤酒和葡萄酒的组成部分一样。
> (Wittgenstein 1958:17)

此处,维特根斯坦将许多东西归给了像吉莱纳那样处于中间状态的人。命名、言说某物、和真与假有所接触、说事情是如此这般,以上现象都在吉莱纳对语言的简单使用中得到了完全的体现。他利用这一事实,指向一个某种意义上有创造性的、有关成熟的语言使用的观点。吉莱纳知道如何使用某些特定语词去言说事物(或许不是所有那些在像她一样使用那些语词意指它们所意指的东西时,一个成熟者能够言说的事物)。做到那一点,并不需要她知道决定了与那些语词何时会被正确地使用在事物上有关的一切的那个事实(或那些事实)。他认为我们,即成熟者,也不需要知道这样的东西。这是因为对我们而言可用且透明,而对吉莱纳而言尚不是如此的，对那些语词的更复杂、更错综或更精细的用法，可能从她由特定的、渐进的步骤中可获得的那些东西中被构建出来；随着这种新的、或许更复杂的使用需要的产生，这些步骤能够为我们所用。我们可以通过在新的场合中应用巧思和洞见一类的东西，恰到好处地对语词作新的使用，以此来将使用语词的新方式加入我们已经熟悉的方式中。

上文以巧思和洞见这样的概念所表示的要求，是为了与达米特和戴维森所共有的、有关成熟状态会是怎样的那一观点形成对照。如果我们能够将属性视为例示它们的东西的组成部分，正如酒精是葡萄酒和啤酒的组成部分那样的话，这一要求就不需要了。因为一旦如此，我们就会仅仅需要知道，比如说，"＿＿是鞋子"称呼是鞋子这一属性。如果是这样的话，那么无论在什么场合，只要这一属性是那些个体的组成部分，那么我们在对个体应用"＿＿是鞋子"、使用它称呼它所称呼的东西时，所说的都会是关于那些个体的真话。对于领悟就此（字面上）被说出的东西是什么而言，就不需要更多东西了。对于知道就此被说出的东西何时会为真（在后者被说出的东西确定的情况下）而言，就没有更多东西可被要求了。但是，维特根斯坦认为，对于此事的这样一种观点是迷信的；它阻止我们看到在语言使用中真正发生的事情。我希望给出一种简单的方式来理解此处的对照。这就意味着要看到，将开语句所称呼的东西视作事物的组成部分这一观点，其事实上的替代物是什么。我想，这是很容易找到的。

我们可以从维特根斯坦在《蓝皮书》的相关段落中（或是在《哲学研究》第65—79节对家族相似性的讨论中）所说的话的一个过度简化，但并不陌生的图景入手。这一图景省略了场合的角色。在其中，维特根斯坦承认，一个开语句——例如，"＿＿是蓝色的"——在对其称呼的东西的称呼中——例如，是蓝色这种颜色的——因此而获得对于对象来说为真（或为假）的功能。那是它就其本身所做的事情。现在我们假定如下事实已经被确定下来，即这个开语句对于如此这般的对象为真，对其他如此那般的对象为假。我们于是假定存在一个新的对象——对于它而言，这还尚未被以往任何对"＿＿是蓝色的"如何使用的共识确定下来。那么问题就在于，对于这个新对象，"＿＿是蓝色的"是否应该被看作为真。现在的观点是：这个新对象可能与"＿＿是蓝色的"已经对其确定为真的事物有着某些相似性，而与"＿＿是蓝色的"对其无疑不为真的事物有着另一些相似性。其中的第一点可能提供承认该谓述对该新对象为真的**某个**理据，第二点则可能提供认为该谓述对该新对象不为真的某个理据。那么，如果最合理的做法是将第一类理据当作决定性的，那么该谓述对该新对象就为真；如果最合理的做法是如此看待第二类理据，那么就不为真。此处的想法是，这里存在一个评价的问题，即从我们的角度出发,如何看待事物是最好的。这会给人一种感觉,即"＿＿是蓝色的"所意指的东西,在我们遇到新的对象之前,就其本身而言还并没有迫使我们做什么。

我们可以通过回顾吉莱纳来理解这一点。在这一简化的图景中,吉莱纳已经学习到的,是"鞋子"对于某些个体为真,对于另一些则为假。由于她正处于奥古斯丁式阶段,她还尚未学习到,在**每一个**实例中,它究竟会对于哪些新对象为真。在她所知道的有关"鞋子"称呼什么的东西中,没有任何东西决定这个。假设她现在遇到了一个新的对象,对于它而言,上述问题没有被任何她知道的东西所决定。尽管如此,根据上述图景,给定她确实需要继续做的事情,对她来说更合理的做法可能是接受支持将"鞋子"算作对该对象为真的理据,而非接受那些支持相反看法的理据。或者,同样地,反之亦然。现在,从我们过度简化的模型来看,这幅替代的图景告诉我们,我们这些语言的成熟掌握者和吉莱纳处于完全相同的位置,只除了一个例外。吉莱纳在 2 岁、4 岁或 6 岁时,还无法可靠地在这些事情中看到哪种理据**是**最为合理的。而我们则是更可靠的。事实上,正如我一开始所指出的,我们这些成熟者是衡量在这些事情中合理的东西的**尺度**。所以吉莱纳可能会在我们不会的地方误入歧途。尽管如此,如下一点是清楚的:吉莱纳知道的有关"鞋子"称呼什么的任何东西,都没有决定与它会对何物为真有关的一切事实。在那种意义上,我们所知道的任何东西,也都没有决定它。在这里,奥古斯丁的中间状态的概念得到了运用。

但这**是**一幅过度简化的图景。在一幅完整的替代图景中,[在对(某物)是蓝色这种颜色的言说中]称呼它所称呼的东西时,"＿＿是蓝色的"并没有获得对于事物为真的功能。那并**不**是它的功能。准确地说,它获得的功能是:当它在一个场合被用于称呼它所称呼的东西时,它在该场合说某物是蓝色的。它能在这样做的同时,充当无限多个语言游戏中的一步。这在此不过是以一种意象化的方式说,它能在这样做的同时,服从无限多个互不兼容的、被因此说出的东西的正确性(真值)条件中的任意一个。对于吉莱纳在她的中间状态所学习到的东西,我们需要一幅有相应区别的图景——不是"鞋子"对于这样那样的东西为真,而是一个人能在某些情景下(例如,出门的游戏,或者报告床底有什么的游戏),以某些方式使用"鞋子"——在一种这样的方式下,比如,被那样使用时,如果床底有一双玛丽珍鞋,它就是对卧室的一个正确的描述,而只有人字拖时则不是。她所知道的任何东西都没有确定与"鞋子"可能的**另外**的用法有关的一切,也没有确定和在其他某些她尚且陌生的情景下,它事实上会被如何使用有关的一切——比如收到在上学第一天或在爱丽舍宫的招待会上的着装指示的情景。

假设在一个晴朗的日子,吉莱纳被告知她要在爱丽舍宫亮相,并且她必须穿鞋。如果她穿人字拖,她照做了吗? 如果这一问题依据她所知道的东西有一个答案,那么它能被如此表述。给定她知道的有关"鞋子"会被如何使用的一切,假定在这里被玩的是哪个语言游戏才是最合理的? 也就是说,在这里采用什么样的正确性标准(此处即遵从的标准)才是最为合理的? 吉莱纳的不成熟又会成为看到正确答案的障碍,这体现于以下两方面;或许她还不那么理智;并且她很可能没察觉到该情景中的一些因素,而一个答案应当被视为依赖于后者。(她不知道在爱丽舍宫出席活动的礼仪。)尽管如此,从另一方面来看,当我们考察吉莱纳穿人字拖是否违反规定时,她所处的位置和我们这些成熟者并没有什么不同。

　　在对某事的言说中,支配对"鞋子"的一个给定使用的正确性标准(在相关的情况下为真值标准),是在该使用所在的情境下,对其的采用会是最合理的那些标准。这给以下观点留下了新的空间:关于命名的事实并没有决定一个使用的唯一正确性标准。我将借助理性和责任的概念来拓宽这一空间,具体地,我将借助期望的合理性和它所产生的责任。下面是正确观点的一个简单的例证。我们一起开车去里昂,突然一个轮胎瘪了。我下车,用千斤顶把车顶起来,取下轮毂盖。你递给我一把扳手。但当我试着拧松一个接线柱时,却发现扳手的中间是橡胶做的,直接就弯了,而没能拧松任何东西。你大笑,我十分恼火。在这里,我有权期望某个东西。一个人本会期望你是在帮助我,因为你是这样标榜自己的。否则这就不成其为一个玩笑。所以我的这一期望是对的,即你在递给我扳手的时候,递给我的是某个在你看来以被期望的方式,对当前的情况可用的东西——如果不出意外,会拧松被期望的那类接线柱的某个东西。你把扳手递给我,引起了我的合理期望,你的这一行动因此使得你对这些期望负有责任。相反,如果你递给我的是一个正常的扳手,但当我试图转动它时,它却意外断成了两截,那么虽然对一个**扳手**有更高的期望是自然的,但是对你有更高的期望则可能是不合理的。不可预见的失败时有发生。在我们现在的框架内,可能被(合理地)期望的东西这一概念,及其相应的责任概念,是很有用处的。

　　给我一个描述就像是给我一件工具。扳手有拧紧和拧松接线柱的使用,描述有支配和规范我们与世界的相处的使用。对于某个对扳手的传递,一个人可能正确地期望某些事情;一个人可能合理地期望自己就此能够做这些事情。对于一个描述的给出,一个人可能正确地期望某些事情;存在这样一种方式,使一个人有权期望自己就此能够应对他当时所面对的环境。在这两个例子中,一个人有权期望的东西,都依赖于被给予者所处的情境。在给出描述的例子中,如果如此被给出的描述是正确的话——如果在它被给出的情况下,事物被正确地描述了,一个人有权期望的就是他事实上**能够**期望的。期望以这种方式与正确性条件(在相关的情况下为真值条件)相联系,从而与**内容**相联系,即在某个场合,以某些词项描述事物时,根据给定的那个描述会是如此的东西。

回到一个先前的例子,如果你的任务是在停车场里找到我的车,而我告诉你车是蓝色的,那么你将有权期望,它与我对其描述的相符将(在其他条件不变时)使它能够根据颜色被认识到(在停车场被看到)。所以,根据此处的核心观点,这就是如果它符合我(**在将其描述为是蓝色这种颜色时**)对其的描述的话,它将会存在的方式。这也就是说,我将它描述为蓝色,是基于对汽车的这种存在方式的一种理解;根据这一理解,它的如此存在是因此而可被认识到或可被看到的。所以我如此做,是基于这样一种理解:根据这种理解,只要车身被漆成蓝色就行了;而如果那辆车**可能**为了某些目的被算作蓝色的,而那需要用一盏黑光灯来检测,或再次地,如果你需要刮掉它表面的油漆以看到底下的玻璃纤维,那么则不行。(要是只能通过胡乱地刮掉停车场内汽车的油漆来找到我的车的话,那么如果你认为我向你提供了找到我的车的有用信息,那就会是不合理的。)再一次地,如果我的车有黑色的皮制内饰,那么,给定当前的任务,如果你就那一点抱怨我的描述有误,那就会是不合理的。所以我所说的话并不基于对一辆车是蓝色的一事的那样一种理解,那种理解要求一辆如此存在的车有其他种类的内饰。(即便的确**存在**那种对一辆车是蓝色的一事的理解。)

如果理性和责任与内容(与事物被如何表征为存在、表征为被创造或表征为被思考,等等)相联系,那么这就为达米特和戴维森所共有的那个图景的一个替代物留下了空间。这些哲学家都以这样或那样的方式承认如下论题:语词意指的东西,(在取定了具体对象、时间、地点等参数之后)决定了在使用它们刻画某物,或仅仅是其所是的事物时,一个人所说的将为真。根据现在对于理性和责任的观点,在给定的情境中,当一个人用某些词项(比如称一个东西为蓝色的)谈论某事物(比如我的车)时,一个人就此**说**了什么关于事物存在方式的东西,也就是一个人所说的何时为真,是由可从这一描述行动中被合理期望的——可以合理地认为一个人因此对其负有责任的——东西所决定的,给定该描述被给出的情境,即,由在那些情境中会合理产生出来的期望所决定。在这一框架内,意义会做达米特和戴维森认为它会做的事情,仅当对于一个描述行动所处的任意可能的情境,它都以一种有效的方式,正好决定了这些情境如何与其中从该描述中被合理期望的东西有关。它会做对于确定就此被说出的东西的真值条件所必须的事情,仅当它确定了一些原则,这些原则实际上正好决定了,对于一个描述行动所处的任意情境,这些情境如何与被就此说出的东西相关。

假设意义不做这样的事情,即假设没有这样的方式以从给定原则中计算或推导出如何看待事物(曾)是合理的,这当然是融贯的。在她的中间状态,吉莱纳不知道任何这样的东西,它与"鞋子"意指什么有关,并确定了某些这样的原则。认为我们这些成熟者也不知道这样的东西,也并非无稽之谈。这将给如下观点赋予一种明确的意义,即关于语词的未来使用可能是什么样的,也就是它们在具体的新情景中会被如何使用的问题,意义并不提供答案。

对于理性和责任应该以上述方式与内容相关这一点,有人可能仍然要求一个论证。但这里的直接目的不在于给出这样一个论证,而是提出一个替代方案。第3—5讲将以不同的方式展示接受这一点的理由,或者,也许对我们真的能够理解不符合这一点的事物这一观点提出挑战。但是所有这些都是之后的工作。在此期间,我强调四个对于现在的替代方案的核心要点——对于现在的解读,即我正在构想的、对于《哲学研究》开端的替代解读的核心要点。第一,对语词来说,意指它们所意指的东西,就是称呼或言说它们所称呼或言说的东西。(如果你不喜欢小品词或某些其他的语言单位称呼事物这样的想法,那么就让我们说,它们的意义是对它们组成的整体言说后者所言说的东西的贡献。)称呼如此这般的东西,就赋予了词语一个具体的功能。因此,在称呼(言说)是蓝色这种颜色的时候,开语句"____是蓝色的"就会是如此:在某个场合,使用它意指它所意指的东西时,那就是一个人将言说的东西。所以如果我在某个场合说"我的车是蓝色的",那么我将会把我的车说成是蓝色的。但是,如果以现在所说的方式,词语称呼的东西还不足以决定它们可能因此参与的那些语言游戏,那么所有那些也不足以确定被因此说出的东西何时会为真。

第二,也是从第一点得出的一个推论,是意义允许词语以任何方式被使用,只要该方式与它们言说它们所意指的东西这一点兼容;所以只要该方式由它们在其中会言说那些东西的语言游戏所模拟就可以了。对语词的任何这样的使用,都可能是将它们用以意指它们所意指的东西。所以,情境允许的情况下,我可以通过说出"我的车是蓝色的"这句话来说任何这样的东西,在对这些东西的言说中,我是用"是蓝色的"来称呼是蓝色这种颜色的。如下情况是**可能**的:就其本身的意义而言,我说的是真话,仅当我的车不仅被漆成蓝色,而是,譬如,里里外外都是蓝色的。或者可能当我的车有某种特定的漆面时,我说的才是真话。意义事实上并没有也不能对此处的可能性作任何实质性的限制。

第三,意义允许存在相互对立的情况。它允许给定的语词,在称呼它们所称呼的东西时,(在不同的场合以及不同的使用中)以相互冲突的正确性条件参与游戏,因此它们可以根据其中一个使用的标准是正确(真)的,同时根据另一个标准则是不正确的——因此这些游戏的标准无法共同支配任何游戏。在某个日子,我可能会对于密歇根湖说如下一句话:"今天的水是蓝色的。"存在一种清晰(并且熟悉)地使用这些语词的方式,使得我所说的能够非常正确。但也存在另一种方式。在这种方式下,从湖里抽出的水必须看上去是蓝色的——或许就像矿物或染料可能造成的那样。"今天的水是蓝色的"这串中文词的意义,就其本身而言,同等地允许这两种用法。

第四,与达米特根据第二点所需要持有的观点相反,意义并不决定一个人会在什么场合作出词语的哪一种使用——一个人何时会玩哪个游戏。它不决定任何具有如下形式的原则:"如果一个使用所处的场合有着如此这般的特征,那么作出这个使用的正确性标准将会是如此这般"(其中,这些标准决定了在那个使用中,这些词语何时会是正确的)。

驱动这幅替代图景的想法是,对于有关词语称呼什么的任何具体事实,都存在无限种不同的语言游戏,在其中它们都会称呼那个东西;相应地,也存在无限种互不相容的正确性标准(例如真值条件),而所有这些标准都同等地与那些有关词语称呼什么的事实相容。我想,这就是维特根斯坦在整个《哲学研究》中关于命名的核心观点。我将把它上升为一个原则:

> **维特根斯坦的第二原则(A)**:语词言说(或称呼)的东西不足以决定它们所形成的整体何时会是正确的,或正确地被回应了(是真的、是被遵从的,等等)。它们所言说的任何具体事物,都与那一问题的各种相互冲突的答案相兼容。

让我们将一个**表征形式**看作由与以下类似的特征构成:将如此这般的东西表征为以某种特定方式存在;将如此这般的方式表征为这样或那样的事物(或某些事物)存在的方式;将如此这般的东西表征为事物存在的方式。任何能够共同作为某个表征的特征的、这些特征的集合,就是这一概念的表征形式。**语词**将事物(或单个事物)表征为以某种特定方式存在,这体现在对该方式的言说中,或通过言说该方式来实现——根据我们现有的对"称呼"一词的宽泛使用,这也就是称呼它。我们刚说过,它们就此所做的还不足以决定正确性标准。将词语一般化到所有的表征形式(如果还有其他情况的话),就有了:

> **维特根斯坦的第二原则(B)**:任何表征形式都不足以决定拥有或曾拥有该形式的东西何时会为真(被遵从,等等)。

在第23—24节，维特根斯坦提出了存在多少语言游戏这个问题。他的答案是："无数。"他提供了一些用语词所做的事的例子。但举例总有终止，多样性却是无限延展的。当然，我不能仅通过说出语词命名的东西，就把范围缩小到一个游戏中——例如，在"我的车是蓝色的"中，"我的车"称呼我的车，"是蓝色的"称呼蓝色这种颜色。但我也不能通过添加某些有关我所说的词语的效力的评论来那样做，例如，它们是一个命令、一个描述，或一个报告。那种无限宽广的多样性仍然存在。也不存在任何其他的、更详细的限定条件，使得我说的词语所称呼的东西将它们可以参与其中的游戏——因此也将可能支配它们的正确性条件——缩减到正好一种。那就是维特根斯坦在第23—24节发展的观点。我们将会看到，它是贯穿《哲学研究》其余部分的思路的核心。我们现在对这一观点的内容有了一些了解。

如果将此处的驱动想法写成一句口号，可能是这样的：内容和用意不可分离。在**我们**的语词中传达的东西，离不开我们对它所期望的东西。我们的语词如何表征事物，是一个有关它们对我们生活的（可被认识到的）重要性的问题，且与后者不可分离。将某物（例如我的车）称为蓝色的，就把它（在大多数使用下）置于某个范畴系统中：蓝色的，而不是红色或绿色的；蓝色的，而不是蓝绿色或黄绿色的等。如果我把我的车称为蓝色的，就产生了如下问题，即在那个场合下，将它置于这个系统的用意是什么，或者说，一个人可以合理期望的那个用意是什么，一个人应当能够如何处理这辆车如此被归类这一信息。我将我的车称为蓝色的时，我事实上所说的东西，并不独立于对这些问题的回答而被确定下来。

带着这一点，我们回到弗雷格和维特根斯坦的一个差异上来。对于弗雷格来说，如同在当时对形式"语言"的大多数设想一样，语词称呼的东西确实决定了唯一的正确性标准（如果我们对它们**确实**称呼的东西足够小心的话），而正是在这一意义上，根据维特根斯坦的观点，它并没有决定这样的标准。这就是这些观点之间的核心差异。这一差异从如下事实中浮现出来：对弗雷格，也对他的很多后继者（不过并非全部，维特根斯坦本人就是后继者之一）来说，某个表征将事物表征为的那种存在方式，是能够从其形成所处的情境中分离出来的。如果在说"我的车是蓝色的"时，我将某事物说成是如此（弗雷格可能不承认这样的例子），那么就存在某个东西被说出，后者是可以独立于任何对它的言说、通过（仔细地）参照我在我的话语的部分中所称呼的东西而被指明的；对我而言，说出我所说的，就是说出**那个东西**。而对于维特根斯坦来说，我们的语言表征本质上是处于情景中的。我说出我所说的东西，和我对它的言说所处的情境是**不可分离**的。

在这种意义上，事情就是如此。我说**我的车是蓝色的**。但是在将**我的车**说成是**那样**时，有很多东西能被说出。所以，我所说的是什么，并不仅是被那些事实，而是被它们在我说话的那些具体情境中,对我所说的东西产生的影响所确定的。如果这个例子还不令人满意,那么就说随便什么其他的、和在言说某事物时,我称呼了或可以称呼什么有关的东西吧(万一你认为我并没有说这种东西的话)。这一点仍然成立。在对那些事物的称呼中,将会有许多不同的事物能被说出。一个人必须留意我的言说所处的情境,才能领会到我在那些情境中如此说时,我所说的具体是什么。在下文中,我将把这一观点称为**情景化表征**。

现象在这里**可能**是欺骗性的。在某人称呼他所言说的事物时,我们经常可以说他所说的是什么。如果在说"我的车是蓝色的"时,我可以说某物是如此,那么一个人就经常可以在某人说"他说了他的车是蓝色的"时,说那个人说了某些东西。如果情境允许,你甚至可以通过这些手段,在我对"我的车是蓝色的"的言说中,正确地将我说成是说了我所说的东西。从表面上看,你所做的只是提及了我所言说的东西(以及我言说它们时所用的一种特殊的、有结构的方式)而已。除此之外,你没有做任何事来促进对我的言说所处的具体情境的亲知。在这里**可能**被忽视的是,所有这些都在一个(关于你告诉我们什么被说出了的)背景下发挥作用(在它确实发挥作用的情况下),后者中至少有两个因素在运作。第一,在这一背景下,以它被称呼的方式称呼你报告的事物,会以某种特定方式被理解。你将我报告为说了**我的车是蓝色的**。这成功地作为我事实上所说的东西的一个报告(的部分),当且仅当它在这样的情境中被给定:在其中,这样一些事物会被理解,它们有关一个人在言说是蓝色的时,在做你所报告的事情时,言说了什么。例如,它可能会在这样的背景下起作用:在其中,将说一辆车是蓝色的理解为是在言说这件事,会基于油漆可以使一辆车变成蓝色的这种理解,而不是基于被上漆的那个东西必须已经算作蓝色这种理解。第二,它是在这样的背景下发挥作用的:在其中,成功把握我说的是什么,是存在一个特定的标准的。要被算成是知道我说的是什么,你必须能够解决一系列问题,它们与什么时候事情会像我说的那样相关。这一点并不要求能够回答一切可设想的这样的问题。对于某些这样的问题,如果要找到一个答案的话,你可能仍要回溯到我的言说所处的情境。

于是,从这一替代图景来看,对弗雷格的指控实际上是,他被平凡的事物所误导,从而进入了哲学上令人兴奋却缺乏根据的论题。有一种完全日常,且(一般来说)并不令人兴奋的活动,它包括报告某人说了什么,以及通过提及后者在说话时所言说的事物来做到这一点。这种活动的适切性和经常性的成功是毫无疑问的。如果误解了它——如果误读了它发生的背景,以及它的成功所需要的背景——一个人就会在其中(或从中)读出一个哲学上令人兴奋的论题:一个整体的真值条件,可能被组成它的**部分**在(每当)称呼如此这般的事物时**会**作出的那些贡献所(完全地、唯一地）决定。替代图景的一个要点是，从一开始的日常活动中，并不能推出这种令人兴奋的东西。误读平凡或日常事物的这一现象，将在本书的这些演讲中反复重现。事实上，我们将以它作为结束。以上便是我们的第一个例子。

于是到目前为止，我们有了一个原则的要点的萌芽：内容和用意密不可分。这会是接受维特根斯坦的第二原则的理由。因为对于给定的词语称呼什么，你想怎么说就怎么说。不过，从一个场合到另一个场合，在说一个人在称呼那些事物时会言说什么时，仍可能有不同的用意。在那些有关命名的事实中，没有任何东西排除了如下可能性，即一个和另一个这样的场合之间的不同可能大到足以导致内容上的实质性区别：一个人会就此表征为如此的东西之间的区别，它们大到足以导致被就此说出的东西的两个各自的真值条件之间的实质性区别。这样一来，任何关于命名的事实都为无限多的语言游戏留下了空间，所有这些游戏都与这些事实相兼容。不过到目前为止，对于这个原则的要点，我们还没有任何类似于决定性论证的东西。第 3 讲到第 5 讲将提出支持它的一些考量。其中是否有任何一个考量相当于一个**决定性**的论证，可能仍是一个悬而未决的问题。但那或许并不是最重要的。我们现在有两个可选方案，它们都足够清楚，以至于能够算作明确的方案。我们现在可以探究的是，我们能够使这两种方案具有多少真正的意义。我们可以把这看作下文的主要任务。

1.5　函数

奥古斯丁在描述学习语言时，可能将人引向对"（人类）语言的本质"的一幅错误的图景。根据现在的解读，这一图景的问题并不在于，在它之中，每个词语都称呼某事物。[正如维特根斯坦坚称的，说每个词语都称呼某事物等于什么也没说，除非我们想要就此作出的那个区分被确定下来（第 13 节）。]相反，这一错误图景是就语词（尤其是开语句）可能称呼的那类事物而言的，或者更确切地说，是就称呼某事物可能实现的东西而言的。该图景的原型就是弗雷格的观点。这种看法在他的如下建议中得以具体化，即概念等同于从对象到真值的函数（Frege 1891）。[概念是他对于一个开语句所称呼的东西的候选项。我更喜欢谈论的是事物的存在方式，对此弗雷格的建议同样恰当（或不恰当）。]

函数的定义性特征是，对于每个自变量，它刚好取一个值。[$F(a)=b\&F(a)=c\rightarrow b=c$。]所以如果"是蓝色的"所称呼的东西[蓝色的概念、是蓝色（这种颜色）的]将对象映射到真值上，那么就容不下如下观点，即在言说它（作为我的车或者密歇根湖存在的方式）时，一个人**可以**说许多事物中的任何一些，其中有的为真，有的则为假。并且如果自然语言恰巧是混乱的，"是蓝色"不足以称呼任何合适的东西，那么对它的任何**可能**足以胜任这一任务的改进（一些适合于扩充一个弗雷格式的理想语言的改进）也都是如此。所以一个从对象到真值的函数，会实现日常的开语句似乎不能实现的东西。在像"我的车（这样一个函数的名称）"这样的一个构造中，它可以对确定一个唯一而有效的正确性条件有所贡献。就为真的情况而言，它会选择**一个**游戏作为在命名它时被玩的**那个**游戏。

我会在下一讲谈论更多有关称呼某物是怎么一回事的内容。但是，最起码地，命名的概念的一部分就是，比如，如果某个"是蓝色的"称呼了某个这样的函数，那么可以称得上是被那个"是蓝色的"所称呼，所要求的无异于恰好是那个函数。是那个函数（或与它无异）是被这种理解下的词语所称呼的条件。现在，函数就是函数所发挥的功能。所以如果某个函数将某个自变量映射到一个给定函数 F 并没有将后者映射到的值，或如果它有 F 没有的自变量（例如，如果有事实上并不存在的对象），那么它就不是 F。所以在"是蓝色的"称呼一个特定函数的意义上，它也称呼该函数的每个自变量，或者同样地，称呼每个由一个自变量和该函数赋给它的值所组成的对。没有什么东西可以称得上是被"是蓝色的"所称呼，除非它正好对那些自变量取了那些值。对于命名所会是的一切，这一点都成立。只要一个函数是被如此设想的，即它非偶然地有一个"值过程"（借用弗雷格的术语），这一点就成立。（我用了弗雷格不会允许的措辞来阐述这一点。一方面，对他来说，一个人不能将等同性的概念非法地用于函数。此外，众所周知地，这也是一个弗雷格根本难以论及太多的领域。）

当涉及的是数学时，弗雷格的建议似乎足够吸引人。而对于言说事物存在的现世的方式——某些事物实际上的，但并不需要或可能不是那样的存在方式——的开语句来说，它就不那么吸引人了。例如，假定"是蓝色的"是说事物是如此的一种方式，那么这一建议对"是蓝色的"就没有那么大的吸引力。一方面，它有如下后果，即比如，如果被制作出的蓝色衬衫比事实上被制作出的多了一件，那么"是蓝色的"就无法意指或称呼它本来意指或称呼的东西。同样地，如果我把我蓝色的车重新漆成譬如红色的，它也将不意指它本来意指的东西。我们也不能说这样的东西，比如我的车本可能是，或本可能不是"是蓝色的"所称呼的东西，也不能说它是否被如此称呼一事以某种方式依赖于它是什么样的（或它碰巧是什么样的）。所以，假设我们就此说了"是蓝色的"所称呼或言说的东西，并进一步假设我们将它说成是言说了某个具体对象可能停止是，或开始是，但不必须如此的东西等，我们也无法像我们迄今为止所做的那样，将"是蓝色的"说成是称呼或言说是蓝色的。

以这种方式，我们或许**可以**说"是蓝色的"以及其他关乎现世的开语句称呼了事物。但如果我们不选择这样做，弗雷格的观点还没有完全失去希望。以我们更加日常的方式考虑"是蓝色的"言说的东西，我们可以说，我的车如其所是，使得它以或不以那种方式（是蓝色这种颜色的）存在。到目前为止，以下观点还没有任何错误，即在说我的车以那种方式存在时，所说的那种方式（被说起的那种方式）和我的车如其所是，并没有留下两件可被说出的事情，其中一件或许为真，同时另一件为假；并且那种**方式**如其所是，就使得这大体上如此。这是弗雷格的核心观点的另一种形式。为了使它更接近弗雷格（借助他对概念和函数的等同）赋予这一观点的形状，我们可以简单地将我的车的如其所是称为它的状态（Zustand），或它所处于其中的状态。于是，我们就可以将一个开语句说成是称呼一个从如此被设想的**状态**到真值的函数。某些这样的函数可能将周三时我的车的状态映射到真这个值，以及将周四时（在我给它上漆之后）我的车的状态映射到假这个值。那会在这一建议的总体框架内部，捕捉到偶然性。弗雷格的建议的另一部分也得以保留下来。如果我们认为"是蓝色的"称呼了这类函数，那么，无论它在什么意义上称呼了它，它都必须同时称呼那些具体状态（Zustände），这些状态参与了该函数的值过程的形成。在第 4 讲中，我将对这一观点有远比此处更多的阐述。

在弗雷格将概念与函数的等同之中得以具体化的看法，似乎使我们陷入了两个截然不同的图景的混合，这两幅图景有关在称呼一个函数时，我们与它的值过程相关联的方式——就概念而言，则是在称呼一个概念时，在事物是其所是的情况下，我们与满足它的那些事物相关联的方式。其结果可以被比作一只犰狳和一只蝾螈的合成照片。

一个人可能借助关于称呼某事的两幅不同图景来表达这件事。根据其中一幅图景，语词偶然地称呼它们所称呼的东西——正如我们可能认为"第一个读到这个的人"称呼的是第一个读到这个的人，无论这个人是谁。根据这幅图景，语词称呼或言说的东西，不仅由它们的意义，还——至少——由事物（它们所言及的事物）存在的方式所决定。所以词语意指它们所意指的东西（如此设想的情况下），不是称呼它们碰巧（在某个时间点）称呼的东西。这是描绘在称呼一个函数时，我们关联于那些被它映射到真这个值上的事物的一种方式。当弗雷格（1904）在论及一个函数被一个赋值法则（Gesetz der Zuordnung）（将自变量与值关联起来的一条法则）所个体化时，他提出了这一图景。一个人**可以**用这种方式思考函数。但它并没有提供弗雷格所寻求的保证。在它之中没有任何东西保证我们在使用开语句时，能够找到或指定要言说的事物，这些事物单纯地仅与**一个**真值条件相兼容。正如任何一个法学家都知道的，一条法则（Gesetz）应当容许多种理解。

根据另一幅关于命名的图景，一个名称称呼它所称呼的东西，对于它是它所是的那个名称而言,是内在的。所以将其作为**那个**名称使用,在事实上就是言说如此这般的事物。在有关称呼函数的相应的图景中,根据这种方式,**称呼**一个函数就是称呼它的值过程。

这似乎给了我们弗雷格所寻求的保证。如果在将是蓝色这种颜色的说成是我的车的一种存在方式时,我以这种方式称呼了某个从对象到真值的函数,那么我是否就此说了有关我的车的真话,的确不能依赖于你对一辆车是蓝色的一事的理解,也不能依赖于除了该函数所称呼的值过程事实上是什么以外的任何东西。但现在,麻烦在一个不同的点上爆发了。我们现在需要但还没有的,是对如下内容的保证,即我们**能够**使一个词语在我们要求的意义上成为一个函数的名称,即我们能够赋予它一些意义或理解,(事物是其所是的情况下)一旦给定它们,无论一个人如何理解它所言说的东西,意指它就此意指的东西,都只会存在一种它能够称呼的函数。因此,我们仍然缺乏一个回避维特根斯坦的第二原则的方法。只有在合成照片中,一只蝾螈才可能看上去是多刺的。

1.6　应答

弗雷格所坚持的,正是维特根斯坦的第二原则所否定的。区分有关将事物表征为如此的两个不同图景,是一个明确的问题。为什么对弗雷格来说,坚持他在这里所做的事情是重要的呢?有一个非常好的理由。它是维特根斯坦的图景的一个严重问题,也是维特根斯坦重点回应的一个问题。它将伴随我们到第 5 讲,在那里,我将说完我想说的、有关他的回应是什么的内容。无论如何,如果现在有关命名的观点是《哲学研究》的一个核心观点的积极面相,那么也存在一个消极的方面,现在是时候来谈论它了。就语言而言,积极的方面是:无论我们如何设想,语词称呼的东西总是允许它们对其所形成的整体的正确性(真值)条件作出各种互不相容的贡献。就它们所称呼的东西而言,事物存在的一个可识别的、可指明的方式总是容许理解。[就通常所说的"对遵行规则的讨论"(将在第 4 讲涉及)而言,jede Deutung lasst Deutungen zu(每一种阐释都容许阐释)。]消极的方面是:这似乎正好威胁到了弗雷格所说的**判断**的可能性,也就是任何东西为真或为假的可能性。我将简要地对这一消极方面加以阐发。

弗雷格关心的是一种非常特殊的立场或态度,人们可以对世界(对以其所是的方式存在的事物)及其表达采取它。这种立场以一种倾向于受某种正确性或非正确性影响的方式与世界相纠缠。**这种**正确性被世界(被事物存在的方式)所唯一决定。**仅当**世界对它有着唯一的决定权时,才存在那种正确性的问题。我们讨论的这种立场有特定的目的，而只有世界才能决定这些目标是否达到。这种立场是，世界是一种特定的方式；只有以其所是的方式存在的事物，才能决定如此看待世界是否如其所是地那样看待它（在相关的意义上，指正确地看待它）。我将把这种特殊的立场称为**可应答的**，并且根据它在现在的意义上是否正确，来说它应答了或没有应答事物存在的方式。

这只是对相关意义上的正确性概念的一个简单的开端。（进一步的讨论见Travis 2006。）但我们可能已经注意到在这里要被排除的某些东西。对于任何这样的立场来说，它的正确性根本不应该依赖于对它的任何态度以及它对于事物存在方式的恰当性。给定这一立场，它的正确性不应该依赖于任何可能采取或评价它的思考者的心理特征。我认为这一点可以被如下观点所刻画：一旦这样一种立场对一切来说都（在相关的意义上）是正确的（视情况而定，它则可能事实上是正确或不正确的），对它的任何采取就都是正确的。这似乎将以下二者区分开，一种是认为皮娅的鞋在床底下的立场，另一种是，譬如，认为希德的猪肉灌肠（andouillettes）令人作呕的立场。

虽然还有更多的要说，但我们在这里所聚焦的正确性，显然就是真。所以说一个立场是可应答的，就是说可评价其真。从琐碎的方面说，任何在事物真正是那样的情况下将其表征如是的图景，必须为它留有余地。任何表征如是都是可评价其真的。对这一点的否认是没有意义的［正如弗雷格在介绍《算数的基本原则》（1893）时所指出的那样］。但假设我们认为**每一种阐释都容许阐释**（jede Deutung Deutungen zulasst）。这可以使事情看上去如此。希德告诉皮娅："你的鞋在床底下。"这是真的吗？希德将皮娅的鞋说成是在床底下。但是鞋在床底下是一件容许阐释的事情。所以希德所说的是否为真，倾向于依赖一个人加诸其上的阐释。如果我们以一种方式理解他所说的，那么他就说了真话；如果我们以另一种方式理解它，他则没有。所以他是否说了真话，似乎依赖于心理方面的东西（依赖于我们倾向于如何理解事物），而在这一点上，它恰恰一定不能如此。现在，这一点似乎完全废除了真的概念，或者至少使之无法适用于我们所能采取的立场。这是将伴随我们到第5讲结束的问题的直白形式。

弗雷格告诉我们（1897），语言是心理层面和逻辑层面的东西的混合物。如果希德对皮娅说"你的鞋在床底下"，那么心理层面的东西可能无害地作用于决定就此被表达的是什么（或哪个）立场（并且在这样做时，也作用于决定它是不是一个可应答的立场）。我们（成熟的汉语使用者）对他所说的词语的态度可能决定他表达的是一个认为皮娅的鞋在床底下的立场，还是一个认为今天在埃奇巴斯顿有一场测试赛的立场。但是如果在这里可以找到任何可应答性的话，心理的这种作用必须有某个特定的结果。必须存在一些我们或相关的成熟者准备认识到的东西,即希德说了如此这般。在这一点上,心理的工作就完成了。在决定那个如此这般的立场是否应答了事物存在的方式时,就没有任何余地留给心理层面的工作了。

弗雷格提出了在所需的点上中断心理层面工作的手段。假设希德所说的词语"在床底下"称呼了一个从对象或状态(Zustände)到真值的函数,他说的"你的鞋"称呼了皮娅的鞋。如果像弗雷格那样设想函数,那么这完全没有留下任何余地,使得在对那些事物的称呼中所表达的立场依赖于除了皮娅的鞋所处的条件之外的**任何东西**(即便会有如下问题,即如何使之依赖于那样多的东西)。它当然不能以非法的或其他的方式依赖于任何采取或回应这一立场的人的心理特征。可应答性会在此得到清晰而确定的把握。但是维特根斯坦告诉我们,即便给定希德的词语称呼了它们可能称呼的东西——皮娅的鞋、鞋在床底下、基于如此这般具体阐述下的对其如此存在的理解的鞋子在床底下——他所说的是否为真倾向于依赖你对于鞋在床底下的理解(在那一被阐述的意义上),或者依赖你在希德对其的指称中,应当对其持有的理解——这是一个有关事物应当如何以相关的思考者(那些应当理解希德的人)的标准被理解的问题。这**看上去**可能恰恰在不该容许心理的地方容许了它。

如果认为可应答性必须以弗雷格的方式来确保,那会是一个错误。对我来说,要想为你指定一个可应答的立场,我必须指定这样一个东西,在它对事物存在方式的恰当性方面,其真不依赖于给定思考者的态度。我**可能**(如果维特根斯坦是对的)通过如下方式这样做,即言说皮娅的鞋、鞋在床底下,以及基于对鞋在床底下,或对是那些鞋的某些理解来言说后者(或许也包括前者)。在床底下本身不必是一个反对容许相互竞争的理解的证明。但是,如果认为这样就自动地消除了问题,这也同样会是一个错误。这是因为就如下问题,即根据我对这些事物的言说所基于的理解,她的鞋是否在床底下这一问题而言,事物是其所是这一点似乎也依赖于我们的,或相关的心理特征——依赖于我们如何准备理解相关情况下我的指称。这仅仅是说,维特根斯坦在这里面对的问题是深刻的,并且将伴随我们一段时间。

如果维特根斯坦关于命名的观点只是废除了真(以及与之相伴的表征如是),那么它就完全不有趣了。他旨在去除关于表征如是必须是什么的一个错误图景。退一步说,通过说不存在表征如是这样的东西来去除那一图景,这不会是令人满意的。那当然不是维特根斯坦的意图。他的意图是去除有关一个现象的一个迷信的图景,从而另一个更恰当的图景可以正确地进入视野。如果维特根斯坦废除了真或表征如是(用弗雷格的术语,就是判断),那么他就失败了——根据他自己的标准。所以对他来说,说明这并没有发生,是非常重要的。这就为接下来的讨论设下了一个议程。

第 2 讲
亲知

　　《哲学研究》的第 36—64 节处理了一个(似然的)问题,它在一种形式下关乎名称,在另一种形式下关乎思想。在其第一种形式下,它是一个关于任何(我们可通及的)东西何以可能**是**一个名称的问题——为一个整体作出名称所必须的那种贡献。在其第二种形式下,它是一个关于任何东西何以可能是单称思想的问题——像一个单称思想所必需的那样,将其真与某个个体相联。这一似然的问题随着罗素对某物只可能似乎是一个名称的种种方式的展示(在最近的思想中)出现。带着对那些方式的考虑,这一问题可被这样提出:这种单纯的似然可以停在何处?维特根斯坦对它的讨论对准的是(1918 年的)罗素和他《逻辑哲学论》时期的自己。我将聚焦于罗素。讨论的一个明确的要旨是,如果罗素的问题是真确的,那么他的解决方案并不奏效。另一个要旨是,对于任何持有维特根斯坦对语言游戏的引介性讨论(如第 1 讲所述)所攻击的那种关于语言和思想的观点的人来说,罗素的问题**是**真确的。仅当一个表征(或我们的表征)的正确性条件开始呈现出关于语言游戏的讨论所赋予它们的形式——当一个人达致了一个对诸如思考、陈述或判断的思想形式而言，什么是实现其自称的思想形式（以及对其而言，**具有**其自称具有的思想形式意味着什么）的新观点时，问题才会终止。

第 36—64 节分开了两个讨论，它们在《蓝皮书》中构成了一个无缝衔接的整体。如我们所见，其一根据语言游戏的理念，讨论了有关意义（以及笼统而言的表征形式）的一些观念。其二介绍了家族相似性的观念。在第 79 节，该讨论的结尾处，维特根斯坦将家族相似性的观念应用于名称的情形，从而回到了罗素的问题。该讨论先前无缝衔接的本性应当表明，如此分开的两个讨论的要点大同小异。插补的事实或许暗示出其两点作用。第一，对名称的讨论的一大要点可能是要促发这一想法，即只有在维特根斯坦（在分开的讨论中）所发展的对表征的构想中，或无论如何，肯定不是在这些讨论所攻击的架构中，人们才能真正说通称呼一个个体的想法。这是我接下来试图要发展的一个提议。第二，在第 1 讲中，我提出，维特根斯坦对他所攻击的意义图像的不满之一是，它在一个谓述与满足它的事物的关联方式，或者说，一个真陈述与使其成真的事物的关联方式，以及一个（狭义上的）名称与其拥有者的关联方式之间错画了平行线。它把广义上的命名与狭义上的命名错误地关联起来。罗素的问题可能有助于理解这一观点。

2.1　主题

要看懂罗素的问题是什么，我们需要区分思想可能关联到世界的两种方式。为了作出这一区分，我将从存在两种不同的思想着手思考。如果这一区分到头来毋宁是一个思想可算作拥有的两种状态，倒也无碍。有一种思想是以这种方式把自己的命运拴在某个特定的个体上的：根据这种思想，某个体以某种方式存在；无论事物如何存在，只有如此这般的个体以（或不以）那种方式存在，才会（或不会）使事物如被思考那般。（在这里，一个个体是任何是或这样或那样的方式的东西，而其本身不是一种供某物存在的方式。）承担这一重担的个体，就是这一思想以单称的方式所关于的那个。（以这种方式，一个思想可以是双重地，或三重地，或多重地单称。）当然，一个思想仅在**有**一个个体这样拴住它时，才能以这种方式绑定自己。如果一个思想不是单称的，我就叫它**一般性**的。

假设只要给定**某物**以某种方式存在（其中以那种方式存在不要求是这样那样的个体），一个思想就为真。那么，这个思想就是一般性的。即便它为使其真而要求没有两个事物是这一所说的方式，它仍旧如此。

在“名称”在这里要紧的那个意义上，一个名称的功能是使它是其中一个部分的那个整体以单称的方式关于某个个体。在此意义上，一个表达式是一个名称，仅当其如此发挥作用。罗素的问题是，很难看出我们如何能够使一个表达式如此发挥作用。威胁在于，无论我们如何努力，我们的尝试都会坍缩成一般。也就是说，总会有某种一般性的条件——某个本可能被那个满足它的东西之外的东西满足的条件——以至于某个东西会是名称所论及的东西，当且仅当它满足了那个一般性条件。所以，凡是**某物**满足那个一般性条件之处，那个名称所帮助表达的整体思想就会成真，而且，无论这一思想的表达式的其余部分说了什么，也都如此。由此，那个整体的思想就会是一般性的（除非通过其他方式是单称的）。

我们无法使一个表达式作为名称发挥作用之处，我们也就不能表达一个单称思想。罗素的断言是，我们系统性地对此无能为力。因为我们根本无法将正确的那类理解加诸我们认为名称作用于其上的那些事项之上，或让我们把它们理解成是在像一个名称所必须的那样发挥作用。对罗素而言，我们之所以系统性地失败，是因为我们系统性地试图称呼错误的那类事物——那些就其本性无法被称呼的事物。因此，我们系统性地假设在无物使其单称之处有单称思想。我们在表达任何这种思想上的无能，同样也是在思考它们上的无能。在其产生之处，没有这样的思想可被思考。这个问题有一个心理学上的侧面。当我们不能有那种使我们的思想既是单称的，又是关于那些我们认为自己所思及的事物的理解时，就没有这样的思想。（我们在这里做不到的，大概没有思考者能做到。）

威胁针对的是我们根本上思考任何单称思想的能力。这样的损失会是惨重的。单称思想对于我们与世界的联系以及对世界的推理至关重要。没有它们就不存在概括，我们就会失去经验知识的一个主要来源。**那条**狗会叫、会咬人。我们见到过它这样做。所以有的狗会叫、会咬人。关于这句老话就说这些。如果我们从经验中汲取知识，那么它只能由一般性的东西构成，或者说这就是威胁所在。我们也不清楚，如果局限于**纯粹的**一般性，我们在根本上如何能**注意到**一个**环境**中的事件和境况。无论如何，这不会是我们所依赖的那种与世界的关系。我们不能接受情况如所威胁的那样。维特根斯坦也不打算这样做。对他来说（就像对任何人一样），事情必须变成这样：我们的思想能够像单称思想那样真正关联到世界。没有任何替代品可被接受。这对于理解维特根斯坦的解决方案是至关重要的。

罗素接受了构成威胁的条件。于是，他的目标是找到一个可以说是恶化停止的地方。按照他的观点，我们**几乎**不可能思考单称思想；也几乎不可能将一个表达式用作名称。但是，在某个严格局限的区域内，威胁消失了。在那些特殊情况下，我们可以把一个表达式用作名称，并且可以相应地思考单称思想。这是维特根斯坦渴望打消的我们的想法。在维特根斯坦看来，一旦恶化开始，便不再有停息之处。我们失去了思考世界的能力；或者说，无论如何，思考其中任何个别事项的能力。所以说，恶化最好不要开始。这就是促发我在一开始引入的主题之一的动机。如果不让恶化开始，那么我们最好放弃某种关于思想以及表征（尤其是语言中的表征）的基本观点。家族相似性将是如何做到这一点的故事的一种形式。

为了对比一个单称思想和一个一般性的思想，我需要一个关于事物存在的一般方式的概念：无论什么东西以那种方式存在，其他东西也都本可能如此。那么，如果无论什么东西以那种方式存在，都没有别的东西本可能也如此的话，那么事物存在的这一方式就是单称的。（为方便起见，我们不把是双胞胎中的一个算作事物存在的一种单称方式。所以，让我们加上一个条件，即正好有一个事物是那个方式。）按照这一概念，"是罗素"会是一个单称的存在方式。如果认为一个概念内在地关于它所关于的东西，那么就有两种概念：一般性的概念（事物存在的一般性方式）和单称的概念（事物存在的单称方式）。如前所述，这一分类并不是穷尽的。

弗雷格希望一个对象的名称对它是其中一个部分的那个整体所表达的东西作出的贡献，与一个开语句由此作出的不同贡献之间保持距离，单称概念的想法并未危及这一距离。如果存在是罗素这一概念，那么我们就可以谓述某人是罗素。要确切地那样做就已经是为了确保如此表达的思想将是单称的。但要做到这一点，我们还需要有别的东西起到名称的功能：如果就此被说出的是正确的，某物必定使某人是必定"是罗素"的那一个；"是罗素"这个谓词，仍然会用于挑拣出**那个人**必定所是的那种方式。

无论如何，维特根斯坦关于命名的观点，就如在第 1 讲中所发展的那样，并不反对所有表达式都确实称呼了什么东西这一想法。问题在于这一想法：一个表达式（尤其是谓词）对其所称呼之物的称呼或将达成什么。在第 4 讲中我们将会看到，有人会倾向于认为，谓词在称呼其所称呼之物时，所做的事情相当于以一个对象的名称称呼该对象的方式称呼某物所适于的单独个例。那**就会**有麻烦了。不过为了看出这是怎么一回事，我们在这里首先需要聚焦于当名称所称呼的是一个对象（个体）时，名称与其承载者的情况。

2.2 罗素的理由

为什么罗素认为我们会以他所想的方式全面溃败呢？他的理由可能会让我们更好地理解那种失败究竟是什么。本节将（简要）处理他所言明的理由。但正如我们将看到的那样，他所言明的理由并不足以促动他的观点。因此，下一节将予以诊断。

罗素充分认识到，我们没能称呼一个对象的那些情况，其中的大多数以日常的标准来评判的话，我们是成功的（事实上，日常标准确实把情况可理解地分为在其中成功的情况和在其中失败的情况）。我说"希德"，意在称呼皮娅假想中的哥哥。但她没有哥哥。从日常的眼光来看，这是失败的。如果"奥迪尔"是一对双胞胎假扮的同一个人，或者如果"布什"是一位口技艺人的（货真价实的）傀儡，或许也同样失败。相比之下，如果我说，"加布这样说"，并且没有这样的讶异蓄势待发——并不是说这个所谓的"加布"实际上只不过是障眼法，或诸如此类的东西——我们通常就算成功称呼了某个人。不过，罗素拒绝这些标准。他认为我们必须接受的那些标准超脱了凡俗。它们，可以说，是超凡脱俗的。

这已然点明了维特根斯坦的回应形式中的某些东西。一般而言，对他来说，当我们运用一个概念，而我们对它的日常运用中没有可见的意外的讶异时，这个日常运用就没什么问题。按照日常的标准，当我说"加布"的时候，我就指名道姓地称呼了某个人——加布。如果我们这样假设，一切都会按照我们的预想进行；至少在这里，不会有讶异让我们的做法陷入混乱。如果我们把某个按照日常的标准不算称呼的名称（例如上文"希德"的例子）算作称呼某物，也不会顺利。对维特根斯坦来说，鉴于这一切，说我们在按日常标准会是称呼的情况中并不真正地称呼，这个说法说不通。但我们不能就此把它当成教条。我们得首先搞清楚，为什么对罗素来说，这样做似乎有意义，然后再弄明白，为什么所有这些实际上没有意义。这儿的总体想法不是一条通往廉价胜利的道路。

在表明我们的日常看法是错误的时，罗素的技法将是应用他关于分析的一个想法：要发现一个陈述实际的逻辑形式，人们应该（总体上）忽略单纯的语法（结构）上的直觉，并问在什么情况下这一陈述会是真的。这个想法有点模糊。但它指向了特定的方向。罗素认为他在限定摹状词的问题上已经取得了相当的成功。那是这样一种情况，一个仅从语法直觉来看似乎作为名称起作用的表达式，细看却会产生倒向一般性的坍缩：其所贡献的（或者说，事后来看，仿佛贡献于的）整体表达了仅仅是一般性的思想，而不是单称的思想。或者说，罗素是这么想的。他认为同样的想法可被扩展到所有的，或几乎所有的，我们通常所认为的专名上。我们从，比方说，"弗雷格住在耶拿"开始。反思过后，我们发现，这些话恰恰在某些一般性条件被满足时才会成真。所以，我们只好坍缩成一般。（我注意到，罗素并未明确区分在其之下，给定的话将会说一些为真的东西的条件和在其之下，给定的话实际上所说的东西将为真的条件。长远来看，这一点可能很重要，但现在还不是。）

罗素是怎么表明这样一回事的？并非通过检视案例并实际阐明相关的一般条件是什么；亦非通过指明一种可以做到这一点的方法。相反，他有理由认为事情一定如此。他言明的理由之一涉及否定存在句。这个理由可阐明如下。假设我说:"希拉克不存在。"我说了一些可理解的话。所以我表达了一个思想。什么思想?如果我所说的"希拉克"作为一个名称起作用,那么这就是一个单称思想。那么,知道这一思想就意味着知道我所说的"希拉克"称呼了谁,所以它称呼了某个人。如果我所说的"希拉克"作为一个名称起作用,那么我所说的"不存在"就作为一个(一阶)谓词起作用。那么它所论及的关于希拉克之事,我们仅凭知道我所表达的思想是什么,就知道其为假。但希拉克不存在充其量偶然为假。如果那就是我所说的,那么我必定表达了一个偶然的思想。对于一个偶然的思想,一个人不可能仅凭知道它是什么就知道它为假。所以,我所说的"希拉克"不可能作为一个名称发挥作用。(因此,"____存在"对罗素来说是一个二阶谓词。)

这一思路不能令人信服。一方面,它表明的最多是,"希拉克"在关于存在的断言中并不作为名称发挥作用。这并不表明它在例如"希拉克送给他的朋友礼物"中作为名称发挥作用。我们可以在此回顾一下维特根斯坦和弗雷格都同意的一点:只有在一个表达式可以发挥所需功能的一个语境中,一个表达式才有可能作为或无法作为名称。或许存在性的陈述并没有提供这样一个语境。这并不表明什么都不提供这种语境。此外,如果存在性陈述的表现格外奇异,也并不那么奇怪。

不过,罗素还提出了另一个理由。考虑一个像"克洛维是第一个墨洛温人"这样的陈述。这些话说了些什么。我们中的一些人——那些理解它们的人——知道它们说了什么,也就是,它们表达了什么思想。这是否与我们的以下理解相容,即克洛维并不存在——比如说,他是后来的墨洛温人出于对英雄的需求而虚构的?虽然不大可能,但这个提议至少是融贯的。所以,是的。如果事情**正是**如此,那些话就不会表达一个单称思想:不会有这样一个人使这一思想与之相关。它们所会表达的思想,是一个人在理解它们时所会知道的东西,就像我们作为理解者事实上的那样。那就是一个人在拥有对它们的那种理解时着实知道的、它们所表达的思想。所以,这不是别的,而是他们所表达的思想。所以它们所表达的思想不是单称的。所以"克洛维"并不作为名称起作用。

这一点可以采取不同的形式来说明。假设我们对这些词的理解和克洛维并不存在是相容的——我们的理解并不排除这样一个历史发现。那么,我们知道它们指称的是克洛维,就不是我们如我们所对其理解的一部分。因为我们对这一点的知晓与他的不存在并不相容。如果这句话表达了一个单称思想,那么,既然我们在理解它们的时候,知道它们表达的是哪个思想,我们就会知道那是哪个单称思想。所以,我们会知道谁是其真所取决于的那个人,就像一个单称思想之真所取决于的那样。所以,我们就会知道克洛维是存在的。所以,这与我们所知道的、与我们对这句话的理解——他不存在——是不相容的。但这并不是不相容的。所以这些话没有表达一个单称思想。（借用现在熟悉的术语，有人会说，把握一个单称思想、理解用来表达它的语词，以及，表达它，是在理由空间中的位置，也就是认知上的地位——一个交给后文的耐人寻味的要点。）

这些论证并非不可反驳。可就算接受它们的有效性，仍然遗留下一个问题。它们或许对克洛维的例子奏效；或许，我们不知道我们需要知道什么，才能把那些话理解为表达了关于他的单称思想。但为什么认为这种无知会像罗素认为的那样蔓延开来呢？假设我告诉一位朋友，我们共同的朋友吉姆在希腊。这当真与我们对"吉姆不存在"这一说法的理解相容吗？我和吉姆相当熟络。我知道他是谁（因此，他存在）。我（或你）对那个"吉姆"的理解当真因此独立于这些知识吗？"吉姆"不存在（我们不得不这样说）**当真**与我对那个名称的理解相容吗？假设，令人难以置信的是，情况**确实**不如刚刚所描绘的那样。人们发现，出于某种缘故（幻觉？抑或会说话的全息图？）"吉姆"并不存在。随即表明的我对那个名称的理解，是否一定要算作我事实上拥有的理解呢？如果是这样，我们需要论证来表明这一点。罗素认为，一般来说，一个人不是那种可被称呼的东西。所以对他来说，原则上，吉姆和克洛维之间没有什么区别。是什么给了他信心，让他相信正是如此？

2.3　诊断

罗素缘何如此自信于其论证如此广泛地适用？他所看到的命名问题**可能**只是由他作为背景的认识论产生的。其提议是，要理解一个表达式如何发挥名称的功能，就要知道它所称呼的是谁或什么；所以要知道如此或这般是它所称呼的。不过，根据罗素时代流传的一种认识论，这不是一个人关于他自己的桌子，或者克洛西尔德姨妈，或者自己的母亲可以知道的那种东西。如果这就是全部的故事，罗素的观点就会变得比较无趣。但维特根斯坦在这里看到了一个有些不同的问题在起作用。这可以从罗素关于我们能够称呼什么的说法中看到。根据罗素的观点，有两类东西：简单物和复合物。简单物是那种可以有名称的东西，复合物则不行。所以，在大多数我们自以为将表达式用作名称的情况里，我们之所以没能这样做，其原因在于，我们是在试图称呼错误的那类东西。我们想称呼的东西实际上是一个复合物。但是却没有称呼一个复合物这回事。

那么，什么是一个简单物呢？假如一个事物要有名称，它究竟**必须**是怎样的呢？在第 55 节中，维特根斯坦提出，一个简单物必须是"坚不可摧的"。这里的"坚不可摧"不可能意味着**永恒**。一方面，要有一项事物来让一个单称思想（以单称的方式)所关于这一要求,并非要求这样一项事物是永恒的。正如罗素自己所强调的,当我们说必须存在某物是一个单称思想所关于的时,这个"存在"是无时间性的。如若克洛维曾存活过,一个其真以正确的方式取决于克洛维的思想,会在其即便已经不在了时,也仍然是单称的。罗素的观点是,不存在以正确的方式取决于像克洛维这样的东西这回事。(如我们将要看到的那样,是永恒的,并不能帮助克洛维适于这一角色。)另一方面,罗素自己对于简单物的候选者也很难说是永恒的。正如他所说:

> 你可以让"这个"保持个一两分钟。……如果你语速快,你可以在它结束前让论证小有进展。我认为事物【个体】持续的时间是有限的,是几秒钟或几分钟的事情。(Russell 1918:203)

那么,为什么一个事物可被摧毁是要紧的呢?

在第 39 节中,维特根斯坦指出了不可摧毁性可能是的另一种东西:

> 我们倾向于反对通常被称作名称的东西。可以这样来说:**一个名称应当真正指代一个简单物**。对此,有人或许会给出如下理由:例如,"断钢剑"一词,在日常意义上是一个专名。断钢剑这把剑由各部分以一种独特的方式构成。如果这些部分以另外的方式结合,断钢剑也就不复存在。

断钢剑可被摧毁。人们可以对它做一些事情——把它砸成碎片,用它的一部分来制作犁铧——如此就会有这种效果。从这个意义上来说,它是可以被摧毁的:它可以被改变,以至于消亡(不复存在)。所以,断钢剑可以经受两类改变:那些使它仍存在的,以及那些使它不再存在的。

断钢剑就此是脆弱的,只是因为它可能会复现。事实上,它所属的那类东西**确实**会复现。复现可能是时间性的:今天是断钢剑,明天还是断钢剑。它也可能是空间性的:剑柄上的某一点是断钢剑的一部分;剑尖上的某一点也是断钢剑的一部分。因此,断钢剑就在这两点之间(延展)。问题由此产生。如果一夜之间,断钢剑身上发生了一些事情(比方说,它老化了),那它还是断钢剑吗?如果在剑柄上镶一颗宝石,剑刃上的那一点还会是**断钢剑**的一部分吗?等等,等等。有两种情况:这些问题的答案要么是肯定的,要么是否定的。

所有这些都是一个进一步的想法的背景。凡存在两种情况,它们之间就有一个**可明确**的不同。如果设想中的变化具有如此这般的可识别特征,那么断钢剑就不复存在。如果它具有如此那般的特征，那么断钢剑就依然存在。或者说，这个新想法是这样的。不那么抽象地讲，当其正确的部分仍有一个合适的布局时，断钢剑就依然存在；并且原则上，人们可以阐明这里的"合适"和"正确"是说什么。只要某种可辨识的模式被展现出来，断钢剑就依然存在。这个模式**可以**是几何学上的。它也可以是历史的——某个时空蠕虫的形状（用一个形象来形容）。它还可以是一组复杂的多种特征的集合。

所以说，这一想法是，对断钢剑（全部或部分）在一时或一地的存在有一个可明确的条件。这一条件会阐明，如果它是断钢剑，它会是**另外**什么东西。因为（对于这一想法），仅仅说在一种情况下断钢剑还存在，另一种情况下断钢剑不存在了，不能算是说出了这两种情况之间的差别。仅仅具有某种一般属性会满足这一条件吗？还是说可能是具有是如此这般的个体的属性？这个条件可能会让断钢剑与其他个体**纠缠**在一起。比方说，作为断钢剑可能要求具有**那个**剑柄。（并不是说无论什么具有那个剑柄就**因而**是断钢剑。）但那个剑柄是那种需要复现的东西。所以我们的故事又从头开始了。一旦我们有了这样的想法，即是**别的**东西使某物出现——比方说断钢剑——使**那一**事物出现，我们就还没有得出对于这是什么这一问题的一个完整的答案，直到我们得出一些（结构化的）会使某物出现的一般属性的集合。这就是说：如果上述思路根本上要开始，它就不能在任何缺乏一般之处停止。

灾难现在已经降临了。因为我们的结论是，断钢剑（的出现）就是如此这般的一般特征（之在场）的出现。所以，假设我思考有关断钢剑的某些事情——比如说，它是锋利的。要作为我**如此**所想的东西，就是具有那些一般特征。所以我的想法要为真，就必须是某物（唯一地）具有这些一般特征，并且是锋利的。所以我这样思考时的思想是一般的，而非单称的。给定它所是的那类东西，没人能够思考关于断钢剑的单称思想。对于任何可复现的事物亦是如此。给定一个名称所必须是的东西，可复现的东西就不是可被称呼的那类东西。

因此，这里是这样一条思路，如果是它启发了罗素，就会解释他为何如此自信于，例如，弗雷格在耶拿教书这一思想实际上是一个一般性的思想——这种自信无需解释它可能是什么样的一般性思想。第 39 节，正如我刚才解读的，表明这是罗素式的名称观的一个关键动机；这有助于解释这一观点实质上是什么。

有一个关键性的步骤。那就是坚持，在那些是断钢剑的出现和不是的事件之间存在**可明确**的差别——这种差别不是以下琐屑的差别，即在一种情况下**断钢剑**出现，而在另一种情况下不出现。是什么在支持这个想法呢？恰恰是每个支持一个完全平行的想法的东西：第 1 讲中讨论过的那个关于意义理论的心理主义观念。据假设,断钢剑是**我们**可以思考的某样东西。我们必须能够把握,至少是内隐地把握,是我们所如是思考的东西会是什么样子——从而,是断钢剑会是什么样子。我们的把握在于我们有能力识认出个别的情况:如此这般的状况是断钢剑的一次出现。这种把握可能依赖于纯粹的直觉——我们对于我们如何做到这一点无话可说。但是,无论如何,必须有一些东西**要说**——一些对于什么使我们能够在这些事上识认出我们所能识认之物的阐明;对我们在这些情境中所回应之物的阐明——**有什么东西**去回应,从而**可以**使我们直截了当地如此去做。它一定是某种一切我们能够看到的个别事物都可以从中衍生出来的东西。这正是达米特关于意义理论的想法,更一般地说,是关于"实践能力"的理论。这同样的想法,贯彻下去,如今就把罗素的观点加诸我们。

认为必定有这样一种阐明的一个理由是,如果没有的话,那么我们关于断钢剑之存有,能够识认我们所准备识认的东西,就会是通过魔法实现的——假定我们根本上有这种**能力**的话。但在这一点上,关于**能力**这一想法,以及**识认**存有和毁灭的想法,都受到了威胁。因为,想象一种在这方面与我们不同的思考者:这种思考者根本不准备识认那种我们认为自己是对断钢剑之存有的**识认**。如果我们所设想的识认这些东西的能力无法按照上述想法被阐明,那么对于这样的一个思考者来说,就没有任何认知上的辅助工具;没有任何东西可以告诉他,使他能够算出(即使是在原则上)事情什么时候以,什么时候会以,我们所声称的方式存在(断钢剑还存在,断钢剑没了)。是什么在理性上迫使这样的思考者接受我们所说的这些预想的条件——断钢剑的继续存在,以及其消亡——根本上真的是**事物之存在方式**的一部分?为什么这些思考者要认为,世界的这些方面是一个弗雷格意义上的**判断**可能会去应答的——世界对这种"判断"是否为**真**具有完全影响的存在方式?假设这些思考者碰巧不接受这一点。在他们看来,我们对断钢剑存亡的断决只是人类思考者倾向于具有的对某些情感的表达。他们凭什么会错在这一点上?弗雷格意义上的判断真的能够容许这里会有偏狭的**人类**能力所做的工作吗,如果这样的能力抵制了我们所设想的那种阐明的话?

从《哲学研究》开篇,维特根斯坦与弗雷格分道而行的那一刻起,就有一个问题以一种非常特殊的形式处在《哲学研究》的核心位置上。我将在第 5 讲中提出,这是私有语言讨论所要处理的一个问题。无论如何,对罗素的一个维特根斯坦式的回应,将是在这一特殊的设定下,对这个不可还原的偏狭能力的角色问题的一个回应。这里所产生的问题,用维特根斯坦自己的话来说,是由那个仿佛要废除逻辑的"判断上的共识"(第 242 节)这一角色所提出的。我们需要看到的是,为什么他坚持认为它没有废除逻辑这一点是对的。重要的是,**那个**问题恰恰在逻辑似乎即便没有崩盘，也至少是在崩坏的地方出现了。如果维特根斯坦真的有办法应对罗素，我们至少可以提提士气。那么，就有希望充分回应这一挑战：不可还原的偏狭**能力**的观念，以及与之等价的判断中的共识这一观念——带着维特根斯坦赋予它的角色——会废除逻辑。这种关于偏狭能力的观念是《哲学研究》的思路所必定具有的。这是一条《哲学研究》看似不相干的诸部分由之连接成一个整体的线索。

反偏狭主义在当前的设定下产生了这样的想法：作为断钢剑**必定**是作为其他东西；要作为断钢剑必须满足某种一般性的条件。这种特殊形式的反偏狭主义如今看来可能是古板的，因此，如果它确实是罗素的一部分动机，并且如果它确实是维特根斯坦在这里的（一部分）目标，那么（看起来）维特根斯坦正在从事一场过时的哲学争论。但人们必须挣得说它古板的权利。而既然这种设定下的反偏狭主义并不比一般意义上的反偏狭主义更糟，那么，人们必须挣得的就是说一般意义上的反偏狭主义古板的权利。如果我们跟随《哲学研究》的思路，我希望在读完之前，我们能够做到这一点。不过我想指出，一般意义上的反偏狭主义远没有让所有当代哲学家感到古板。许多当下的哲学仍然以它为前提（如我们将在第 5 讲所见）。

无论如何，为何这儿的这一思路是古板的呢？是**什么**我们都知道的东西使其如此？或许这一想法是：某人可能只是**看到**了断钢剑，而且，如此展露，就认为**那个**东西明显是锋利的。如果它当真能够是你所见之物，那么（这一想法继续道）你当然可以把它想成是**那个**东西。你不需要根据某种（进一步的）条件来思考它——它通过满足这些条件来是它。但当前的观点并不是要否认你可以（有时）看到剑，或者说你看到的东西，你可以思考，无论你是否把它认作这样或那样的东西——比如说，一把剑。但看见，再怎么说，也是一种觉识。看见断钢剑就会是对断钢剑的一种觉识，即使或许不是对它是那样存在的觉识。有人可能会追加这样的问题：一个人需要何种能力才算得上是看到断钢剑呢？

传统的经验主义者恰恰追问了这个问题。他们非常乐意同意，凡是你能觉识到看到的东西（比如"那个东西"），你都可以思考。其以这种或那种方式存在将会确实地是事物如何存在的一部分；因而也是真正的思想（真正的真之承载者）所要应答的存在之物的一部分。在看到它时所获得的对它的觉识，将使你能够思考一些这样的真之承载者。但这一点对论战双方都有利。如果可见就够了，人们就可能（像经验主义者那样）追问什么东西能够真的被看见。这一主导思想是：如果某物真的可被看见，那么应该不需要不可还原的偏狭心智以将其视为可见的东西。以剑为例，你必须在可见的和不可见的部分的装配中看到正确的、可见的整体。（他们正确地从中看到，错觉论证表明这个条件何时会被满足）。

更一般地说，无论是什么意义上的"看"，你能看到的东西，由其能被看到的事实本身即可得，也是你能思及的东西，如果需要不可还原的偏狭能力去思考如此这般的东西（例如，剑），那么也需要不可还原的偏狭能力才能看到它们。现在的哲学可能已经习以为常地把剑当作可被看见的东西了。毫无疑问，如其所是。关于使思想作为我们所能达及的不可还原的偏狭能力的观念，就没那么明显地让人安心了。否则，《哲学研究》就不会引发一些其时常引发的焦虑。如果拒斥心理主义的思路（在其罗素式的设定之下）意味着承认这种能力的功效，那么仍然要去挣得这么说的权利。

关于我的朋友吉姆的思想亦是如此。我知道他是谁。这使我有能力如此看待他。我不知道还有什么其他条件是我愿意将某人认作是他的条件。对于任何可能被提出作为这样一个条件的部分的东西，我都准备好指认出一些情况，其中最终表明**他**并不如此。所有这些应该是完全没有问题的。但是，说这些，就是将一种识认出何时思想会是关于他的，何时不是的能力归于我。这可能是一种什么样的能力呢？我已经勾勒出了一种对于这一问题的一个罗素式的（心理主义的）答案。出于罗素说得很明白的那些原因，这个答案最好是错的。但是，如果这意味着给不可还原的偏狭能力归派一个新的角色，我们仍然需要挣得认为它错误的权利。因此，我认为，维特根斯坦在这个关头对这个话题的兴趣，根本不会使他真正过时。

事实上，这开始看起来好像（至少对某些人来说）挣得在命名和单称思想上驳斥罗素的权利将需要激进的手段。（这也恰恰是维特根斯坦对这个问题感兴趣的理由。）如果我们注意到罗素自己对他的问题的"解决方案"将不会奏效，这可能有助于为之铺平道路。维特根斯坦正是要强调这一点。这就是我接下来要谈的问题。

2.4　终点

维特根斯坦回应罗素的那种形式包含在第 47 节：

> 但是，实在所由之复合而成的那种简单的组成部分是什么呢？——一把椅子的简单组成部分是什么？——其由之制成的木块？还是分子，抑或原子？——"简单"意味着：并非复合而成的。而这里的要点是：在什么意义上"复合而成"？绝对地谈论"一把椅子的简单组成部分"毫无意义。……

> 如果我不加解释地告诉某人"我眼下看到的东西是复合而成的"，他就有权问："你说的'复合而成'是什么意思？因为它可以意谓各种东西。"如果论

及的是何种复合性——该词的哪种用法——已然得到确定，那么"你看到的东西是复合而成的吗？"这一问题就很说得通……

我们在不计其数，又以不同的方式相关联的方式上使用"复合"这个词（"简单"一词因而也如此）。……

对于"这棵树的视觉图像是复合的吗，它的组成部分是什么？"这一**哲学**问题，正确的回答是："这取决于你是怎么理解'复合'的。"（而这当然不是对这一问题的一个回答，而是对它的一种拒斥。）

这是对维特根斯坦关于命名的核心观点的一次运用。正如蓝色的概念就其本身并不解决某物何时会被认为是蓝色、何时不会的问题一样，简单性和复杂性的概念——无论"简单"和"复杂"可能被说成是称呼了什么东西——也并不解决什么是简单的、什么不是的问题。相反，是简单的和是复杂的都可以有不同的理解。什么是简单的或复杂的，对于某些理解来说是如此，并不一定对所有理解都是如此。（如果说某物是简单的，或复杂的，却**没有**哪个人理解其是如此，就相当于什么都没说。）（维特根斯坦认为，"简单"是某种类似于"相似"的东西：除非一个场合以某种完全局部的方式做了一些实质性的工作——决定**简单在这儿**是什么，而不是它一般意义上是什么——否则，谈论简单性**将**毫无意义可言。）

这一点和罗素的关联一望便知。对于罗素而言，简单物是某些种类的问题**无法**对之提出的那类事物。如果它们可以被提出，那么，按照刚刚描绘的思路，就会有一个作为该事物的一般性条件。这样的简单物必须是绝对简单的。如果不是，那么那些扰人的问题可能出现。人们只是需要一个正确的场合来提出它们。此外，假设在某些场合之下，这样的问题对于一个事物 A 确实出现了。如果"是简单的"是场合敏感的，那么，当以其他方式来思考它时，就不会出现 A 不是简单物的情况——因此，当这样思考时，人们确实可以用名称称呼那种东西（如果人们根本上可以用名称称呼任何东西的话）。可这样一来，对 A 而言，扰人的问题**确实**出现了（如同对任何在某种对是简单的特定理解下是简单的东西一样）。在一个给定的场下，考虑这样一件事物：对它来说，那些扰人的问题确实**随即**算得上产生。它是 A 吗？答案并不一目了然。它并不从这些问题随即产生这一单单的事实中得出。但这只是例证了关于 A 的复现的实质性问题，这些问题现在确实**确实**对其产生（以及针对任何在某个场合之下可能算作简单的东西而产生）。既然这些问题确实针对 A 而产生，那么 A 就无法成为罗素的问题的一个罗素式的解答。

　　所以,我们从一开始就知道,没有罗素所需要(或似乎需要)的这样的简单物。这可能看起来很奇怪。罗素意在通过规定来定位这样的简单物:凡能够复现的东西,就这一事实即可断定,不能算是一个简单物。他的候选项当然给人以满足他所施加的条件的印象。但是,通过定义使事物存在是件麻烦事。在这里也可以说:凡是人们能以一种或另一种方式**判断**为存在的东西,都不是绝对简单的。这是对紧接着的下文的一个暗示。

　　罗素的简单物的候选项是感觉与料。按照罗素对它们的设想,一个给定的感觉与料只要被关注到,就会持续存在。一旦注意力缺失,它就会消亡。按他的想法,这一点是通过他的规定而自动为真的。那么,假设有人试图问如此这般的感觉与料是不是他现在所面对的。要么他正专注于这个如此这般,如此则琐屑地是;要么他不是,如此则琐屑地否。这里不可能出现任何实质性的问题;所以无需任何实质性的标准来解决任何这样的问题。这就是这一想法的核心。

　　把感觉与料认作简单物,就是把简单物置于两个论证的(假定的)交叉点上,其一关于我们的所见(所听,等等),另一个则关于我们可以用单称思想思及什么。每个论证的形式会是:(前提)A 是 F;(结论)A 不是一个人可以看到的(严格来说是一个人确实看到的)东西,或一个人可以命名的东西。F 会因一个论证与另一个论证的不同而不同。在这两种情况下,想法都会是:如果 A 是一个感觉与料,那么前提就不是真的。所以,这一想法是,尽管这两个论证都是有效的(无论前提如何,其结论都为真),但应用到感觉与料上,它们是不可靠的。在这个意义上,感觉与料终止了这两个论证。要是我们检查另一个感觉与料意在终止的论证,这可能有助于看到罗素对于他的问题的解答错在哪里。

　　另一个论证从我们能够,或者说有时确实看到的东西的候选项——比如说,一个柠檬——以及一个最能算作看到这个东西的情况出发。它的前提是,在这样的一个情况下,(柠檬是这样的)一切都可能看起来恰如其所是,而一个人毕竟没有看到一个柠檬——因为,比如说,没有柠檬可看。也许一个人正在看的是一块巧夺天工的肥皂。如果一个人处在那个位置上,他就没有办法(通过看)知道那,而不是看到一个柠檬的情况,是他的处境。简言之,任何可能算作一个在其之中一个人看到柠檬的情况,都存在相应的**赝品**。其结论是,在这种情况下无论看到的是什么,反正都不是柠檬。如果真的有人被置于一个可以看到柠檬的位置上,那么柠檬就不是那种我们可以(严格地说)看到的东西。补全前提和结论之间的环节,人们可能说,例如,在赝品的情况下人们所看到的,和在未掺假而有柠檬的情况下是一样的(或者说人们看到的东西是一样的);因为否则事物就不会看起来一样。在赝品的情况下,人们看不到柠檬。没有柠檬可看。所以在有柠檬的地方也看不到柠檬:

它可能自行其是地在那儿，但**看**不到。但有很多补全前提和结论之间环节的不同方式。不同的方式给不同的人以不同的印象。

论证的要点是要定位真正的感知对象（或直接感知的对象，或某种严格意义上的感知的对象）。如果这个论证做到了这一点，那么当一个人努力使自己进入与它们相关的正确位置时，就会有东西可看，而这些东西中根本不掺假：前提对之不成立的**感知**对象。（人们很可能会疑惑，一个人在经历这种东西时所做的事怎么可能是感知呢？）根据定义，这样的东西会是感觉与料。但是，论证真的（以这种方式）完全终止了吗？

这一想法着实面临着困境，我将叫它皮浪式的两难。假设我现在认为自己看到了一个黄色的感觉与料。我能否真正如我所是地采取这一态度，但这样做却不正确？在我之采取这一态度和事物按照这一态度之（被认为）如其所是之间存在那种区别吗？例如，会不会仅仅是在我看来，我仿佛看到了一个黄色的感觉与料？我是否真正地把自己与事物所是的方式以这种方式纠缠在了一起，以至于存在任何正确性的问题要由事物之是其所是所决定呢？假设如此。那么我们就没有到论证的终点。因为我的处境中有赝品存在。

但假设并非如此。那么，正如弗雷格（Frege 1918）和皮浪派都坚持的，对感觉与料的态度落在判断的领域（也就是可应答的，因而承载真的立场的领域）之外。或许我可以采取与对感觉与料一致的态度。但它们的正确性——如果说这里根本还有正确性可言——就会单单在我采取它们时就已被确定下来了。如果不是，那么就会有一些表明我采取了错误态度的余地；也就是说，就会有赝品的余地。但是，正如弗雷格竭力主张的那样，其正确性因为被采取就被确定的态度将不会是判断。如此被采取的态度，其正确性完全（如果有的话）由事物之是其所是决定，而非由对其的反应（这里是我对该立场的采取）决定——这一想法会是无的放矢的弗雷格的想法将在第 5 讲中详述。进一步的讨论见 Travis 2004。

皮浪派为这种对事物的敏感性保留了余地：事物可以似乎，或显得是，对人们以某种方式存在。但是，他们关于这种貌似的全部观点是，他们不**认为**某事如此——不受那种正确性的约束。因为在他们的观念中，事物在人们看来似乎是如此这般，恰恰不是让人与世界纠缠在一起，从而使一个人作为思考者的成败，是世界可以对之有发言权的某种东西。关于真的问题无法对于似乎产生；它们不是判断。这就是弗雷格对于感觉与料[用他的话说，即观念（Vorstellungen）]意在施压的要点。

正如弗雷格所坚持的，仅当一种态度的正确性并不仅仅由其被采取而决定时，这种态度才是可应答的（其命运**完全**由事物之是其所是所决定）。用他的话说：

通过我借以为自己赢得一个环境的那一步,我将自己暴露在错误的风险之中。(1918:73)

在我们两难困境的当前一端中,对一个感觉与料采取态度,不可能有那种独立于其正确性条件的独立性(假定正确性的概念根本上适用的话)。所以无论那种态度是什么,它都不是判断。但是感觉与料的本意就是**感知**的对象,因而与我们是同一个环境中的栖居者。感知对象是潜在的觉识对象,因而是无论如何都会被觉识到的事项。一个人能够感知到的东西,原则上就是**能够**被记录为在场的东西。所以注意到存在的被觉识之物之在场就是判断,如果有某种东西是的话。所以两难的这一端也走不通。感觉与料不能被排除在对其要去判断的领域之外。于是,感觉与料就不能以意在的方式终结论证。麻烦在于,没有什么可以。(参见 Austin 1962:113n)

现在说说交叉论证。这要从我认为自己能就其思考单称思想的东西开始——比如,某个柠檬。前提是,柠檬是有可能复现的。**那个**柠檬是否在某个场合出现,这可能是一个经验性的问题。所以,经过补充,在是或将是该柠檬的出现和其他的出现之间,必须有一个可明确的区别——一个判定出现是第一种的可明确的条件。于是,结论是,任何关于那个柠檬的思想(以任何一个思想可以是关于一个柠檬的方式)都将是一般性的。

这一论证有一个终点吗?如果它是有效的,是否至少有其在之中并不可靠的情况?这种情况会是有关不可能复现的事项的那些。这样的事项将与某种场合内在地联系在一起:该场合中的任何不可重复的出现将由之是它;出现在其他场合的任何事项也将由之不是它。这种不可复现者是什么,取决于人们如何填补场合的概念。无论人们如何发展它,每个场合中最好都至多有一个不可复现者的余地。例如,用一个时刻来辨识一个场合是不行的。断钢剑的一个时间切片可能出现在某个时刻。它的某一点是,比如,金色的,另一点则是银色的。这些点是一个还是两个(瞬时)物体的一部分?这一切都取决于是断钢剑的一部分意味着什么——在这种情况下,是它的一个空间上的复现。那个熟悉的论证抓住了这一点。(此外,根据这种对"场合"的阐发,如此这般在空间的某一点上发生,和在另一点上发生,仅当它们同时发生,它们才**可能**是**同一个**事项的发生。但什么是同时性,实质上取决于世界碰巧是如何被安排的。)

在罗素那里,如果把一个场合与一个特定的注意或觉识的片段联系起来,人们可能希望得到一个更好的结果。人们会认为,注意总是注意到**某一事物**。[人们会在不乞题的前提下,以某种方式需要排除(相关地)同时注意到两个事项的情况。]

那么，相关的不可复现者可能是在那个片段中一个人正在注意的，并恰恰与那个注意共存的东西。如果在一个给定的片段中，有一些**不可**复现者是人们所注意的，那么它不可能是，比如，一个柠檬。它会可信地是一个感觉与料（至少在一个概念上）——一个设想中的感知对象，**仅**存在于一个人对它的**注意**中。所以，如果这个论证有一个终结点，那么感觉与料似乎**将**是罗素所需要的简单物。

在这一点上可能已经有人反对了。认为单称思想重要的那个原本的理由是，似乎真正的经验性的思想需要它们：独立于人们对事物的如此立场，除非人们至少有时能在面对一个无论如何存在的对象时，把**它**当作是如此这般的，否则人们不可能对事物无论如何所是的方式是适当地**可应答的**。这一思想是说，特殊对象无论如何是怎样的，必须对我们要思考的东西产生影响——例如，通过存在概括的步骤——如果我们的思想根本上当真是关于事物无论如何是怎样的的话。这里的关于性是说，我们所思**之物**的正确性是由事物是如何的（单独）决定的；没有它，就没有可应答性，也就压根没有真之承载。这就是什么诉说了一个对单称思想的需求。关于感觉与料的思想，无论是否单称，都不是关于事物独立于我们与它们的相遇而无论如何是怎样的的思想（这是反诘的要点）。如果要解决罗素的问题，感觉与料就不可能如此。所以，不管别的什么，它们都不能满足刚才勾勒的需求。不管它们给我们带来了什么，那都不可能是真正的可应答性。如前所述，弗雷格是这么想的。［见 Frege 1918：67—69(1966 edn.：40—42)］。我们将在第 5 讲考虑他对这一思想的发展。独立于这个特定的发展，也有一个合理的思路。但是，我将暂时不去追究它。

让我们回到那个皮浪式的两难上。我们现在可以把它理解为，它的第二个选项是一个不令人满意的落脚点：我们不能允许关于感觉与料的单称思想仅凭对它们的思考就是正确的，而不完全失去真正的**判断**。那么第一个选项呢？根据它，如果我想到某一个简单物 S，它是，比如说，黄色，我**可能**就此弄错。就是说，有我弄错这回事。但是，这就是说，其他**一些**考虑与我是否正确有关。正如人们可能会说的那样，我的思想位于一个事实性的意义网络中，或者说是弱一些的指示关系中。［如果事物所是之方式的某一方面在事实上意味着 A，那么 A。如果**供**事物（或某一事物）所是的某一方式在事实上意味着 A，那么在事物如此之处，A。如果它通常，或一般，或经常在事实上意味着 A，那么其存在**指示**了 A。**那个**刨蹄的动作可能因此意味着，或指示着野猪要突击了。］

我关于简单物 S 的思想会是对与它相遇的反应，事实上，是对我目睹它的反应——因为 S 按照设定是与我如此给予的注意共存的。如果我错了，使得我错的会是关于 S 的进一步事实。如果这些都是可观察的事实，那么进一步的观察可能是,或者可能已经是对 S 的观察。即使不是,如今也有了实质性问题的余地:何时一个进一步的事实(一个我没有认识到的事实)会是关于 S 的事实。因为如果有我出错的空间,就一定有这种事实的空间。例如,这样的一个进一步事实可能会在我的注意力转移后的一些观察中遇到(无论是不是我所做的)。按照设定,这不会是一个对 S 的观察。但它会是一个当 S 存在时,与它会**是**怎样的相关之物的观察。如果可能有这样的观察,或者有这样的可观察物,那么实质性的问题就会出现:这样的进一步事实何时会成为关于 S 的事实,而罗素式的问题就会卷土重来。对于任何其他为我这一方的错误留有余地的方式——因为世界是这样的,以至于我错了——也都同样如此。(因此,说的也就是任何为可应答性留有余地的方式。)那么,在两难问题的这一端上,感觉与料不能终止论证。或许在一个很好的意义上,它们无法在经验中复现。但(在这一端上)它们必须能够作为关系项在(可达及的)理性关系中复现。这足以驳倒它们。既然我们不能指望两难的另一个项,我们就必须得出结论,这里的论证没有终点。**不可能有**任何东西对它来说是不可靠的。这就阐明了没有任何东西可以是绝对简单的观点。

如果说没有任何东西能够以罗素所要求的方式是简单物,就等于说他没有获得他意在获得的:思考至少一些单称思想的可能性。这远不是说这**是**如何获得的。下一节就从这一点开始。

2.5　相似

在第 1 讲中,我们在《蓝皮书》中遇到了针对某种"对一般性的渴求"的怀疑,这种渴求表现为把属性(一般性的概念是对什么的概念)看作事物的成分,"就像酒精之于啤酒和葡萄酒"。维特根斯坦接着照此反对这种看法:

> 拿一种现象作为界定标准来定义一个词可能是切实可行的,但我们将很容易被说服来用按我们的原初用法算是症状的现象来定义这个词。……因为请记住,在一般情况下,我们并不按照严格的规则来使用语言——它也不是通过严格的规则被教给我们的。……

> ……因为在使用语言时,我们不仅没有想到用法的规则——定义的规则等,而且当我们被要求给出这样的规则时,在大多数情况下,我们都做不到。我们无法清楚地限定我们所使用的概念;不是因为我们不知道它们的真正定义,而是因为它们没有真正的"定义"。假设一定有,就会像假设每当孩子们玩

　　　　球时，他们都会按照严格的规则来玩游戏一样。（Wittgenstein 1958：25）

这一想法是，我们的概念并不是限定好的。我们应该如何理解呢？

　　对于其核心想法，有一种看法是这样的。我们的语词，在意指其所指之物时，表达的是诸如游戏、桌子、猪，或者是蓝颜色的这样的概念。如果我们去找，我们会发现没有（非琐屑的、非同音异义的）充要条件来满足这些概念。看看那些会被或可能被算作某物是蓝颜色的无限范围的事物，就会发现这些个例没有**其他**共同的特征。这种解读似乎符合维特根斯坦对游戏的讨论。但这并不符合他对将属性视作共同成分——就像啤酒和葡萄酒中的酒精——的批判。

　　这种解读不可能是展示维特根斯坦全部要点的完全正确的方式。因为它预设了一些东西：对于一个给定的概念，有其（在某时的）外延这样一个东西——那些事实上恰好满足了它的东西。这就与这一想法不符：我们的概念不是被限定好的——它们当真使问题保持开放。一个因某物而保持开放的问题可能无可避免地保持开放：无论事情如何，没有什么能算作解决了它。这不符合维特根斯坦的想法：一个概念（在某种程度上）在让我们创造运用它的方式上保持开放。对于被这样运用的概念来说，这样的方式可能会敲定由概念本身所使其保持开放的问题：没有被一种考虑（谈及的是哪个概念）解决的东西可能会被其他考虑解决。蓝色概念对它是否适用于某个湖泊保持开放。我在一个阳光明媚的日子里用它来评论湖水有多蓝，可能并不使其保持开放。因此，我们的概念对之保持开放的问题，就所有这些而言，可能会被敲定——但是，就概念本身而言，可能会以各种互斥的方式被敲定。这一想法是，**存在**如此这般是否会满足这一概念的问题，而概念本身对这些问题是保持开放的。借由语言游戏的观念，这种解读使家族相似性的想法与维特根斯坦对于**命名**这样如此这般所能达成之事的界限的讨论相一致——一个人在说是蓝色时所称呼之物如何与一个人就此说的东西为真之物相关。根据第二条原则，一个人在谈论一个给定事物的存在方式时所谈及的东西势必会容许多种理解。在当前的解读中，根据家族相似性的概念，一个概念**容许**各种不同的运用，在一种运用上适合它的东西可能在另一种运用上不适合。是蓝颜色的这一概念在如此这般可否算作是这样的颜色的问题上保持**开放**。在这个意义上，它也容许多种理解。

　　因此，这一核心要点最好这样来说。我们有，或者可以有若干场合（若干无法明确界定其范围的场合）来判断这个或者那个事物是否满足某个概念，比如说，它是或者不是蓝颜色的。现在，选择一个概念（或事物的一种存在方式），并考虑任何一组可能会将满足该概念的事物与不满足该概念的事物区分开来的特征。假设在某些判断的场合，人们会正确地判断某物满足了该概念（比如是蓝颜色的），当且仅当它算作具有这些特征。或许我们事实上确实借由这些特征来辨认满足该概念的东西。或许我们甚至为此对它们具有深刻的承诺——就像这些承诺一样深刻。不过在一些情况下,我们还是会,或者可能会准备承认这些特征并不标志着正确的区别——尽管它至少缺乏其中的一些特征,某物仍然**确实**算得上(在我们的判断场合)满足那一概念;或者尽管它拥有所有这些特征,它也还是不满足那一概念。因此,对于任何满足概念(或具有相关属性)的可识别条件,都有或者可能有一些场合,在这些场合,这不是某物会被算作符合该概念的条件。

请注意这一点与偏狭的观念何以相关:我们对于在某一场合,什么东西**应当**被算作符合某一概念的感觉,不能根据有无如此这般的其他可辨识特征来兑现。也就是说,在家族相似性适用的情况下,在那里,偏狭性是不可消除的。

根据初步的解读,同音异义需要一个例外。或许满足一个概念并没有非琐屑的充要条件。但至少有同音异义的一个条件:某物满足了是蓝颜色的概念,当且仅当它是蓝颜色的。或者说,就这个解读,人们可以这么说。因为就这个解读,一个概念确实有一个独立于场合的外延。就上面推荐的读法,不要求有这样的例外,至少在一般概念或属性的情况下是如此。假设我说(当然是在一个场合),"某物满足**椅子**的概念当且仅当它是一把椅子"。我意在说某物是一把椅子的一些条件。什么条件呢?那取决于在我陈述那个条件的时候,如何理解我使用的"椅子":对于会被算作是一把椅子的东西,是一把椅子被理解为它在那个用法上之会是。家族相似性的想法(在当前的解读下)是,不同的东西会在不同的场合如此算数——在不同的**可接受**的理解上是"椅子"所言及的东西,即一把椅子,"椅子"的不同用法上亦是如此。或许我对"椅子"的使用确实承载了一些理解,而这些理解足够好地固定了什么会、什么不会是**它**所言及的东西。所以,它固定了一些是一把椅子的条件,这实际上把满足它的东西从不满足它的东西中分了出来。但那会是一个特殊的条件。它在某些场合,以及在人们可能有的某些理解上,会把算作椅子的东西弄对;但要以把否则会如此算作椅子的东西弄错为代价。因此,如果是一把椅子就是简单地满足这一概念,那么我甚至还没说出是一把椅子的一个琐屑的(正确的)充要条件。另一方面,也许我的"椅子"并不承载这样的特殊理解。在这种情况下,我根本还没有提出任何真正的条件。我所说的一切,满足这一概念的东西全部取决于你对是一把椅子意味着什么的理解。

所以说,家族相似性意味着这样一点。考虑任何我们可能想要谈论的东西——首先,诸如是蓝色的、是一张沙发、是一只山羊这样的东西。再来考虑一下任何是我们如此谈论之物的条件——在这些例子中,是事物所是的一种方式的条件(比如说,在一个特定情境中谈到的,是一只**山羊**)。在有趣的情境中,其是所谈及的**那种**方式的条件可能是，一个对象必须是如此这般的，从而才是所谈及的方式。比如说，它要想作为是所说的一张沙发，它就必须得是这样一个对象所是的方式：仅当它用来坐时，它才是这样的方式。[或许，进一步说，要作为是论及的一张沙发，它就必须得是一个对象仅当在它是用来坐、用来靠、用来配给室内时才是的东西。或许，更进一步说，如果它是某物在（为了）是这些东西时所是的东西，它就会是一张论及的沙发。]我们偶尔可能会依靠一些这样的条件或其他条件来区分那些是谈及的方式的对象和那些不是的对象——比如说，区分山羊和绵羊，或者其他野兽。我们偶尔甚至可以采取一些这样的条件，以部分或全部地辨识我们当时理解的东西，或作为它是什么。但对于任何这样的条件 C，在是一些谈及的给定之物时——特别是任何将它**辨识**为它所是之物的候选者，比方说，**是一张沙发**，我们准备承认，并且能够设想，C 对于所论及的**那个**事物并不成立的情景。它可能**是一张被谈到的沙发**，尽管被谈到的东西并不满足 C，或者也有可能满足 C 的东西并非**是一张沙发**。当 C 是一个对象要是一张沙发所必须满足的假定条件时，可能某物是一张沙发而不满足该条件，或者反之亦然。在这些情景中，C 不能辨识相关的事物——在这种情况下，即是一张沙发——尽管，或许在这些情况下，其他一些条件会辨识出它。这些都是我们准备承认的东西。

就迄今所说的一切而言，对于事物所是的某种方式——比方说，是一张沙发——而言，可能存在某种条件 C，可识认地**被认为**是恰恰是满足了它的某物会被视为（比如）一张沙发的那个条件。我们可能永远没有机会放弃这种看待该条件的方式。但是，满足 C **被认为**是作为一张沙发所是的东西，这总是为发现这样的好理由留下了余地，即把一个或另一个东西叫作一张沙发，尽管它不满足 C；或者拒绝把它叫作沙发，尽管它满足 C，以至于我们**发现**，满足 C 毕竟不是（总是）作为沙发所是的东西。我们的思想是如此组织的，为我们概念的这种新运用留下空间。至于何时会有这样一个事物被展示出来，那是（再说一遍这个要点）我们必须依靠我们偏狭的感性来识认的事情。

家族相似性是一个关于存在什么可被谈论之物的完全一般性的概念。所以它适用于，例如，弗雷格，以及作为他而存在。什么时候它会是人们所谈及的**弗雷格**？什么时候它会是人们遇到的他？当涉及**识认**弗雷格时，在任何这种识认是被需要的情况下（例如，作为我们在这样那样的场合所读的东西的作者），我们当然通常会依靠他可能并不会具有的特征，而且，原则上，经常是其他人可能会具有的特征，例如，就如我们所知的他的长相，或者说，写出了读起来是这样那样的方式，以这样那样的方式冠名的作品。（如果不是**弗雷格**写的，它或许就不会是《思想》。但它读起来肯定还是会一样。）说到谁是我们理解弗雷格所是的人，或者说我们对于"是弗雷格"是怎么理解的,一个开始就是我们把他理解为某个人。除此之外,如果我们在这个问题上还有什么可说的,它将不可避免地,至少在很大程度上是由一般性的内容组成的。我们无疑无法用其他的词项来说明"是弗雷格"会是什么,从而说明作为某个个体需要满足的一个条件——除了说用弗雷格这个说法我们意指某个人。

但之前的要点现在也适用。尽管在任何场合,在解决某个特定问题,即区分是弗雷格的那个人和不是的人时,我们所能依凭的不外乎一般性的条件,但我们由此有时依凭的任何一个一般性条件,都是一个我们准备识认为事实上并没有把弗雷格和其他人区分开来的条件——比如说,事实上,弗雷格并不是如此——如果出现了必须作出这种判断的情况。我们准备承认这样的东西是我们对弗雷格是谁,以及作为他是什么的理解的一部分——当然,这是一种这样的理解,原则上,它不能通过用其他说法说明这样一些条件来阐明:在这种情况下,这样的条件**会被**授权为我们可能会当作事实上将弗雷格与其他人区分开来的特定特征。

这种仅出现在我们实际面临任务时作出的识认中的对一般性的依赖,因而与对弗雷格是谁、是什么的理解是完全相容的,以至于有了它就等于把他理解为某个个体。这样的理解将使我们能够思考关于他的单称思想。在我们对一般性的依赖中,没有任何东西为我们排除了它。家族相似性的观念,在其应用于个体的情况下,使我们能够看到这可能如何。是造成弗雷格式(和罗素式)的关于命名可能达成什么的图像的断裂,允许一个真正的对罗素的问题的解决(消解)。只要我们拒绝作出这种切断,我们就仍然被罗素处理该问题的框架所束缚,也就没有解答。这就是维特根斯坦在第 36—64 节中关于某物作为真正的名称会是什么的讨论到目前为止的要点。

2.6 假期

开始讨论名称和个体时,维特根斯坦评论道:

> 命名是作为语词与对象之间的一种**神秘**关联出现的。——当哲学家试图把名称和事物之间的**这种**关系呈现出来时,你就真的得到了这样一种神秘的关联……因为当语言**在休假**时,哲学问题就会出现。而在**这里**,我们确实可以把命名想成是一些非凡的心灵行为,仿佛它是对一个对象的洗礼一样。(§38)

这里有两件事要理解:第一,语言在休假是什么意思;第二,这如何让命名看起来是一种神秘的关联——它如何扭曲了（思考）一个单称思想会是什么。

关于第一点，语言——比如说，汉语中的一些成分——当其不被使用时就是在休假；也就是说，当其仅仅是某种语言中的某些成分时。一个在被使用的表达式，或者说其是其中一部分的那个整体（如果那个整体实际上说了些什么的话），是由特定语言游戏中的特定动作所塑造的。在这个意义上，它可以算作这样的一个动作。汉语中的一个表达式，就其自身却不是这样的一个动作：它可被用在无限多样的语言游戏中——任何在其中它都会论及它在汉语中确实论及之物的游戏——但没有一个这样的游戏，在它与其他游戏不同之处，揭示了这一表达式作为这样的表达所具有的属性。语言游戏中的一个动作有一个正确性的条件，这个条件（如果世界合作的话）实际上**决定**了正确性—— 其由事物之是其所是来**满足**或不满足。

如果我们愿意，我们可以说一个汉语句子也是有正确性条件的。例如，人们可以说，句子"猪哼哼叫"在某一场合说的是正确的（说的是真的），当且仅当因为出于对该场合的考虑，猪算是（足够正确地被描述为）哼哼叫者。这样的一个条件并不能决定何时事情所是的方式会使这种描述为真——事物所是的哪种方式是猪在其中哼哼叫的方式。它不决定，因为没有这样的事情要去被决定。对某些情势来说，猪算是哼哼叫者（或正在哼哼叫）；对另一些目的来说，猪则不算。作为像这样的哼哼叫的东西本身是什么，并不决定更多的东西。

与此相反，如果我在某个场合用一种描述来**描述**事物所是的方式，对于我这样说的什么时候会为真，很可能会有事实；所以，对于其是否**为真**，也会有事实。我在一个晴天把密歇根湖描述为蓝色。**如我这样谈及它**，有某个是蓝色的东西要被理解为存在。在这种理解上，密歇根湖就是我所描述的那样。如果我是作为区别猪和田鼠的叙事的一部分而说道"猪哼哼叫"，同样（很有可能）也如此。

问"猪哼哼叫"这句**话**何时会为真，就是对在休假的语言提出了只有在被使用中的语言才能合理地或真正地回答的问题。这就是把休假中的语言当成以工作中的语言运作的方式在运作——具有语言只有在工作时才具有的特征。**因此**，维特根斯坦告诉我们，哲学问题就出现了。

只有在正确的周边环境中，语词才具有或贡献于决定性的正确性条件。正如维特根斯坦所指出的，这一思想与弗雷格的语境原则之间有着亲缘关系。但这里的语境不是某个句子（或 Satz）的语境。它是某种对语词的言说对其有所贡献的、特定的人类活动的语境。（罗素当然从未放弃对**弗雷格**的语境原则的坚持。对他而言，一个表达式要**是**一个名称，正是因为它贡献于表达一个单称思想。这就是全部的问题所在。）正是因为缺少**维特根斯坦**的语境原则，罗素陷入了一个难以解决的困境。这就是第 38 节的寓意。

　　这就是当语言休假时,哲学问题就会出现的想法。作为对它的运用,我们先来问一下名称与其拥有者之间的关系**是**什么。根据我们达成的共识,一个名称的功能是使借助它所表达的思想成为一个单称思想——以那种特定的方式与某个特定的个体相关联。在维特根斯坦看来,表达思想并不是由语言中的一句话来完成的事情(甚至不是"雪是白的"这样的句子)。它是某种在说出一句话时完成的事情,所以由对一句话的这样一种使用来完成。维特根斯坦的第二个原则给出了一个这样说的实质性理由。它不仅仅是语法上的细微差别。(如果是的话,那么动词"表达"就会有这样一个时体,在这个时体上,句子确实表达了思想。)所以,正是在说出它的时候,在产生了某个完整的词串时,一个词才可能是一个名称。它可能是一个名称,因为它出现在言说某事的那个例子中。例如,说到罗素的假期,我说"罗素走了路"。那么,我们需要问的是,什么时候这样使用的一个词会成为一个名称。这就是对把语言从假期中带回来的这一想法的一个应用,尽管到目前来看还是一个稀松平常的想法。

　　现在我们想找到名称和拥有者之间的关系,这一关系使得**我的**话"罗素走了路"中的"罗素"是(罗素的)一个名称。一个想法会是:我的"罗素"是一个名称,当且仅当它承载了某种理解,这种理解以某种方式把它和一个个体(比如罗素)关联起来。人们可能想这种理解仅仅因罗素(他的存在)、只有以某种方式与罗素关联在一起的人才能得到。这样的一种理解可能是什么呢? 我们大多数人从来没有认识,或见过罗素。或许我们看过电影片段。但为了最鲜明地来看待这一问题,让我们假设,如其所可能的,相比笛卡尔,我们并不更熟知罗素。(感知上的接触可能会为单称思考提供特殊的方式。但对于什么是单称思想的恰当看法,应该使我们能思考关于笛卡尔的这样的思想这回事,就像我们能思考关于我们妈妈的思想一样不神秘。)那么,我们就会对罗素是谁有某些想法。我们可能会以某种方式思考他。我们可能会想,我的"罗素"所承载的理解是,人们要以某种这样的方式来思考它所称呼的人。但我们对罗素是谁的想法(似乎)由一般性内容构成。他是那个写了某些书和论文的人,等等。如果我们要以某种这样的方式来思考我的"罗素"说的是谁,那么,我们就会以罗素所清楚看到的方式,受到坍缩到一般性的威胁。所以,如果我确实表达了一个单称思想,那么我的"罗素"和罗素之间的关系就不可能如此。而现在,它可能很容易就像维特根斯坦评论的那样,看起来像是一种神秘的关系。

　　让我们在这里应用第 1 讲中已经勾勒出的一个想法,当时我们在考虑理性和责任的概念如何与真相关联。想象一下,我们正在进行一项演练。为了演练的目的,我们假设我们偶尔确实会表达单称思想,并且是借助**称呼**个体的词来表达。于是，我们问：基于这一假设，在哪里我们该说表达了一个单称思想，在哪里没有，这足够明确吗？直观地说，是的。笛卡尔住在布雷达。这是一个双重的单称思想。雨把街道打湿。这不是一个单称思想。如果我们按照最好的直觉这样划分的话，我的"罗素走了路"又该怎么说呢？这是个假想的例子。但它极有可能表达了一个单称思想。现在，我在这里应用的想法就是：如果这就是演练的结果——如果至少根据台面上的这一假设，事情可被融贯地划分——那么事情就是如此：我们有时确实表达了单称思想，而且，近乎就是在人们会认为我们表达了时。那么，如果其他条件相同，这也就是我的"罗素走了路"所表达的。

把它当成是表达了一个单称思想，就相当于以一种特殊的方式看待它所承载的理解。对于任何关于我的"罗素"所称呼之物的一般观念——其拥有者可能被认为符合的任何一般概念——我的"罗素"事实上所承载的理解，必须为发现我的"罗素"的拥有者不符合该概念，或符合该概念但并不是他留出余地。这种理解必须为那些观念留有余地，才能说得通。假设我的"罗素"承载了留下了这些空间的一种理解，一定不会太愚蠢（不合理）。如果假设这一点太过愚蠢，那么我的"罗素"就不是一个名称。不过，反过来说，按照这里起作用的那个想法，如果假设这一点并不太愚蠢，假设有某个人是我的理解所符合的也不太愚蠢，那么我的"罗素"就是一个名称。（家族相似性是对一种理解可能如何起作用的一种说明，我的"罗素"所承载的理解将因而不得不如此。）

现在让我们来看看根据上述思路，某个词或其他词可算作一个名称起作用的所有情况。我们不妨寻找一下所有这些情况都具有、以使它们都能算作名称的其他东西——所有这些词所承载的理解所具有的一些其他特征，凭借这些特征，认为它们留有余地以使之具有所要求的那种意义不至于太愚蠢。例如，我们可能会在每一种情况下寻找相关设想中涉及的某种特殊的一般观念。或者我们可能会寻找类似于与被命名事项的感知接触的某种东西。但是，在这第一种对语言休假观念的应用上，任何这种事业都是一种错误。把所有的情况拢集在一起的正是且仅是这一点：在每一种情况下，假定（候选）名称承载着一种理解，以使我们能够说通这一点，并不太愚蠢：对于任何一般概念，符合这种理解的东西不符合这个概念，反之亦然。使得这并非太愚蠢的假设的特殊性，在这里可能太多种多样了。如果对于名称**称呼**的案例，多样性在这里打败了任何进一步共同特征的候选者，那么就表明名字和拥有者之间没有**神秘**的联系。它表明的无非大量的平淡无奇。因此，家族相似性的观念在这里与维特根斯坦的另一个最核心的观念（如在第 136—137 节中所阐述的）啮合起来，即什么时候会有给定事项的事实，或者，用表征的术语来说，什么时候给定范围的表征会**是**命题，也就是说，会与真的观念相啮合——什么时候会有它们真正可应答的东西。

我们哲学家必须留心我们自己的语言,而不仅仅是我们研究的语言。我们的语言也不能休假。理解一个词的一种方法是把它当作一个名称来理解。要这样做,就必须把它出现在的那个整体理解为在表达一个单称思想。一个哲学上的问题是:一个词何时会承载这种理解?

一个词可以将其自身表征为一个名称。它可被正确地理解为如此。对于以它作为一个部分的那个整体而言,加以必要的调整后亦是如此。当一个词将自己表征为发挥如此这般的功能——致力于如此——在其他条件不变的情况下,这就是一个强有力的理由认为它们的功能就是如此。不过,将某物表征为如此,本身并不能使其如此。如果我将玛丽表征为吃了一只小羊羔,尽管如此她可能并没有吃。如果我的"一只小羊羔"将其自身表征为(要求被理解为)说的是分量不多的某一种肉,尽管如此它也可能不是。这其中就有余地,使得结果表明羊羔不是一种肉,而是以某种方式加工的任何一种肉(肉贩的秘诀)。因此,据说是名称的也一样。我说:"布尔巴基一定很好色。"我认为,并致力于通过我的"布尔巴基"谈到一个伟大的数学家,并表达我的这一观点,即越是伟大的数学家,越是好色。根本就没有这样的数学家。布尔巴基(笼统地说)是一个团体。因此,我的"布尔巴基"没能做到它致力于去做的事情。它是否因而没能成为一个名称则是另一回事。在当前的案例中,无疑如此。但也有相反的情况。如果我说"布尔巴基证明了 P",而那是一个以该名发表的定理,那么我的"布尔巴基"或许确实起到了一个名称的作用——虽然是一个团体的名称。

这里有两种可能的失败(和成功)。我的"布尔巴基"可能没有称呼任何人,也可能相当无意地称呼了某个人(比方说,某位鲜为人知的法国将军)。这儿的成功和失败之间有两处需要甄别的差异。每个都可能引发一种熟悉的诱惑。有人可能会问,是什么将一种情况与另一种情况区别开来;是什么原则决定了我们何时在一种情况之中,而何时在另外一种之中。我们必须抵制。正如我们所见,"布尔巴基"这个词并不总是在做这件或另一件事。我们必须关注的是它的个别用法。(也就是说,我在"布尔巴基一定很好色"中的用法,以及我后来在"布尔巴基证明了 P"中的用法。)在这些个别情况中,我们发现,认为我称呼了比如说一个团体,有时是合理的做法。有时则不然。如果我意在说某人好色,那么,或许(尽管或许不是)坚持说我曾称一个团体好色,是愚蠢的。

"他刚才说的'布尔巴基',没有称呼任何人。"这是一个人在某个场合描述某人,或许是在另一个场合所说的话。如此所说的事情是否正确,取决于它被说出的场合;取决于在这些情况下,那个说话人在这方面的合理看法会是什么。至此,这已是一个熟悉的观点：在一个场合就此合理的事情，很可能无法还原为某组其他特征的有无之上，这些特征经常性地、不可避免地将一组情况与另一组区别开来。

这第一点促成了第二点。说那个说话人的"布尔巴基"称呼了（或没有）是否为真，可能要取决于说出它的情境。或许有时是；而尽管如此，有时则不是。在不同的场合这么说，可能会谈到不同的事物。那个说话人的所作所为并不总是需要这一种判断，或者总是需要另一种判断。家族相似性为这一想法留下了余地。因此，正是家族相似性在这里使我们哲学家的语言从假期中回来。

假设我们试图考虑在某些场合或其他场合下作出的所有正确判断，即某个词或其他词（在某种情况或另一种情况下）作为一个名称而起作用，我们问，在所有这些情况中，使这些判断正确的共同因素是什么。我们不应该合理地期望找到任何这样的共同因素，也许除了这一点：就涉及的那个场合而言，将有关词项视作符合了它自称命名的东西，不算太愚蠢。在每个个别情况下，名称和拥有者之间都有着明显的关系。没有任何神秘的关系暗藏其后。

如果我们允许**我们的**语言去休假，我们就会招致难以治疗的头痛；这种头痛必定持续到我们叫它回来。如果我们考虑忽略在是蓝色的案例中的核心要点，这种头痛的形式就会变得明显。汉语的"是蓝色的"，在一种解读之下，说的是某物（被着色）为蓝色。假设我们认为，这决定了在说一个给定的湖泊是蓝色的时候表达了什么思想："是蓝色的"由此所意味的，决定了何时事物会被如此描述。所以我们会得到阳光下波光粼粼的蓝色湖面。然后我们会注意到，一桶湖水看起来一点也不蓝。给定我们的出发点，我们就不得不问，湖水是不是蓝色的，是否**真的**是由第一种方式——其在阳光下的样子，或者第二种方式——通过检查湖水决定的。我们的出发点要求一个答案或另一个答案事实上必须是正确的。争论这一点，我们灌满了期刊，也成就了事业。但我们永远得不出一个满意的解答。我们试图提出的问题根本就没**有**正确的答案（除了仅仅指出这点）。是我们的出发点出了毛病。如果我们试图问哪些词（在用法上）确实命名了某物、哪些没有，或者，又是如何确切地决定哪些命名了某物、哪些没有，我们恰恰处于相同的处境——除了更动心于用未遂的答案去灌满期刊外。我们如此去着力于解决的问题是不融贯的。没有什么能成为这些问题的解答。

关于名称的问题是关于单称思想问题的语言上的形式。所以，如今人们应能想见，当语言在休假时，就会出现我们如何单称地思考的问题。下面是我们解决这样一个问题的一个方法。一个人去思考雪是白的，就是（尤其）要让这个想法（雪是白的）对自己准备去想的和去做的事情有重要性。就像 12 月的一个早晨，某人从自己卧室的窗口望去看到白色，可能会让这个人惊诧不已。无论一个人准备的具体内容是什么,重要的必须恰恰是**那个**想法。所以,只有当一个人能够(充分地)把雪是白的和它并非如此区分开来时,这个人才会处于这种地位;只有当一个人能够把它是如此与它可能是或不是的**不同方式**——如其可能是,从冰冷的东西是白的这一观念中区分开来时,这个人才会处于这种地位。(所以,只有当一个人准备好了使这些人中的每一个都以不同的方式成为自己会做、会想的事时,他才会处于这种地位。)所以,无论如何,这是一条可信的思路。

适用于雪是白色的这一思想的,也同样适用于罗素吸烟这一思想。要我去思考罗素吸烟,必须正是**那样**——因此正是**他**吸烟的想法对我准备想和做的事情(以某种独特的方式)是重要的。何时会恰恰是**他的**吸烟是如此重要的呢? 按照那个可信的思路,我必须能够区分是**他**吸烟还是别人吸烟。只是什么时候我的思维方式会具有一个被这样区分的人所具有的那些标志呢? 我的思考必须具有什么特点,我才会是一个把这种单称思想和其他人们可能如此思考的东西区分开来的人?

希德读了《论指物》,确信其作者年轻气盛。这里有几个**可区分**之处以供思考。人们或许会想,无论是谁写了那篇论文,这个人都年轻气盛(一个一般性的思想)。人们可能会想到某个人——一个著述了《论指物》的人——**那个**人(在其著述该作时)年轻气盛。人们不必因此而认为**罗素**年轻气盛。(这是思考一个单称思想吗?)或者人们想到是罗素(在撰写《论指物》时)年轻气盛——这显然是一个单称思想。

在有些场合中,比如说,某人思考了其中的第一种,而没有思考第二种;或者思考了第二种而没有思考第三种。如果我们的(理论家的)语言在休假,我们就会感觉倾向于提出这些问题。希德肯定思考了上述第一种。在就此使他有资格的东西中,必须加上什么才算使他有资格在思考第二种,以及必须加上什么才算使他有资格在思考第三种呢? 此外,在思考第一种时,希德所处理的不外乎一般性。必须加上什么才算使他有资格在单称地思考呢? 当我们加了足够的东西让他思考第二件事的时候,他是否已在单称地思考了呢? 还是没有?

这里的区别不可能在于希德是否与罗素有过感知上的接触(也就是说,见过罗素)。我们可以在这里反思一下,如果罗素决定包括他自己在内的人都可以成为感知的(直接)对象,这何以无助于罗素看到希德如何能够单称地思考他。在他自己看来,并不是感觉与料理论让罗素是那类错误地被称呼的东西。此外,即便感知上的接触使我们处于单称地思考的特殊位置,一个对我们这里的问题的恰当回答应该使这一点不再神秘:一个人可以思考关于笛卡尔的单称思想(假设他的那些雕版画像从未存在过),就像一个人可以思考关于其母亲的单称思想一样。可以肯定的是,我们现在确实有了一幅关于单称地思考的图像,这幅图像对这样一个思考者的要求,不外乎是他对他由此而想到的那个事项的一般性知识(加之他预先准备好的使用这种知识的方式的大致形式）。但希德何时才有足够的关于罗素的这种知识呢？在念了一年哲学硕士项目之后？在读了罗素的传记之后？在写了一篇研究他的学位论文之后？

　　当我们专注于必须回答这些问题的个别情况时，不难看出这些问题本身是畸形的。它们是只会在休假时出现的问题。一个真正的问题应该是这样的。在某个个别的场合，我们正在就罗素的青年时代展开讨论。我们中的一些人认为《论指物》是一个谦卑之人的作品。有些人则认为这是一个傲慢之人的作品。希德，比如说，当遇到傲慢和谦卑时，通常能识认出来。希德认为罗素是傲慢的吗？好吧，希德读过《论指物》，并认为其作者很傲慢。是的，但他认为**罗素**是傲慢的吗？有时把思考这两件事区分开来，还是有意义的。可这里有任何这样的意义吗？否认希德认为罗素是傲慢的意义何在呢？或许，比如说，有某种理由（在这个场合）判定对**罗素**的判断不能基于这种轻微的熟识。希德认为那位作者傲慢。但这一定不能算作对罗素的判定。或许如此。但或许也不是。如果否认希德认为罗素傲慢并无意义，那么，出于我们的目的，他就是这样认为的。如果有意义，那他就不是。

　　这种关于意义的问题是决定我们在某个场合说希德认为罗素傲慢时承诺的一部分。而我们这样承诺的，事关我们在某一场合说希德认为罗素傲慢时所**说**的。因此，一个人在某个场合说的话可能与在另一个场合说的不同，就像一个人在某个场合说湖水是蓝色的时所说的可能与在另一个场合这样描述时不同。

　　在说希德认为罗素傲慢时，会说到不同的东西，有的确有其事，有的则否。这意味着，在说希德思考某个单称思想时，会说到不同的东西，相应地，说他仅仅思考一些一般性的思想，亦是如此。并不是说希德之如其所是，把单称思想的领域分为他确实思考的和没有思考的，话就说到这儿。这就是第 1 讲中所阐述的非常一般的看法的一个特殊情况。相应地，并不是说，在希德思考这样那样（比如说，罗素）的方式中，存在某种可辨认的特点，从而就其本身而言，使其单称地思考他，或不是。确切地说，希德是否算作思考某个单称思想，就如他是否算作思考任何思想一样，可能取决于提出问题的场合。人并不简单地是单称思想的思考者，或一般思想的思考者。

　　这是思考场合的作用的一种方式。从存在的某物开始思考——比如说，**那个**人年轻气盛。我们现在可能会认为，思考者通常落入某些类别中的一种或另一种（而且只能是一种）之中：那些认为是**这样**的人，那些认为不是这样的人，那些犹疑不决的人，那些从未思考过的人，或者没有观点的人；那些根本没有能力思考这种事情的人（就像怀俄明州有的人不能想到樱花山一样）。我们现在应用一个已经熟悉的观念。假设，把思考者按上面的方法分类，在大多数情况下，至少**有**一个类别，是该思考者被最合理地置于其中的。那么,那些被最合理地置于思考者类别的人,就是那些这样思考的人,也就是那些**这样**想的人。更确切地说,那些被最合理地归入该类别的人,是那些在那些合理的场合下**算作**如此思考的人。当然,什么是合理的,这取决于以某种方式进行分类的意义是什么——基于给定的依据将某人置于或拒绝置于其中。这可能会随着进行这项工作的场合而变化。

苏格拉底酗酒。摩西冷酷无情。我这样说。在我的思考中,有发现这些的余地:苏格拉底,或者摩西,是一个虚构人物,或者比如,"摩西"是给以色列人任何领袖的荣誉称号。我不相信这些中的任何一个。但在这些观点上,我想,我**可能**是错的。假设苏格拉底和摩西不是虚构人物。我单称地思考了他们,抑或只是一般性的? 我们或许可以想象一下,在什么情况下,否认我是在单称地思考苏格拉底,认为他酗酒,会是有意义的。在那些情况下,我不会算作在这样做。在许多其他情况下,这种否认并无意义;没有什么有趣的东西从我在这里并不单称的思考中得出。在许多这样的情况下,我或许可被真确地说是想到了摩西是冷酷无情的,苏格拉底是酗酒的。要说某个人要单称地思考——这样那样的、是如此这般的——就是以一种特殊的方式把他与世界、与其是(或不是)**那个**个体是那种方式相联系。那是一种非常特别的方式,在思想中,我们可能被事物之所是所裹挟。但这并不需要超凡的思想力量来使我们具备这种能力。

我说,"苏格拉底酗酒",或者"摩西冷酷无情",等等。这些话是否表达了一个单称思想? 我们现在应该说的是:它们有时可被正确地这样看待;对于所有这些,它们有时可能正确地被看成是没能做到。一个陈述不需要一个着眼于其各部分的逻辑作用的独特分析。最重要的是,在这里,它不需要有独立于任何分析它的场合而正确的分析。不需要有那些单单就是对单称思想的表达的陈述。

弗雷格提出了一个针对思想的平行观点(见 Frege 1892:199-200)。他告诉我们,一个思想只有相对于一种分析而言才有特定的结构。他通过告诉我们同一个思想可能有时是单称的、有时是一般性的、有时是个别的来说明这一点。维特根斯坦的观点与弗雷格的共享同一种特征。对于弗雷格,逻辑形式是相对于分析而言的,尽管分析是否可接受是一个场合敏感的问题。对于《哲学研究》中的维特根斯坦来说,重要的是逻辑形式,但凡我们还能够谈论这样的东西,就是相对于锁定它的场合而言的。一个思想是单称的还是一般的问题,是这一点的一个特殊情况。

弗雷格不会乐见于对他观点的这种修改。因为这是维特根斯坦最初反弗雷格想法——命名不能做什么——的另一个结果。对弗雷格来说,逻辑揭示了真这个概念,或者说,也揭示了(用维特根斯坦的话来说)命题这个概念。这一点在此不变。不过,那种揭示看起来就很不一样了。本讲在一个特殊的情况下,已经发展了这样一个想法：逻辑形式是相对于归给它的场合而言的。下一讲将更全面地展开这一思想。

2.7 结论

这场对命名个体(对单称思想)的探讨,催生出了两个主要想法。第一个是,有一种思考一个个体的方式,或者说,同样地,思考事物之所是的一种方式,它区分了一个场合之下的识别,所以还有再识别的任务,和一个一般性的、独立于场合的涉及说到的东西(人)何时会是如此或这般的问题。第二个是,是否享有某种地位,可能是一个场合敏感的问题;是一个问题并不仅仅由一个该地位的候选享有者之是其所是就回答的。例如,出于某种目的,在某些场合,某人或许被算作在思考一个关于罗素的单称思想,而出于其他目的,或者在其他场合,他就不算。这就是当语言休假、空转时,哲学问题就会出现的那个想法;当人们坚持要找到那些条件,在这些条件下,独立场合地,某人之是其所是就会是他以单称的方式思考如此这般,或者他知道他的钥匙在他的口袋里,或者他以这样那样的方式意指、理解语词,或者他这样那样地思考,这样那样地看,等等。这些错误地成形的问题,没有解答,只能带来困惑。

第一个想法阐述如下。在一个特定的环境中,或者在特定的情况下——在一个特定的背景下——罗素或许可被辨识为是如此这般的那个人。因此,在那个环境中,某物是罗素,当且仅当某个一般性的条件被满足。同样,也可能是蓝色的,或者一个单身汉,或者一个泼妇,就是当且仅当如此这般时某物会是的东西。也可能是,在我们的情况中,这就是我们回答罗素是谁这个问题的全部依据。或者,同样,在那些情况下,在谈到某物是蓝色,或者泼妇时,除非满足了那个特定的条件,否则,什么都算不上是我们谈及的东西。而且,在一个明确的意义上,当涉及某某(在角落抽烟的那个人)是不是罗素的个别问题时,在寻找答案时,我们的依据就是我们认为是自己对罗素了解的那些一般性条件。就这一切而言,对于这种组织关于一个个体的思想的方式,或者说关于事物所是的一种方式而言,有发现这个个体事实上并不是以那些预想的方式来识别的,而是以这样那样的其他未曾预料到的方式来识别的余地,因此,他(它)不需要,或许甚至不满足相关的一般性条件。或者说,在不同的情况下,对于说到是蓝色的,或者说泼妇,即使相关的一般性条件对之并不成立,那也仍将是人们所谈论的东西。所以,至少在这个意义上,作为相关的个体,或事物所是的相关方式,与这样那样的一般性条件为真,**不是**一回事。而且,我们至少常常准备把我们关于如此这般思想,或关于是如此这般的思想,视作如此组织起来的。

　　这种思考一个个体的方式是（对我们）可得的。这是某人有时可能堪称沉浸其中的一种方式。这就开辟了一种可能性，即正确地把某人看（算）成是以单称的方式来思考一个个体，而无需用任何特别的手段来把这个个体与其他个体区分开来，即便对于这个个体而言，确实会出现再次识认的问题——所以，不需要这个个体从属于任何特别的种类。我们可以**如我们实际所做的那样**想到罗素，而无需如此：要成为我们**如此**想到的那个人，就是要唯一地符合某些一般性条件。我们可以这样做，即便我们在把罗素（我们心目中的那个人）与其他人区分开来时，我们可以凭借的不外乎一般性条件。因为我们也准备修改我们对一般性的依赖，以及我们由以依赖的一般性。我们愿意通过改变我们对我们心目中的人的思考方式，来回应我们对事物所是之方式的面对。这种改变的开放性是否使我们算作在单称地思考罗素，取决于在某个场合的问题是什么，它可能使得人们把单称地思考他与以其他方式思考（碰巧是他）区分开来。

　　对于我们在识认罗素时对一般性的实际依凭，我们也因而有余地算作想到**罗素**，是如此这般的。一旦这种可能性进入画面，那个谈到的人是如此这般的特定个体——比如，你看到的那个一小时前在角落里抽烟的人——本身就不再是把他与别人区别开来的一种特殊方式。我们能够以这样的方式将一个个体与另一个区别开来，也就不再令人惊讶了。

　　这提供了一个框架，在这个框架内，我们可以对罗素提出的问题作出回应。在这个框架内，我们不应该用罗素的术语来回应这个问题。也就是说，我们不应该通过试图为单称思想提供其所关于的特殊对象来回应；那些对之不可能出现再认问题的对象。因为那是一条死胡同。我们也不应该通过试图赋予自己对我们在环境中所接触到的个体具有超凡的觉识或领会能力来作出回应。例如，它不应该变成当我们**看到**罗素在我们面前时，我们因而被定位为是单称地思考他，因为我们从知觉上保持对他的追踪的能力适于达成这一任务，而仅仅阅读他的作品，或关于他的作品，所依赖的识别能力不可能如此安置我们——仿佛在知觉上保持追踪在本质上是独立于一般性的，而通过作品的熟识则不可能如此。

　　这就是在阅读维特根斯坦时出现的画面。鉴于罗素的问题，或者维特根斯坦对它的回应，现在应该显得陈旧或过时了，我将简要地评论一些更为新近的作品。索尔·克里普克（Kripke 1972）曾提出，我们之所以能够思考例如关于牛顿或克洛维斯的单称思想，是因为"因果链"将我们与这些人的某种"冠名仪式"联系在一起。由于罗素式的担心，克里普克小心地坚持说，他并不认为可以有一个关于因果链的**理论**——一个会告诉我们，某人究竟在什么条件下被因果链与某个个体（的冠名仪式）联系在一起，以至于在思考这个人的时候，那个思考者单称地思考。因为，如果有这样的理论，那么似乎就会有一个一般性的条件，当一个人的思考是被如此关联（到克洛维斯，比如说）时，他就是这个人所想到的；在这种情况下，或者说，罗素式的担心是这样的，一个人会具有的单称思想会坍缩到一般性的思想中去。但尽管有警示在先，克里普克还是催生出了一个小行当，试图完成他所坚持的无法达成的事情——一个按照当前的理解，是致力于解决一个只有在语言休假时才会出现的问题的行当。

　　因果关系不会代替理解。被**如此**导致如这般地思考，还不是识认出这样一个特定的个体：一个人使其单称地思考的一部分对该个体负有责任。但我们可以把克里普克的主要想法从因果关系的细节中分离出来。因果链所提供的，在不强调"因果"的情况下，是递延的，或者最好说是传递的亲知。这个想法是：某人亲知一个对象——比如说，克洛维斯——以一种允许他对克洛维斯思考单称思想的方式；这个人可能能够把这种能力传递给我们，比如，通过传递信息的普通渠道。把克洛维斯换成 G. E. 摩尔，这样的一个故事可能是这样的。希德亲自结识了摩尔，他认为摩尔沉着冷静。他用，或者试图用"摩尔沉着冷静"这样的话来表达这一思想。这些话旨在，或者至少希德意在让它们是对一个单称思想的表达。我们并不熟识摩尔。但我们可以将希德的话把握为是这样意指的。事实上，这些话可以被认为是这样的意思，而我们可以把握住这一点。至于这个"摩尔"意指谁，我们也可能知道些什么。例如，我们听说过剑桥使徒会，知道希德不是用"摩尔"作为罗素的古怪的绰号，等等。在合适的这样的条件下，这一想法是，我们可能把握希德想要表达的是哪种思想——被置于把它当成单称的位置上，并把它与其他的充分区别开来。要做到这一点，就是要考虑这种思想，也就是要处于思考它的位置。所以希德把思考关于摩尔的单称思想的能力传递给了我们。起初，我们对摩尔的熟识还不足以允许我们这样做。现在我们可以了。我们已经获得了对摩尔的延后的亲知——一定距离的亲知，适合于做无间距的亲知所能做的任何事情。在这里，被传递的东西可能，而且最好不次于**亲知**，后者正是使我们的思想取决于一个特定个体的能力，就如它在不传递的情况下可能做的那样。这样所获得的，不仅仅是把某个人当成是站在传输路径原点上的那个人的能力。

　　传递亲知的想法是有帮助的。我在这里有三点评论。第一，如果语言没在休假，我们就应该预想，亲知何时**需要**传递是一个场合敏感的问题。假设我了解摩尔仅仅是通过他的作品，而不是见过，甚至不是通过知道他的大致生卒年份。不过，人们可以说，通过他的作品，我**确实**熟识他。我知道他哲学风格的主旨和调性，我熟知他的思路的一贯走向。可以说，我熟识他的心灵。这难道不能算作是足以思考关于他的单称思想的熟识吗？按照现在的考量,这不是一个人应该试图在语言闲置时回答的问题。我们想把这种熟识算作对单称思想而言充分与否,是出于什么目的呢？把我算作是在单称地思考摩尔,依凭的是什么呢？也许出于某些目的,我算是熟识他；而对于另外一些,我就不算。如果是这样,那在这件事上,这完全是一个令人满意的结局。

第二,接受如上的好想法,就出现一个问题：什么时候算是有充足的使接受者思考单称思想——比如,关于摩尔的——的递延亲知。不援引因果关系,这就是那个克里普克自己认为不能有精确答案的问题。克里普克这样想是对的。一个人不需要有罗素式的焦虑就可以这样想。他这样想是对的,因为,正如已经指出的他不禁催生的行当一样,旨在回答这个问题,将是在语言不工作时做哲学。这会是在处理一个这样的假想问题,由于其被这样错误构造,不可能有任何解答。

第三,传递的,或递延的亲知的想法是有用的,前提是我们预先理解了有待传递的亲知何以将人置于思考关于其对象的单称思想的位置——某人根本上如何可能直接处于一个能够对克洛维斯或摩尔进行单称地思考（例如,对他进行冠名仪式）的位置。罗素的问题是,这样一个初始位置似乎是无法达到的。递延亲知的想法——因果链的想法也一样,并不直面**这一**问题。维特根斯坦在第 36—64 节中回应的正是这个问题。有了他对这一问题的解决,递延亲知的想法就有了自由发挥的余地。如果没有这个解答,它根本上如何能帮上忙就不明确了。（如果有人表示,直接的亲知是一个因果关联的问题,罗素必定对此不以为然；而且是出于克里普克承认的理由。如果那个提议意在作为这一问题的实质性回答——何时如一个思考者那样关联到一个对象,会将其算作对它的**亲知**——那么就需要说清楚是什么因果联系会做这个工作。但说出来,如果罗素的框架成立,人们就会使亲知坍缩为一般性的,而且,任何其尤其使之可能的思想也都如此。）

有些哲学家,比如加雷斯·埃文斯（Evans 1982）和约翰·麦克道尔（McDowell 1986）,通过攻击他对于感知经验的构想来解决罗素的问题。这个想法是：我们根本不会,而且不可能有感知（比如,视觉）经验,除非那是对于对象的经验,以及我们能够将其注意为如此的经验。例如,感知经验不可能仅仅是对属性例示的经验——比如说,那里有一些是蓝色,或是方形。感知经验是对一个环境和我们与之共享的一些事物的经验——比如说,对那个猪圈里的那头猪的经验。要拥有它,我们必须能够把它注意为那个东西。如果感知经验提供给我们对某些事物的觉识,其中必定包括对**那头**猪吃光了所有萝卜的觉识。但是,对圈里那头猪的感知觉识,除其他外,还必须包括在它继续在环境中过活的过程中持续追踪它的能力。追踪它,就是能够在任何对罗素的问题要紧的意义上再次识认它。因此,根本上要能够拥有感知经验，就必须具备思考关于这种经验的对象——居于我们环境中的日常的可见者、可听者等——的单称思想的能力。

这些都是完全正确的。维特根斯坦也会同意。但这是一个关于感知经验必须是什么的故事，而不是关于感知经验何以**能够**是那样的故事。因此，这个关于感知经验之本质的正确故事，只有在后者不成问题之处才是合适的。它不是对任何这种问题的回应。所以它不是对罗素的回应。再说一遍，将我们的感知能力赋予超凡的力量也不是一种可以接受的回应，就好像有某种方法可以在某个场合，在一个被感知的物体在空间中经过某个特定的位移时追踪它，而不是通过对标识出该物体在其新位置出现的一般性特征的敏感性（仍然是**心理学**可能测绘的唯一一种敏感性）。注意物体运动的能力也不是对这一问题的一个回答，即当其一般性特征变化时，我们如何能够接受它仍然是那个物体（例如，它老化、褪色、磨损或开始发光），或者它如何能够只是那些需要注意的东西。同样，将感知赋予在相关方面与亲知某人所说或所写的东西可能产生的效果有本质不同的能力，也不会奏效。

维特根斯坦对罗素的回应不应让我们觉得古怪或过时，如果古怪或过时意味着，如今我们都知道为什么罗素提出的问题并不真的是个问题，或者说已有一个颇为独立于维特根斯坦在如此回应时不得不说的东西的解答。

第3讲

坚固

在《哲学研究》中，维特根斯坦这样描述他以前的逻辑观：

> 思想、语言，现在在我们看来仿佛是世界的唯一关联
> 物、图画。这些概念：命题、语言、思想、世界，前后站成一
> 排，每个概念都彼此等同。（§96）

> 思想被一个光环环绕着。——其本质、逻辑，呈现出一
> 种秩序，实际上是世界的先验秩序，即可能性的秩序，它必
> 须是世界和思想所共有的。（§97）

他把这种观点称为幻象，对此他说：

> 这个想法从何而来？它就像我们鼻子上的一副眼镜，
> 无论我们看到什么都是通过它看到的。我们从没想过摘掉
> 它。（§103）

我们把从属于表征事物的方式的东西归属到事物身上了。这种比较的可能性给我们留下深刻印象，所以我们认为我们是在感知最一般性的事态。（§104）

（《逻辑哲学论》§4.5）："命题的一般形式是：事物是如此这般的。"——这就是那种人们会对自己重复无数次的命题。人们自以为是在描摹事物本质的轮廓……实则是在我们看待它的框架上兜圈子。（§114）

摒除这种幻象，使我们对命题是什么有了一个新的看法，也就是说，对真，以及可应答性也有了一个新的看法。对于弗雷格而言，**那个**关于真，以及可应答性的观念，以一种特殊的方式在真之法则中展开。在新的看法中，**真**和**可应答性**的观念允许多重展开。换句话说，它们容许多种理解。可应答性，以及真，并非只可能是一种东西。这不必挑战所有理解都有某种共同核心的观点。所以它不必挑战存在**那种**真之法则的想法（尽管它可能助长这种挑战）。但是，如果那一观念有待存留，它就必须与对这些法则对其施加作用之物——尤其是对我们所想和所说的事情——施加作用的方式的新理解携手并进。所有这些不过是透露了接下来必须更加耐心地展开的内容。

在当前的语境中，即在《哲学研究》中发展的一条思路中，真与可应答性容许多种理解的观点，似乎只是这个一般性观点的特例，即（事物存在方式的）名称只能命名容许多种理解的东西，就如该观点在第 1 讲中所发展的那样。然而，在维特根斯坦思想的历时发展中，事情的顺序似乎有些不同。它更像是这样：把**命题**、**真**、**可应答性**这些概念看成（实际上）容许多种理解的需要，为维特根斯坦提供了这一现象的首要和（对他而言）有压倒性说服力的例证。这一例证后来遍及《哲学研究》的整个观点。我们可以在《哲学语法》中看到这一点，这一例证在那里出现了，但不像后来那样，在完整现象的语境中。抛开这一点的任何史料旨趣，《哲学语法》因而提供了一个我们在此会需要的、对这一观点的简单前奏（对于那些从一个更多是弗雷格式的思想观出发的人来说）。因此，我将以此为起点。

3.1 演化

在《逻辑哲学论》的第 4.53 节，维特根斯坦写道：

命题的一般形式是变量。

《逻辑哲学论》的第 6 节为这一变量提供了一个记号。这样一个变量在什么范围内取值？会不会或许有太多的命题，以至于无法形成一个定义域？这一想法是否笼罩着一股悖论的气息？或许维特根斯坦一度为悖论担心过。或许没有。无论如何，到了《哲学语法》时期，他对一个命题变量的担心是相当不同的。那就是命题的概念不够确定——太"模糊"了——以至于无法为这类问题提供答案。这不一定意味着没有命题变量。它**将**意味着这些最初的问题本身是不合适的；建立在对变量如何运作的误解上。

在《哲学语法》中，维特根斯坦如是说到**命题**概念的不确定性：

> "命题""语言"等词的用法，具有我们语言中概念词的常规用法的模糊性。如果认为这使得它们不可用，就会像想说"这个炉子给人的温暖没有用，因为你无法感觉到它在哪里开始、在哪里结束"。（§74）

在《哲学研究》中，他又提到了这一概念中的不确定性：

> 我们看到，我们叫作命题的东西并不具有我曾经设想的那种严整的统一性，而是一个由或多或少的关联构造起来的家族。（§108）

在《哲学语法》中，维特根斯坦对命题的概念和数字的概念作了一个比较（关于数字的观点在《哲学研究》第 67—68 节中阐述家族相似性的概念时再次出现）。**数字**这个概念具有维特根斯坦现在赋予**命题**的那种不确定性。比如，实数是什么（什么东西是一个变量在对其进行遍历时所遍历的东西）可能是确定的。但这种确定性并不能固定数字的概念如何从那里扩展——扩展到虚数、超限数，等等。**数字**概念中的其他东西也不能决定其他类型的数字**可能**会变成什么样。（或者说，其他什么东西，**可能**被正确地叫作数字。）

对于所有这些，维特根斯坦坚称，**命题**概念仍像炉子一样有用。它有何用呢？要看到这一点，我们可以看看根据《哲学语法》所建议的观点，**变量概念**（**命题变量**的另一个组分）会发生什么。迄今一直在起作用的一个想法——在第 2 讲中非常集中地起效，即要成为一个（个体的）名称，或要成为表明了一个事物之存在方式（一个开语句或谓词）之物，就是充当一定的（逻辑）角色。就名称而言，其迄今确定的作用是使其作为其中一部分的整体成为一个单称思想，以单称的方式与某个给定的个体相联系。相应地，一个变量的作用将是在一些给定的事物领域上取值，所以，如果它被存在量化，那么，它将使它作为一部分的整体之真取决于它取值的东西是否像其使之闭合的开语句由此说**某物**存在（我将情况简化为一个整体只有一个变量）。

只要我们还在一个关于语言如何运作（或应当如何运作）的弗雷格式图景中，这种说法就很好。不过，当我们脱离那个想法时，我们就可以普遍化，从而使这种弗雷格式的表述方式成为一种（可能的）特殊情况。我暂时把视线转移到开语句上，如汉语中的"＿＿是蓝色的"。人们可能会说，这个开语句在汉语中的作用是谈及"是蓝色的"。要做到这一点，就是让填充名称而形成的整个表达式表明某物或其他事物是蓝色的（**什么取决于名称**）。（我暂时不考虑由量化变量填充的情况。）考虑这样一个整体——比如，"日内瓦湖是蓝色的"。如果"是蓝色的"在这里充当了它的角色（并且"日内瓦湖"也充当了**显而易见**的角色），那么这个整体就表明了日内瓦湖是蓝色的。在何种意义上这句话做到了这一点？在这里，我坚持是脱离了弗雷格式特殊情况的普遍化。它这样做的原因是，这个句子在（说）汉语中是有些用处的。用它来做汉语使它做的事，你就会说日内瓦湖是蓝色的。如果弗雷格是对的，你在这样说时将会表达的永远只有一个思想——被推定为是日内瓦湖是蓝色的**这一**思想。（我在这里把对时间的指称问题悬置起来。）但如果第1讲中呈现的维特根斯坦对弗雷格的批评是正确的，那就不是这样。因为在说日内瓦湖是蓝色的时，有无限多不同的思想可能被表达出来。"日内瓦湖是蓝色的"容许多种理解。所以，**汉语**"＿＿是蓝色的"对在说出它时所说之物的真之条件的贡献是一个比假如弗雷格是正确的更复杂的事情。不过，无论是弗雷格对还是维特根斯坦对，如果"＿＿是蓝色的"充当了它可以扮演的任何一个角色——如果它使它是其中一部分的整体表明事物，或某件事情，或某样东西，是蓝色的——我们可以通过说在汉语中"＿＿是蓝色的"谈论了是蓝色的，或者，如果我们喜欢，称呼了是蓝色的，来描述这种情况。

所以，一个开语句要称呼是蓝色的（或是蓝色的概念，或等等），还是要它扮演一定的逻辑角色——只有在一定的语境中才能扮演的角色。但是，现在结果表明，如果弗雷格是对的，它不必符合它会符合的那个描述。这个语境不必是对某个特定思想的表达——如果弗雷格是对的，就是一个句子；不过如果他不对的话就不是。它可以是一门**语言**，比如汉语。

现在，我们可以用同样的方式来看待变量的概念，或者，也这样来看待命题变量的概念。如果汉语中存在变量，那么它们就有一些用途：在域中取值。如果它们特别地是命题变量，那么它们就是在命题中取值。这意味着，如果你说一整句汉语，其中出现了一个变量，而你将你所说的语词用于其所用之处，那么这个变量，如此被说出，就会在某个域中取值。如果它是一个命题变量，那么它将（首次）遍历所有命题。但是,《哲学语法》告诉我们,这样的**命题**概念太过不确定,以至于无法固定"所有命题"会是什么。所以,如果被你说出的变量有任何取值的域,那将不得不归功于你在调用它时获得的某个确定性概念。所以,这个变量的取值范围将是建立在你基于其说出的命题的理解之上的所有命题。这就预先假定你的发言确实给了这个概念一些这样的确定性。我也暂时搁置在汉语中,变量除了在域中取值外,**有时**还有其他用途的可能性。

所以,命题概念中的不确定性的想法,就变成了命题概念容许多种理解的想法。更一般地说,变量容许理解,同时仍是变量。它们要成为变量,就是要它们发挥一定的逻辑功能。但这种功能把它们与它们在一个场合中从中取值的事项,以一种比在一个弗雷格式的图景中更为复杂的方式相关联。它比那幅图景所允许的更为复杂,就像"是蓝色的"的作用,从《哲学研究》的观点看,比在弗雷格式的图景下更为复杂一样。当前任务的一大部分将是追踪一门语言中的(命题)变量与其在场合中所取值之物之间的这种新关系。再说一遍:在《哲学研究》的语境中,关于命题,以及关于变量的这一点,只是一个更广泛的思想的一个特例。但在《哲学语法》中,它还不具有相当的地位(尽管维特根斯坦把"命题"描述为一个"正常的概念词")。命题变量仍然是一个有点独立的情况。当我们开始研究在《哲学语法》中,一个变量如何与它的取值范围相关联时(当它确实如此取值时),这一点就会变得清晰。或者,以其他方式来处理这一问题,**命题**概念承担何种理解。

在《哲学语法》中,是一门语言赋予**命题**这个概念以确定性。一门语言,或其中的一个装置,规定了一个命题可能是的**一样**事物,或者它要是一个命题所可能是的东西。它会是那些作为**其**命题的东西所是的东西。这种想法在这样的段落中出现:

> "命题是任何可以为真或为假的东西"这一定义将一个特殊的语言系统中的命题概念固定为在那个系统中可作为一个真值函数的自变量的东西。(§79)

> 某种东西只有在一门语言中才是一个命题。理解一个命题就是理解一门语言。

> 一个命题是一个符号系统中的一个符号。它是符号的一些可能组合中的一个,并且与其他的可能组合相对照。就像一个指针位置与其他可能的指针位置相对照。(§84)

一个句子在运算中起到的作用就是其涵义。(§84)

是语言的系统使得一个句子成为一个思想，并且使之对于我们是一个思想。(§104)

这里的想法可以这样阐述。它是一门语言中的一部分，在这种语言中，其表达有的放矢。我们已经看到了这一点：它是汉语中的一部分，即在汉语中，"是蓝色的"用来说是蓝色的。对于语言，或者形成它的东西，决定了在其中它有何用。对于一门语言来说，需要如此固定的事情之一是，它的某些表达式是用来表达（除其他外，或许是）可应答的（也就是，可评价其真的）立场的。事实上，这个想法是，对于一门语言而言，要决定其表达式有何用处，是一件额外的事情。"日内瓦湖"是用来说日内瓦湖的，"是蓝色的"是用来说是蓝色的，而且，更进一步，"日内瓦湖是蓝色的"是用来说或真或假之事的；是用来说某件事情，其正确性完全由事情如何所决定；是用来承载真的。

一般而言，一门语言不会仅仅决定一个表达式是为了说出可应答之事。它一般会，当然也可能会就什么类型的可应答之事可被这样表达说很多。因此，"日内瓦湖是蓝色的"，在描述日内瓦湖是（或称其为）蓝色时，是为了说出可应答之事。当一门语言把它所要表达的所有那些在其中被指定为说出可应答之事的表达式都说出来了，它就这样固定了可应答的方式的一个范围。（无论如何，这都是纯粹的观念。）要成为一个命题，就是成为可应答的（或一个可应答的表征）；就是可评价其真。所以，语言已经固定了一个命题可能是的东西：以那一系列方式中的某一种方式是可应答的东西；正是以恰恰是那些面向世界的方式是可应答的方式可应答。这将是对可应答性，因而也是对一个命题可能是什么的一种理解。现在，命题变量可以从所有正是以那种方式、从那种理解来看是可应答的事物中取值。

但是，一门语言能否可以在这方面为所欲为呢？假设有一门语言——"翰语"，决定"香草"应该讲香草的味道，"草莓"讲草莓的味道，"好于"讲好于，这些东西要按通常的方式组成，而且，"香草好于草莓"是用来表达可应答的立场。这是否表明了可应答性或许是怎么一回事？还是说有什么事出了问题？一个人在说香草好于草莓时，**不可能**是在表达一种可应答的立场——可应答性的概念根本就把这种东西排除在外，这难道不是一个明显的事实吗？

如果是这样，那就得是可应答性**这一**概念（命题概念也是）在做排除的工作，而不仅仅是某种对其可接纳的理解之下的可应答性。因为后者缺乏必要的权威性。

认为香草好于草莓不是一种作为可应答性的方式,这得是对可应答性的所有可能理解中共有的东西,就像(人们可能仍然希望)逻辑法则在**每个**关于命题的概念上都约束所有命题一样。但在《哲学语法》中,维特根斯坦表示,这不能是这样。他说:

> 人们当然不能说,一个命题是可用真或假来谓述的任何东西,仿佛人们可以将符号和"真"和"假"这些词放在一起,通过实验来看结果是否讲得通。因为仅当"真"和"假"已经有了确定的意义时,才可以通过这种实验确定些什么,而仅当它们能够从中出现的语境已经确定下来时,它们才可能有意义。(§79)

真与**假**的概念容许多种理解。如果我们采纳《哲学语法》中对命题变量的说明,它们就必须如此。那些概念就其本身,独立于任何这样的(我们在这里被告知的)特殊理解,并没有足够的内容来支配一门语言在当前方面可以做什么、不能做什么。当然,给定此处的一种特殊理解在于什么,没有对于为真的特殊理解可以支配某种其他语言(一个没有以刚才描述的方式形成这种特殊理解的语言)可以做什么或不可以做什么。所以,至少目前来看,答案似乎是,在设定作为可应答的方式时,一门语言可以做什么并无限制:它提供了它所提供的方式;这些方式,根据这一事实,无论它是如何做的,实际上都是可应答的**方式**(至少在可应答性所容许的**某种**理解上)。

在《哲学研究》中,这一点有细微差别。在第136节中出现了这样的观点,即真本身不能施加一种标准,使语言在决定它的一种可应答的方式应当是什么时必须遵守。在那一节中,同时出现的还有这一想法,除真之外的某种东西可能会对一门语言因而可以做的事情施加某种限制:

> "真"和"假"这些词的用法可能……从属于我们的"命题"概念,但并不与之相匹配。就像我们会说,将军从**属于**我们象棋中的王的概念……要说将军与我们的卒概念不匹配,就意味着,在一个游戏中,卒也可以被将军,或者说,谁丢了卒谁就输了,这样一个游戏会是无聊,或者愚蠢,或者太过复杂的,或诸如此类。

它可能是一个人如何以一种特定的方式面向事物之所是来看待事物的一部分,一个人不仅把世界看成是如此这般的;而且一个人在如此看待事物时,把自己看作对于事物如何是可应答的。在讲给定的话时,一个人不仅可以说事物是如此这般的，还可以将自己表征为因而说了一些对于事物如何是可应答的东西；可评价其真。那可能就是当希德说"日内瓦湖是蓝色的"时，他，因而他的话，所承载的那种理解。将某物表征为如此，从不会就这一事实本身使其如此。在这种情况下，仅仅将其自身表征为是在这样做，对于表达一种可应答的立场来说是不够的。我们并没有放弃这个想法。不过，我们还是可以理解希德至少致力于成为可应答的——至少部分原因是因为他讲汉语，而这正是他所使用的语词在汉语中的用途（或之一）；部分原因是因为我们确实自然而然地认为，在说日内瓦湖是蓝色的时，有一些事情是可应答的。

给定所有这些，希德怎么可能最终没有表达出一个可应答的立场呢？对于希德，最好的情况会是：如果我们假定他做了他致力于去做的事情，一切就都顺理成章。我们知道如何将他的立场视为可应答的。我们知道，在有利的情况下，什么会敲定它。至于何时事情会如他所说，什么时候不会，我们达成了，或可以达成普遍的共识。事物所是的方式中没有什么迫使我们放弃这些想法。给定这一点，**没有什么**能表明希德的立场不是可应答的。对于希德，最坏的情况是，事情无可挽回地与顺利渐行渐远。我们要把他的话当作是在做它们致力于去做的事，即作为可应答的，这太愚蠢了，或者说太复杂了，等等。对于我们，假设事物所是的方式，或者假设人们可能遇到的任何方式会是（或不是）事情之如希德所说的那样，毫无意义，或者说意义不大。我们无法成功地把希德的立场当作可应答的（正如或许，我们无法成功地把香草好于草莓的立场当作可应答的）。在这种最坏的情况下，希德没能表达出一个可应答的立场。但问题是，只有这样的考虑，而不是对这样的真是什么的考虑，才能表明这一点。

在《哲学语法》和《哲学研究》中，维特根斯坦以稍有不同的方式提出了对语言所享有的这种巨大的自由度的担忧。他对这一点的回应与第 136 节中的回应异曲同工。《哲学研究》和《哲学语法》的相关段落非常接近，我在这里各取一半：

> 如果命题被构想为它所描述之事态的一幅图像，并且……被认为展现了被宣称的事态的可能性……它所能做的至多仍然只是一幅画作或浮雕所能做的事情；因此，它……无法表明并非如此之事。（《哲学语法》，§80）

> 因此，什么被叫作（逻辑上）可能的、什么不是，全然取决于我们的语法吗？——"可它完全是专断的！"——它是专断的吗？——并非每个像句子的构造我们都知道能拿它做些什么；并非每项技能都在我们的生活中有其用武之地。（《哲学研究》，§520）

这里问题的形式是这样的。一门语言告诉我们，某些事情是可设想的；至少在这个意义上，事物要么可能是、要么在最坏的情况下不是的方式。这样做告诉我们的不外乎是某些东西是命题。因为如果有一个命题意思是日内瓦湖是蓝色的，那么（我们将在第 6 讲中看到）事情之为如此以应答它，就叫作日内瓦湖是蓝色的。所以，那就是事物可能是的一种方式，或者在最坏的情况下不是的一种方式。可是，一门**语言**何以决定什么是可设想的，或者用维特根斯坦的话说，是可能的呢？假设在理解可能性上有那么大的自由度，肯定是很离谱的。

回应是，一门语言在这里不可能完全为所欲为。但为什么不能呢？因为一门语言如果什么都想做，很可能就会变成一种**我们**无法使用的语言。给**我们**一些用来表达可应答的立场的句子，比如"香草好于草莓"，我们就会茫然失措。我们何时应当使用这些东西？在何种场景下？我们应当对它们做出何种反应（与此同时承认它们所致力于做的）？我们何时应当相信，或者不相信一个告诉我们这些话的人？假设我们相信他。那么我们应当怎么做呢？如果香草确实好于草莓，我们该如何对待世界的这一配得呢？等等，等等。那种语言会配得上我们的忽视。

但这意味着什么呢？我们的出发点是这样一幅图像，在其中，真这个概念本身，或者说可应答性的概念，本身就决定了一个可应答的立场可能是什么；也就是一个可能性可能是什么。不管别的，如果什么是、什么不是命题是由这样的东西决定的，那它将是由独立于任何思考者的心理而成立的事实所决定的。其实，对于弗雷格而言，真本身所要求的事实，是要独立于**一切**而成立的事实，这一点我们将会看到。原先的那幅图像已经被这样一幅图像所取代，在其中，一个可应答的立场可能是什么，以及一种可能性因而可能是什么，都是由**我们**对作为可应答的理解或诸种理解所决定的。这是由全然偏狭的东西决定的。所以，这一新的图像是：我们的偏狭能力使**我们**有某些方式来成为对事物之所是是**可应答的**；由此可用的是建立在**我们**对可应答性会是什么的偏狭理解上的可应答性——而不是一种根本上作为一个思考者的一部分的理解。事实上，在维特根斯坦改变了的观点中，似乎并没有这样的非偏狭的理解。这一新图景可能看起来彻头彻尾地不令人满意。这种不满将会是一个一直延续到第 5 讲的话题。无论如何，这里对大图景的重审是彻底的。

3.2 弗雷格

《哲学语法》已经与弗雷格的观点相去甚远。或许弗雷格的观点中最核心的思想是，逻辑法则的真不取决于**任何东西**。根本不存在事物之是别的样子（在维特根斯坦的图景中，不存在外部）。这并不自动与《哲学语法》对偏狭者的援引相悖：就目前所说的一切而言，偏狭者可能（用不合时宜的话说）睁开思考者的眼睛，看到其真不取决于任何东西的思想。

这第一个想法与第二个相关的想法相结合，便得出如下结论：逻辑法则是最普遍的真理之一。坚持这一点的部分理由在于这样一个好的想法：逻辑法则适用于所有思想的实例——无论我们思考什么，我们都受逻辑法则的约束。另一部分理由可能在于这一事实：一个最一般的真理什么也不**提及**——不提及单身汉，不提及硫黄，而且，不提及命题，也不提及真。人们可能由于这一理由而想要这一点：如果它确实提及了某些东西，那么其真就会取决于其所提及之物事实上如何，这将危及第一个想法。如果它提到了硫黄，这一点就很明显了。但它也可能因对命题的提及而被动摇。我们怎么能够确定没有命题可能刚好以在这方面有损逻辑的完整性的方式存在呢？［或许二十世纪哲学最重要的发展正在于处理了这何以**是**如此。对此，我们最受惠于希拉里·普特南（例如 Putnam 1962a，b）。］

一条逻辑法则什么都不提及。因此，希德是个浪子的思想根本不着边际。要想从中得到逻辑，我们就必须通过量化到它所占据的位置来删除对希德的提及。对于是一个浪子也同理。根据我们的做法，我们会得到这样的东西："某物是某物"或"一切是某物"或"某物是一切"等等。如果没有其他的提及因此而被抽象出来，我们至少会到达逻辑法则所在的领域。这就是说，一条逻辑法则除了其结构，没有别的东西使其为真。现在似乎会出现一个问题。如前两点所暗含的，逻辑法则是一种**思想**，也就是说，是一种真之承载者。因此，它必然对某些东西是可应答的。但是，如果它除了结构，没有别的东西使其为真，那么，它又能对什么作出应答呢？相应地，它除了结构之外什么都不是，又何以**承载**任何东西呢？（然而，在本质上，它**必须**承载一切思考。）

当我们反思一个思想或命题的结构化是怎么一回事时，答案就出来了。正如《哲学语法》所强调的，只有在语言中，某样东西才是一个命题。它只是作为一个系统中的一个元素，才是一个命题。某物要成为思想的一个**元素**，就要成为一系列思想共有的东西。两个要素要结构化地出现，每个要素就要与它在其中出现的那个思想系列以不同的方式相关联。如果在希德是个浪子这一思想中，有一个元素使之关于希德，而另一个元素使之关于是一个浪子，那么就会有诸如麦克斯是个浪子、莱斯是个浪子等，以及诸如希德是个隐士、希德哼哼叫等思想。如果这些元素在希德是个浪子的思想中以结构化的方式相关联，那么这就反映了第一个思想系列中的共同**之处**与第二个思想系列中的共同之处的不同。

如果我们现在假设一个思想（命题）**本质上**是结构化的——也就是说，有一些结构是**它的**——那将意味着有一些思想系列，因而有一个系统，这些思想系列本质上属于这个系统。其要素，以及它们在其中的结构化，标识出了系统中从它们到系统中与其有（某些）共同结构的其他成员的路径。这些路径，以及其他从结构上定义的路径，赋予系统以一种结构。因此，我们可以说：每一个思想，通过它的结构，从其自身的观点反映出了其所属系统的结构。考虑到莱布尼茨式的回响，我将称之为表征单子论。

认为结构对于一个命题至关重要的想法是《逻辑哲学论》的核心。维特根斯坦在 1930 年 1 月就持有这种观点。它仍然是《哲学语法》中观点的一部分。它包含在这样的想法中：对于一门**语言**，要给概念命题赋予内容，就要决定**其中**的命题应是什么；也即给它所承认的每一个命题在其中分配一个结构化的位置；维特根斯坦把这个位置（在上文中）比作运算中的一个位置（这个**位置**给命题以涵义）。正是在这一点上，《哲学语法》还没有完全转向《哲学研究》的观点。**命题**容许多种理解的问题仍然被当作一个孤立的情况，而不是维特根斯坦后来关于命名的一般观点的一个例证。因为如果可被命名的东西容许多种理解，那么一个命题的表达就不在**语言**中，而在对语言的使用中。当维特根斯坦完全领会到这一点的时候，刚刚所说的单子论就被摒弃了。它成为第 89—114 节所拒斥的幻象的一部分。眼下，这还只是铺垫。

如果说，每个思想都从其自己的观点反映了其所属系统的结构，那么，一条逻辑法则，如果是一个思想的话，尤为如此。这样的一条法则，作为存在的最一般的思想中的一员，反映了其所属系统的最一般性的结构。那将是（对）该系统之中所有思想的共有结构（的一种反映）。它将固定每个思想与每个其他思想的联结路径。在一个弗雷格式的观点之下，这就是逻辑法则是如何施加于思想的。这也是它们何以是可应答的。它们对那个系统的结构是可应答的。它们为真，即是这个系统事实上具有这一结构。为了使这里所说的是可识别的**逻辑**，我们现在需要回想一下逻辑的普遍性：**所有**思考都受其约束。如果逻辑以刚刚描述的方式起作用，那么仅当所有思想都只属于一个系统时，才会如此。如果应当只存在一个这样的系统是思想**是**什么的一部分，那么我们就有了弗雷格想要的逻辑的独立性。尽管，一方面，逻辑法则对于有些东西而言是可应答的——唯一系统的结构，另一方面，法则在系统中的位置意味着，没有事物在相关的方面是别的样子这样的事。

《哲学语法》的观点消解了这种弗雷格式的单子论——即便某种本质结构的概念仍然存在。其原因可能部分在于分配给偏狭的角色。如果如所指出的那样，偏狭决定了什么要被算作**可能**，那么任何逻辑法则怎么能够要求管辖**所有**思想呢？对于没有必要的偏狭的感性能力的思考者来说，难道不总是存在违反这些法则的可能余地吗？这当然一直是弗雷格的忧惧之一。而如果逻辑法则确实在某些给定的思想领域中成立,那岂不是取决于相关的思考者恰好具有的偏狭的感性能力？当然,可能存在展现了**我们**(人类)对可能性构想的法则。其真可能不取决于其他思考者可能是什么样的。但是,那么,其真难道不取决于**我们**是怎样的吗？这些担忧都得认真对待。

然而,其实,麻烦在这之前就已来临。核心的想法是：需要一门语言来使**命题**这一概念足够确定,才能使得这里**存在**一个命题系统;才会有属于它的这样一个东西。这**必定**意味着,不管别的,不存在**唯一**一个所有命题都属于它的系统——甚至都不是说有这样一个系统这回事是假的;而是一个系统这一概念本身必定没有意义。这就意味着,逻辑法则不能以弗雷格展望的方式对思想或命题产生作用。这不是那条可以去免除它们提到任何东西的途径;也就不是那条途径,来同时认为它们对某物是可应答的,而且,在它们的情况下,不存在这样的事物：就在它们对之应答的方面而言,它们是别的样子。从一个弗雷格式的视角来看,这确实似乎废除了逻辑。

本讲余下部分的主要任务,是朝向一种对于逻辑如何对其产生作用之物产生作用的新观点做工作。第二项任务将是平息对偏狭的忧惧。进行第一项任务,我想,已经会使偏狭看起来不那么可怕了。但在这方面会留下工作要做。事实上,这项工作要到第 5 讲结束时才能完成。最后再重复一次,我们迄今所关心的《哲学语法》中的观点,还不完全是《哲学研究》中的观点。我接下来要转向将其变成那种观点的转变。

3.3　完结的观点

《哲学语法》中的观点的骨架在《哲学研究》中得到了保留,只是以不同的方式得以充实。有两个最重要的变化。第一,现在来看,表达思想明确地**不是**句子的作用。汉语中"猪哼哼叫"的作用仍然是说猪是哼哼叫的东西。但在这样做时,没有一个单一的思想是它纯粹表达的。表达思想的作用如今被赋予句子在诸场合的个别使用。由此,在第 1 讲中发展而来的、更为复杂的逻辑作用概念现在必须起到重要的作用。第二,《哲学语法》赋予**语言**的角色现在被归于语言**游戏**。理解这第二个变化的第一步,是要看清语言游戏在由此分配给它们的角色中,是如何作为比较的对象来起作用的。正如维特根斯坦所说的：

在哲学中,我们经常拿语词的用法和有着固定规则的游戏和运算**作比较**,

但不能说某个使用语言的人**必定**在玩这样一种游戏。……逻辑并不在自然科学处理自然现象的意义上处理语言——或思想。（§81）

我们清晰而简单的语言游戏并不是为未来对语言的规整的预备研究——就好像它是忽略了摩擦力和空气阻力的第一步近似。语言游戏毋宁是作为**参照物**而设定的，意在通过不仅是相似性，而且通过不相似性来向关于我们语言的事实投下光照。（§130）

只有通过将这种模型呈现为其所是，作为参照物——可以说，作为标尺；而非实在**必定**与之相符的先入之见，我们才能避免我们的主张中的失当和空洞。（§131）

由此，新的图像是这样的。汉语使"猪哼哼叫"这句话用来把猪说成是哼哼叫的东西。一个对那个句子的个别使用，在把猪说成是哼哼叫的东西时，可能会表达一种或另一种思想。也就是说，它可能是可评估其真的。如果如此，那么那种用法就有可能与某些语言游戏有可比性。何种可比性呢？我们可以想出一种语言游戏，就像维特根斯坦在第 2 节和别处描述的人工游戏，由其规则构成。我的意思并不是说，仅当某事物具有规则时，它才算得上是一种语言游戏。毋宁说，具有规则的语言游戏，就目前的目的而言，是那种有趣的比较对象。阐明这种人工的语言游戏是什么的规则，由此为其中的举动规定了一个特定的正确性标准。这样一个针对某些个别规则的正确性标准，可能是某种语言——比如汉语——的类似发音的使用（比如"猪哼哼叫"）应当遵守的标准。如果如此，那么该游戏规则就模拟出了要使该用法是正确的，事情该是什么样子；以及它是何以对事物如何是可应答的。根据规则，以及根据世界碰巧如何，那个使用应该受制于那些规则的结论**可能**足以决定它是否**回应**了事物如何（由此，它是否为真）。抽象地讲，这就是一种比较一方面可能看上去的样子。语词的一个给定用法可能因而被许多游戏中的许多（因此被算作）举动所模拟。现在的要点是，逻辑运算与语言游戏一样，是比较的对象；而逻辑正是通过这样的比较，对我们所说和所想的东西产生影响。

皮娅说："希德哼哼叫。"希德是晚宴上的一位绅士，总是把他的生物噪声控制在最小范围内。另一方面，如果你痛打希德的太阳穴，他很可能会哼叫。我们应该如何评价皮娅说的话？想象一下人们可能玩的各种语言游戏吧。这里有一种两个玩家参与的游戏，我称他们为"女主人"和"助手"。在这个特定的游戏中，女主人可能会问："我们要不要邀请希德来吃晚饭？"助手可以走的一步是说："希德哼哼叫。"仅当希德在吃饭时经常发出哼哼唧唧的声音时，这一步（在这个游戏中）才是正确的——经常足以成为一个不邀请他的理由。下面是另一个游戏，我称之为"田鼠"游戏。它由两个玩家参与，分别叫"提问者"和"挑战者"。提问者叫出一个人的名字。挑战者必须说出某个这个人能做，而田鼠不能的事情。"＿＿哼哼叫"是回答的选项之一。如果被点名的人在某种理解下哼哼叫，而在这种理解下田鼠则不，那么这将是一步正确的举动。如果皮娅的发言被第一个游戏正确建模，那么她说的就是假话，如果被第二个游戏正确建模，则是真话。它被其中哪个正确建模了吗？假设皮娅**被**佐伊问，是否应该邀请希德，而以上是她（没有资格）的回应。那么，或许以第一种游戏的标准来要求她，而非第二种，才**是**合理的。正是这样的考虑决定了哪个游戏模仿了什么。

一个语言游戏现在取代了一门语言，为命题这一概念定下了一种理解——一种足够确定的理解，以之为准可以确定哪些东西是命题。在游戏中，受到真之评价的东西，就是按照由此固定的理解下的一个命题。就像在《哲学语法》中，对**命题**的不同理解，是对**真**这一概念的不同展开。所以，不同的游戏也模拟可应答性可能是的不同东西。皮娅在说"W"时表达了一个命题，就是因为她的话"W"被游戏正确地建模，在其之中，它们（或模拟它们的举动）是（对）命题（的表达）。

将这一角色归派给语言游戏，促使我们对第 136 节的想法作出某种阐释——就像人们可能简而言之的，外在于我们准备将之认作可应答的事物，并无**真正的**作为可应答的标准（是一个命题，承载真）：当在我们的理解之下把某物当作可应答的进展顺利时。有人受到诱惑对其进行一种颇为乏味的解读。根据这种解读，任何一个社群都可以对什么是命题、什么不是设定自己的标准，并据此调整自己的语言。如果某地的某个部落把普通感冒总是由巨魔、妖精或女巫引起作为根本原理，并认为在任何给定的情况下调查是哪种引起的都不会太愚蠢，那么，就这样吧：对他们来说，某次感冒是由巨魔、妖精或女巫引起的，有其事实。或者，同样，如果某个部落出资研究发现哪种甜点的味道真的是最好的，这样他们就可以从此省去吃其他任何甜点的麻烦，那就这样吧。

但是，如果希德对皮娅说"你的鞋在床下"，而她的鞋的后跟在床架的边缘伸出，那么，事情如希德所言，当且仅当对鞋在床下的理解是，伸出的鞋跟不会使鞋的存在落空，那就是对希德的话的合理理解——这些话应当被采取的理解方式。所以，如果**我们**相信希德是根据这样一种理解说鞋在床下，我们就向**自己**承诺这是理解他的话的合理方式。如果在我们看来，这不是合理的理解，那么，在我们看来，这就不是他说话时所依据的理解。同样，如果我们把皮娅在称希德为捕食者时表达了一个**命题**归于她，就是把皮娅的话当作被语言游戏正确建模，在其中，称某人为捕食者既是一步举动,也是一步要被当作一个命题的举动。我们向**自己**承诺皮娅表达了一个命题。如果按照我们的理解她并非如此,我们也就错误地向自己承诺。因此,第 136 节,透过语言游戏作为参照物的想法来看,无损于我们对那些当真认为小精灵躲藏在哪个蘑菇下有其事实的部落无动于衷的权利(至少按上述乏味的讲法)。

不过,《哲学研究》中的大量语言游戏确实体现了《哲学语法》中已有的想法,即可应答性概念有多重展开。J. L. 奥斯汀在这里抓住了这一关键洞见:

> 作出陈述的成功有不同的程度和维度:陈述总是或多或少地与事实相符,在不同的场合以不同的方式达到不同的意图和目的。(Austin 1950:130)

在任何可应答性的展开中,一条共同的线索是,可应答性是面向**世界**的;因此,世界——事物如其所是地存在——必定是一个可应答的立场是否已得到应答的重中之重。这与如下观点是相容的:对语词和世界之间的关系可能有不同的理解,凭借这种理解,它是重要的;不同的理解只对于何时就其是其所是而言,得出一个定论。希德告诉皮娅,他给她做了晚餐。如果用微波炉加热一些电视套餐,以使其充饥也算是做饭的话,那么他就做了。我们可能允许它是,或者不是。在你允许世界如希德所说的那样之前,你想对世界有什么要求?固定一个标准,然后根据它,可以肯定的是,世界和别的什么都没有得出一个定论。

只要事物所是的方式可被说成是容许多种理解的——就像根据维特根斯坦关于命名的观点,它们确实如此——原则上总会有这样的标准来去固定。为何称其为可应答性呢?嗯,它保留了或许是可应答性(以及真理)最关键的特征。应答(为真)是一种具有这些特征的正确性:第一,有些立场可能具有这种正确性;第二,一个以这种方式在对它的任何采取中正确的立场,在所有采取中都会是正确的。是这一立场,而不是对它的采取,是首先正确的。(我将在第 5 讲中展开这一思想。)假设由我们来决定,就希德的话而言,用微波炉热饭是否算作烹饪。不过,一旦我们作出决定,其范围将是对希德所言的任何立场的采取。当我们承诺希德说的是真话时,我们也因此承诺任何人只要说了他所说的话,说的都会是真话。如果,而且只要他所说的算是真的,那么它们所做的也是真的。这就标志着定论促成可应答性的职责已经以正确的方式被分割出来。

在《哲学研究》中,逻辑运算要被视为与语言游戏以相同的方式运作——在相同的意义上作为一个参照物。这个想法是这样的。首先,一种运算提供了其中的一组步骤,每个步骤都是一串符号(其合式的公式)。继而,它提供了一些规则,这些规则使得这些字符串的某些序列（且只有这些序列）可能是正确的。这些规则可以将这些序列中的某些序列确认为是证明。它们可以在证明的意义上使其中的某些步骤是正确的，就此打住。我们迄今所拥有的东西足以使一种运算成为一种语言游戏，尽管它如何应用于我们所说的东西——相关的参照是什么——会相当保持开放。不过，对于大多数为人所熟知的运算来说，就没有那么开放了。因为这些运算要被理解为有一个意旨的解释。（这与它们意在的模型论相对应，只要有的话。）例如，在标准的命题运算的情况下，某些符号要被理解为实际上是真值变量；其他符号则是逻辑常量：人们通过赋予它们真值来阐释变量（在这种阐释的意义上）；人们总是一视同仁地阐释常量（每个常量都是一个从真值到真值的指定函数）。

按照如此理解，在运算中，一个步骤（公式）表征了一种特殊的、思想**可能**表现出或被视作、或许正确地为了一个或另一个目的，所具有的结构。如此理解，有些公式就展现出一种结构，按照这种结构，一些如弗雷格所设想的逻辑法则将会是真的。这就是运算的特征可以表征逻辑法则的一种方式。还有一种方式。比如，在运算中，正确的步骤序列都是由保真的结构组成的，因为这些结构是由产生序列的规则所指定的；或者，更简单地说，所有的证明都是保真的（在逻辑最终表明所需要的无论任何意义上的"保真"）。于是，证明将表征从（可视为）展现出某些结构的思想到（可视为）展现出某些其他结构的思想的保真路径。于是，每个证明将表征一条贯穿共同展现出那种相关结构的思想系统的结构的路径。由此，每条路径都表征一种按照弗雷格式的构想，某些逻辑法则所意在反映的结构。

以这样的方式，一种运算可能会捕捉到一些逻辑的内容。使其这样做的阐释也使其成为一类更为特殊的语言游戏。它可能如此以作为参照物而起作用。如前所述，比照的通常原则适用。皮娅说："如果不下雨，我就去出海。"麦克斯说："如果你想吃薯片，我就去买。"希德说："你敢碰我的玻璃杯，我就打断你的鼻子。"有些这样的事情可能会被运算中的特定步骤正确地建模。这样的步骤的一些集合可能会被共同正确地建模，其中每个步骤都被某个给定的步骤所模拟。它们是否正确，可能取决于它们被如此建模的目的，以及关于这样做的场合的其他一些事实。如果它们正确，那么，一方面，这就搞定了一些问题：它们何时会为真。如果希德的话是由一个合取（在标准运算中）来模拟的，那么如果他的对话者不碰玻璃杯，希德的话就是假的。建模还可以预测一些事情：说其他的话是真（或假）。如果皮娅的话被一个标准运算中的"蕴含"正确地建模，那么无论她的"我就去出海"可被怎样理解，如果不下雨，或者无论她那么说该怎么理解，基于那种理解，那都应该使她说的"我就去出海"为真。所以，这样的建模可以是有用的。如果我们无论如何都能保证自己的某种建模是正确的,那么我们就可以转而用运算来检查关于那个被建模的东西的某些推论是不是好的推论。当然,我们必须始终对这样一个事实保持敏感:最终表明是正确的推论**可能**表明一开始的建模有问题。逻辑必须慎用。

由此,我们背离了弗雷格式的逻辑表达模型。按照弗雷格的构想,逻辑通过使个别的思想居于某个一切思想所属的系统来使个别的思想有意义。其法则通过它们对该系统结构的若干反映来有约束力。根据新的观点,逻辑通过详述某些使一个思想算是展现出来的结构,以及这些结构之间的关系,来使**思想**(因而使我们的思想)有意义。它使得我们所想和所说的给定事物有意义,正是因为这些事物出于这样那样的目的,被正确地(合理地)视为展现了逻辑表达的某些结构。至于任何给定的这种事物是否确实展现出某种给定的结构,以及何时会表现出这种结构,在这些问题上,**逻辑**是缄默的。事实上,除了在某些场合考虑某个给定的这种事物如何,我们对它的期待,以及我们准备用这个建模来做的事情是合理的,**没有什么**能决定这种问题。在**逻辑**中,没有任何理由不为不同的目的,或在不同的场合以不同的、互不相容的方式对同一论述进行建模。

3.4　单子论

在《哲学语法》中,一个命题依据其在某个命题系统——一种特别的语言中的位置取得涵义。它要占据这个位置,就要成为它所是的那个命题;它要还算成为一个命题,就要占据某个这样的位置。维特根斯坦告诉我们,一个命题是一个指示物的众多位置之一(《哲学语法》,§84)。最后一个想法,即一个命题的意义与反面有关——与它要被当作排除的其他可能性有关——在《哲学研究》中仍然确有其位。但是,正如在考虑弗雷格对思想单子论的依赖时已经说过的,一个命题要成为一个系统中的要素,就要本质上是结构化的。而这种本质结构的观念在《哲学研究》中被正面否定了。正如我们将要看到的,它正是维特根斯坦在第96节中所指出的幻象的一部分。为了理解这里的变化是什么,我们需要更仔细地看一看,说一个思想是本质上结构化的到底什么意思,以及在这样假设时假定了什么。

本质结构是这样的想法:每个思想或命题都以一种独特的方式分解为一些元素集。这些元素中的每一个都在其中发挥着确定的逻辑作用。每个元素都通过整体的特定结构与其他元素相关联,其中这种结构是由系统产生的规则所强加的。(这里的模型可能是一个运算的形成规则在生成公式时对其公式施加结构的方式。)这里的结构是元素的结构化。对于每个思想,都有一个将其辨识为它所是的那个思想的结构。任何以不同的方式结构化的东西,都会因而成为不同的思想。

为何一个思想要在此意义上是本质上结构化的呢？核心想法在《逻辑哲学论》和后来的著述中表述如下：

> 命题的本质特征是，它是一幅图画，且具有复合性。（1930 年 1 月的谈话）（Waismann 1979：89）

> 对象对应到图画上，是图画中的元素。（《逻辑哲学论》§2.13）

> 图画在于这一事实：其元素以一种确定的方式相互结合。（§2.14）

> 元素以一定的方式相互结合，表征了事物如此相互结合。

> 图画中元素的这种关联被称作其结构，这种结构的可能性被称作图画的表征形式。（§2.15）

抽象地说，这里的想法是，一个思想或命题在如其所是地表征事物时，利用了其所具有的某种结构：其表征事物的方式即是将其表征为是**如此**构造的。顺着这个想法继续往下，这样做对于把任何事物表征为如此是**本质性**的。因为把任何事物表征为如此，就是把是其所是的事物（世界）中的个别元素表征为以一种特定的方式被构造。要做到这一点，你必须把这些元素中的每一个都表征为被表示为如此这般的那个元素；你就必须把它们表征为是如此构造的。（但不能通过把这种结构表征为一些进而被表征为如此这般的元素，以免落入循环。）

每个命题都必须利用**一定的**结构来如其所是地表征事物。偏偏不利用那个结构，它就无法恰好将**其**表征为如此。它如此利用的结构是一个它所**具有**的结构。因此，那种结构必须进而对于其作为其所是那个命题是本质性的。正是借由那个结构它才得以辨识。所以，它必须只由那些要素、以这样的方式构成。一个以不同的方式构成的命题将不得不是一个不同的命题。这里还有第二点要说明。考虑一下，当一个给定的命题为真时——比如说，薯片在橱柜里——什么是如此。那就是命题表征为如此的东西。一个命题或任何表征，只有凭借其构造与该命题本质上所是的相同，才能够恰好将**其**表征为如此。所以，橱柜里有薯片，是某种需要一个给定的结构才能表征为如此的东西。在这种意义上，**它**，世界的一个方面，本质上是结构化的。对于可被表征为如此的、是其所是的事物的任何一个方面来说，亦是如此。所以，按照这个观点，世界本质上是结构化的。结构有一个属，我们可以称之为**概念性的**,而这个属之下又有两个种:表征性的结构,例如一个命题的结构,以及世界性的概念结构。

利用形式来表征的想法,以一种过度简化的形式,可以用画画的方式来模拟。我可以画出橱柜里东西的排列方式。在我的画中,有一个底层架子的图像,其中左侧是一些杜松子酒瓶的图像,右侧是一些奎宁水瓶的图像。中间的架子上是薯片的图像,右侧是一些坚果的图像。我的画将杜松子酒放在最下面的架子上,在奎宁水的左侧,而薯片则放在中间的架子上,在坚果的左侧。因此,它利用了结构。此处的想法是:这样的一些利用对于任何对事物如何的表征都是必不可少的。我们在这儿也看到了结构这一相关概念得是多么抽象。你可能只需在页面的左边空白处画出一排图像,就能画出橱柜里的东西的排布:杜松子酒的图像、奎宁水的图像、薯片的图像、坚果的图像。你只需要让这一点得到理解:上面的图像表征了占据底层左边的东西,下一个图像表征了底层右边的东西,以此类推。你的画的物理结构可能会被应用在表征的各种方式中。但是,如果你真的像我这样表征,那么,在相关的结构的意义上,你的画的(本质上的)(表征)结构将和我的画一样。

在维特根斯坦那里,(相当正确的是)一个命题中的**本质**结构的观念与另一个观念是相辅相成的:一个命题**具有**结构,仅当这个结构反映了该命题所属的一个系统的结构。这就是《哲学语法》的观点:一个命题从它在某个语言所是的系统中的位置中获得涵义,或者,正如他说的那样,从它在一个运算中的位置中获得涵义。我将此称为维特根斯坦的反映原则。在 1930 年 1 月与石里克和魏斯曼的一次谈话中,他把它表述为:

> 这一一般性的问题应当以这种形式被问出:命题"Ψa"是否预设了其他同类命题,例如"Ψb"?

> 如果只有"Ψa"这个命题,而没有"Ψb",那么提到"a"就会是多余的。只写"Ψ"就够了。……如果"Ψa"被当成是一个命题,那么也一定有一个命题"Ψb",也就是说,"Ψ( )"的自变量构成一个系统。……

> 但"Ψb"是否也预设"Ψa"呢?断然是的。因为同样的考虑告诉我们:如果对于"a"只有单一的函数"Ψ",那么它就是多余的,你可以省略不写。命题符号将会是简单的,而非复合的。(Waismann 1979:89-90)

这个想法的一个重要部分在《逻辑哲学论》中:

如果一个符号不被需要，那么它就没有意义。这就是奥卡姆剃刀的意义。

（如果符号使用中的一切都作用得仿佛符号有意义一样，那么它就有意义）。（§3.328）

奥卡姆剃刀当然不是一个武断的规则，也不是一个因其实践上的成功而被证成的规则。它只是说，在符号使用中不必要的元素毫无意义。

用于同一个目的的符号是逻辑上等价的，不用于任何目的的符号是逻辑上无意义的。（§5.47321）

因此，一个命题要想如其所是地结构化，就要属于它所属的系统——就要正好承载它与该系统中的其他命题（说某事的其他可能性）的那些关系。如果在《哲学语法》中，一个命题所属的系统只是众多语言中的一种，那么不同语言中的命题其实并不共享结构。所以，不同的语言依据事实将不同的事物表征为如此。这标志着想要放弃本质结构这一概念的一个理由。《哲学研究》中赋予语言游戏的那种作用，决定了没有一个命题所属的**唯一**系统这样的东西。所以我们**必须**放弃本质结构的概念。

但如何做到？朝向它迈出的可疑的一步到底在哪里？考虑一下约翰·麦克道尔的这句完全无害的评论：

比如，人们可以想，春天已经开始了，而正是春天已经开始了这同一件事，就可以是事实。（McDowell 1994：27）

在这儿，麦克道尔辨识出了某种可以去想的东西：春天已经开始了。这就是根据某个想这事的人来说如此之事。而那个被如此想到的东西——春天已经开始了——可能就是如此。这体现了一种非常自然的，事实上，有时是强制性的，计数所思之物的方式——根据某个想到这些的人来说什么是如此，或者说，简而言之，根据事物来说什么是如此。如果结构在表征事物时发挥了《逻辑哲学论》赋予它的作用，那么，本质上结构化的思想仍然要根据它们来说什么是如此来计数：具有不同本质结构的思想，相应地，会有不同的事物根据它们来说是如此。但是，如果结构不需要发挥这种作用，那么我们就是在进行危险的重复计数。在坚持思想本质上是结构化的时，我们是在坚持两种不同的计数思想的方式：根据它们来说什么如此；按照思想的本质结构。这就为这两种计数方式可能不一致的思想留下了余地。从《哲学研究》的视角，我们可以这样来检查这种怀疑。我们只需要检查我们准备承认说的或想的是同一件事就可以了。《哲学研究》的逻辑观取决于由此得出的关于同样的说（和同样的想）的观点。也就是说，它取决于对于同样的说的一种不同于从《逻辑哲学论》到《哲学语法》中的假定的构想和看法。这是理解维特根斯坦为什么会认为他在第 96 节中所铺陈的图像是一种幻象的一条线索。

3.5　反单子论

如果思想本质上是结构化的，那么任何思想都属于一个系统；任何两个结构上相关的思想都属于同一个系统。在这样一个系统中，可能存在结构上定义的保真路径，或者也许是树：一旦真达到路径（或树）的更高处，它同样会向下传递。这表明了一种对蕴含的构想（严格地说）。它在《逻辑哲学论》中得到了表述：

> 一个命题之真从其他命题之真中得出，我们从命题的结构中可以看出。（§5.13）

> 如果一个命题之真从其他命题之真中得出，这一点就将其自身表现为这些命题的形式彼此之间的关系……这些关系是内在的，只要命题存在，由于这一事实，这些关系就存在。（§5.131）

> 命题的结构之间彼此处于内在关系中。（§5.2）

在一棵保真树上，较高处的事物如果是真的，就蕴含或者会蕴含较低处的事物。这就是严格意义上什么是蕴含。因此，一些思想蕴含另一些思想，就是有关系统的一个结构性的事实。既然思想**本质上**是结构性的，因而在系统中占据着它们本质上占据的位置，则如果 A 蕴含 B，那么就不存在事情在这方面是别的样子这种事。

这就是维特根斯坦关于蕴含究竟是什么，或者它当然可能是的东西的构想。这使他能够这样说：

> 逻辑不是一套理论，而是对世界的反映。

> 逻辑是超越的。（§6.13）

在《逻辑哲学论》中，逻辑反映了所有思想所属的那个系统的结构。因此，它反映了（例如）蕴含内在地成立的结构。因此，它反映了世界是如何着眼于（例如）蕴含而组合起来的。

当然，这种对蕴含的构想意味着，如果你站在白色地毯上，刚把你碗里的辣椒弄掉了，这并不蕴含现在白色地毯上有辣椒。《逻辑哲学论》坚持这一点。这就突出了一些上述蕴含概念中有利于上一节的单子论的东西，也就是说，反对当一个人按照根据它们来说什么如此来计数思想时，与按照具体的表征结构来计数时，是在以不同的方式计数。考虑一个例子。希德说："猪圈里有一头猪。"佐伊流着口水说："栏杆后面有行走的猪肉。"如果拒绝本质结构的想法，那么这就是一种人们可能想去计数，至少在某些场合下想去计数为把同一件事说了两次的东西——无疑第二次更有画面感。但是，很难说希德所说的和佐伊所说的，**无论如何都会相互蕴含**。可以想象，有一天，猪肉将移植在羊身上生长，就像柠檬可以通过嫁接在，比如说，橘子树上生长一样。可以想象，有一天猪会被培育成不能行走，或者未来的猪会有翅膀，会飞。如果发生了这样的一些事情，那么就会有在猪舍里的猪，却没有行走的猪肉，反之亦然。但是，根据现在对蕴含的构想，要么不存在 A 没能蕴含 B 的事情，要么 A 根本就不蕴含 B。所以，佐伊所说的并不蕴含希德所说的，反之亦然。既然一切事物都蕴含其自身，这就不可能是同一个说法。（正是由于这些原因，如果希德和佐伊说了同样的话，要允许同一个说法采取它会采取的形式的话，就必须使同一个说法成为一个场合敏感的问题。）

在这里，我们看到了《哲学研究》逻辑观的一些成果。根据那种观点，逻辑并不是对一个所有思想所属系统的一种反映。首先，没有这样一个系统。这一点在《哲学语法》中已经达到了。另一件事，也是更关键的一件事是：逻辑通过在参照物中发挥作用而适用于思想。当它们其中每个都被一个在相关的参照物中互相蕴含的举动建模时，希德说的话和佐伊所说的话算是互相蕴含。当然，蕴含是一个逻辑概念。如果他们每个人说的话确实算是如此，那么所有通常的规则都适用。特别是，如果希德说的话可能是假的，那么佐伊说的话也可能是假的，反之亦然。但所有对于希德说的话和佐伊说的话在某些场合可能算得上是被正确地如此建模的，而在其他场合则不算这一点上保持开放。这就是说，**逻辑无法决定它们可否算作互相蕴含**，即便给定存在它们没能互相蕴含这样的事情（就像在上面那个幻想的例子中）。这也就是说，如果 A 蕴含 B，那么就不存在**那**是另外的情况这样的事情，这种对蕴含的构想在《哲学研究》中根本不存在。

《哲学语法》已经放弃了所有思想（命题）都属于同一个系统的想法。尽管如此，一个命题可以是本质上结构化的。但这样一来，这种结构就必须由它在某种特定语言中的位置——无限多语言中的一种——所赋予。它是通过赋予命题概念以确定性的**一种**方式,而不是**那种**方式来被结构化的。这就提出了一个问题。考虑两种语言,L 和 M(在《哲学语法》的意义上,不管那是什么)。如果具有一种结构和在一门语言中占据一个位置是同一回事,那么 L 中的任何命题都不具有 M 中任何命题的结构,反之亦然。如果结构在表征中扮演着维特根斯坦在《逻辑哲学论》中赋予它的角色,那么 L 中的任何命题都不能如此表征 M 中的任何命题,反之亦然。(L 中的命题和 M 中的命题不是仅仅在表层结构上有差异,而是或许在"深层"的某处达成了一致,就像有人——欠考虑地——坚持认为法语和英语句子会如此,如果我们是在说表征结构的话。在《哲学语法》中,一个命题的结构就**是**它在给定语言中的位置。它**不可能**与来自不同语言的命题共享它。)问题在于,如果接受《哲学语法》的观点,我们是否想把可能被说成是或不是如此——因此可能**是**或不是如此——的东西算作是现在所必须的那样?

　　回想一下那个《逻辑哲学论》中的角色的重要性:仅当结构确实发挥了这个作用,按结构来计数命题和按照根据它们什么如此来计数命题,才会得出同样的结果。所以,只有在那个逻辑哲学论式的观念在起作用的情况下,我们才能抵制一种关于相同说法的看法,这种看法容许希德和佐伊说了同样的事情。只有在这种观念起作用的情况下,我们才有权主张《逻辑哲学论》关于蕴含的观点。所以这里提出的问题是非常重要的。尽管我只能推测,或许它有助于把维特根斯坦从《哲学语法》推向《哲学研究》。我们应该怎么说呢?

　　在《哲学研究》中,维特根斯坦拒斥了本质结构的想法,从而选择了上文在第19—20 节和第 60—64 节中所示意的另一种关于相同说法的看法。在第一处,讨论的是第 2 节游戏中的"石板!"是否应当算作"给我拿一块石板!"的缩写,或者说后者是"石板!"的扩写。哪个显露出的是真实的表征形式? 答案是两者都不是。对于所提出的问题,没有正确的答案(或许,除了在某些情况下,我们对于事物是这样或那样的会有一些非常特殊的理解)。在第二处,他说:

　　　　"但你总不会否认(a)中的某个特定的命令和(b)中的某个特定的命令意
　　　　义相同吧"……——当然,我也应该说(a)中的某个特定的命令和(b)中的某个
　　　　特定的命令意义相同;或者,如我前面表述的那样:它们所达到的是一样的。
　　　　而这意味着,如果有人展示给我(a)中的一个命令并问:(b)中的哪个命令与
　　　　它意义相同?……我会给出如此这般的回答。但这并不是说我们对于"具有
　　　　相同的意义"或"达到相同的效果"这些表达的用法达成了普遍的一致。
　　　　(§61)

相同说法的概念，就像根据《哲学语法》的**命题**概念一样，就其本身是不够确定的，无法确定外延。并不存在那些是和不是的对子，单纯地是相同说法的实例。相反，我们只有在某些特殊的、局部的、对于相同说法的理解——诸多理解中的一种——已经固定下来的情况下，才能可理解地谈论相同说法。

　　这就是那个观点。有什么能支持它呢？有一点直截了当，就是我们确实有这样一个关于相同说法的构想，工作状态良好。（尽管只有在认识到它对应用场合的敏感性时，它才会显出良好的工作状态。）根据这个运作良好的概念，相同说法并不要求说法相同者处于任何类似于《逻辑哲学论》所设想的那种严格的蕴含关系中。佐伊发表了她关于行走的猪肉的言论。皮娅回答说："希德也是这么说的。"佐伊抗议说："不，他没有。他说的是猪圈里有一头**猪**，而不是说那里有行走的猪肉。"只有在特殊的（这里是反常的）情况下，佐伊的抗议才能算作对皮娅所说的话作出了质疑，甚至是严肃的反对。在正确的环境中，猪圈里的一头猪可能算是一回事，而那里行走的猪肉则是另一回事。在这些情况下，针对各行其是的情况的信息——例如，在那里，行走的猪肉可能不是一头猪——我们会作出实质上不同的事情。佐伊和皮娅说话的情况则不是这样。例如，它们不是那些有某种方式可能（算作）有行走的猪肉，但没有猪的情况。这个日常的概念在任何地方都可以供我们使用，只要它能满足我们的目的——就如逻辑哲学论式的蕴含概念最终瓦解，它肯定会如此，如果我们无权获得关于思想的单一系统概念，它就会如此。

　　事实上，维特根斯坦关于命名及其限度的最初观点如果成立，那么我们确实需要这个概念。因为，人们可以用同样的方式说，某人对于某种特殊的理解所说的话是如此这般的，仅当相同的理解对于如下这一点是可行的时：这个人所说的话可以在给定的情况下承载事情可能并非如此。而且，给定这一情况，按照特殊的理解说话才是规则。麦克斯正当着皮娅的面在和希德的医生谈话。希德病了。医生不知道得了什么病。一场奇怪的疾病肆虐整个大陆。它使病患无法哼叫（即便太阳穴受到重击或其他类似的打击）。疫情期间，麦克斯最近目睹了希德受到这样的打击（来自麦克斯本人）。他因此向医生保证，希德（仍然）能哼叫。后来，皮娅和佐伊正在计划一个聚会。佐伊想邀请希德。皮娅则宁愿希德不来：他知道的太多了。所以，为了打消佐伊的念头，她说："麦克斯说希德会哼哼叫。"被给定的是，人们不会想让一个哼哼唧唧的人参加聚会。这会毁了晚餐。所以，这当然不利于邀请希德。但是，由其这样做的事实，同时也误传了希德的话。诚然，麦克斯形容希德是个哼哼唧唧的人；但并不是在那种理解上是。也就是说，不是在皮娅和佐伊的计划中，当说某人哼哼唧唧时，所会有的理解。假设不管出于什么原因，皮娅确实想把麦克斯说的话告诉佐伊，并且想通过赋予希德（在"说"这个算子里面）与麦克斯相同的条件来做到这一点。那么她就必须用其他的话来做；比如"希德没有失去哼叫的正常人类能力"。这一效果根本上要想达成，这样的事情必须算作相同的说法。若非如此，我们的生活就会大乱。

如果我们摒弃可用的相同说法的日常概念，我们的生活还会更加混乱。你想看看一个学生是否理解弗雷格。于是，你让她给你讲，比如说，弗雷格对于概念和函数的同一有什么说法。令你惊奇的是，她一字不差地背诵了《函项与概念》(Funktion und Begriff)一文的相关段落。一场令人咋舌的表演。但这不是你想听到的。你希望听到的是对弗雷格所说的话的复述，用她自己的话。这样才能显示出她的理解。但除了现在谈到的那个相同说法的日常概念，没有这样的东西是可行的。同样，考虑写一篇文章。你刚才说，比如说，如实地意指并不就是如此表征。**你确实**是这么说的。但现在，翻看你写的东西，你想到它有可能被误解，或者无论如何，它的正确解读，或真正的含义，并没有跃然纸上。所以你再试一次。你想做的是说出你实际说过的话（因为你确实说对了），但要让预期的读者感到豁然开朗。而这，当然，如果我们被剥夺了日常的相同说法的概念，你是做不到的。

第三，是《哲学语法》提出的问题。如果如《哲学语法》所说，一门语言固定了对命题的理解，如果英语和德语是（不同的）语言，如果翻译保留了被说成是如此的东西，那么就没有翻译。这就是说：如果要说同一事物如此（就像在《逻辑哲学论》中），就需要表征结构的同一性（大体上是说相同的概念应用于相同的事物），如果德语和英语是相关的不同语言，那么如果我用德语说某一事物如此，你就不能用英语告诉别人我说的是什么。这是《逻辑哲学论》（严格）蕴含的高昂代价。那么，假设德语和英语并不是相关的不同语言：它们在许多方面都有不同，但在某个深的层次上——在语言给短语分配**表征**结构的层次上——它们是相同的。

让我们简要想想这会意味着什么。人类语言有句法。它是由一组原则组织起来的，根据这些原则，较大的短语以结构上确定的方式从较小的短语中产生出来。它有一个寄生在其句法上的语义结构——通过这个结构，（关于）较大短语的意义是由（关于）较小短语的意义来预测的。在人类语言中，句法有其服务的目的。首先，这些目的不是将如此这般表征为如此。相反，它们是为了使语言为人所用。通过掌握语言的句法，一个人可以辨别他从未遇到过的词串是不是该语言的格式良好的短语。所以，实际上，在学习汉语的过程中，我遇到了它的几种表征装置；在学会了它之后，我就有了无限多的表征手段供我支配。同样，语义结构的目的是让一个语言使用者看到，在他从未遇到过的许多短语中，至少有一系列事物是它们可能意指的，前提是他已经熟悉了它们的良构的部分。（和往常一样，习语除外。）一门语言以其特有方式完成其语法任务，所以，也完成其语义任务。人类语言以人类特有的方式完成这种任务。

由于句法和语义结构致力于实现与早期维特根斯坦所提出的表征结构不同的目标，所以它们本身并不是表征结构——虽然，在最巧合的宇宙偶然中，它们可能正好是其镜像，如果有这样一种东西可以去映现的话。所以，认为德语和英语在深层次上是同一种语言的想法，就是说它们不仅有句法和语义结构，还有另一种结构：表征结构。也就是说，比如说，对于每个德语句子来说，就当在说这句话的时候，德语中的一些东西固定了你是如何构造实在的；什么东西被说成是以什么方式存在。并且（为了允许德语和英语之间的相同说法），**这种**结构化可能与德语句法和语义所提供的德语短语的结构化任意远或任意近。要强调的是，现在有三种结构在起作用，每一种结构都致力于一种不同的功能（由之定义）——即使有些结构的特征恰好看起来很像其他结构的特征。相同说法现在会是一个表征结构的同一性问题。

我们确实在《逻辑哲学论》和另外一处地方找到了这种语言观：

> 语言掩盖了思想；因此，从衣服的外部形式，人们无法推知其所衣蔽的思想的形式，因为衣服的外部形式之所以是如此构造的，是出于与让身体的形式得以辨识完全不同的目的。（《逻辑哲学论》§4.002）

> 无论古今语言中的术语顺序如何，作者的精神都遵循着法语句法的教学顺序。（Diderot 1751：390）

> 我们用法语言说事物，因为我们的头脑被迫用我们所写的任何语言来思考它们。（Diderot 1751：371）

狄德罗就是维特根斯坦在《哲学语法》第 66 节提到，并在《哲学研究》第 366 节再次提到的"法国政治家"。维特根斯坦似乎是以不赞成的口吻提到狄德罗的，尽管他所不赞成的是他自己的逻辑哲学论式观点。如果我们的语言中确实存在如前所述的三类结构，那么狄德罗提出了一个非常好的问题，一个值得探究的问题。法语、德语、日语，谁的句法结构是表征结构最接近的镜像？在《哲学研究》中，这一关于第三个层次结构的观念已经消失了。句法和语义结构（比如说德语的结构）肯定是有的。它当然是我们在使用那种语言时表征事物的一种辅助手段。还有我们对语言所提供的表征装置的各种使用，以及这些使用（可理解地）唤醒的我们的期望。这就是全部。

不同的人类语言确实事实上为我们的表征目的,对供我们差遣的事物提供了不同的事物概念结构。举个很琐碎的例子,在葡萄牙语中,有三个词代表三种(不同种类的)瓷砖:telha(屋顶瓷砖)、ladrilho(地板砖,某些墙砖)、azulejo(墙砖)。如果有人用葡萄牙语告诉我,某公寓的地板用的是 ladrilhos,我可以用汉语说,他说的是:"公寓的地板是用瓷砖铺的。"对于大多数目的来说,有好的理由认为,这算得上是正确地报告他所说的是如何;是相关意义上的相同说法。如果翻译是可控的,那么最好如此。但是,假设我告诉一个葡萄牙人"这间公寓有瓷砖地板",假设有人怀疑是那个(假定的)做室内装修的疯子用 azulejos,或者更糟,用 telhas 铺了地板。那么,如果说葡萄牙语的人被另一个说葡萄牙语的人问到,我是否说过地板是用 ladrilhos 铺的,那么答案一定是否定的。我并没有说,在那个我原本如此翻译的句子中,同样的话会与一个人用葡萄牙语所说的一样。这就表现出了狄德罗的立场实在站不住脚的一个理由。这也表现出了我们日常的、场合敏感的、相同说法的概念是用来做什么的。

3.6 应用

第 2 节的游戏("石板!""石柱!"等)建模了它恰好建模的东西。在这方面它没有特别的抱负。如果皮娅对佐伊说"希德哼哼叫",那么第 2 节不太可能有任何有趣的方式来建模这个。这种缺乏应用的情况并没有什么后果。逻辑则不然。逻辑要对**所有**思想施加影响。(而且,我认为,不单单是思想,还有世界之所是的所有方式。)这其中既有积极的一面,也有消极的一面。从消极的方面看,对逻辑约束的任何违反都是不可容忍的。所以,凡是对给定话语或其给定局部的建模,如果正确就会导致这种违反,那么这种建模就是不正确的。从积极的方面看,逻辑应当总是能够显示出一些关于我们所说的任何真理,或我们陈述的事实所得出的东西。所以,如果逻辑对思想的影响是通过计算对思想或者其表达建模,那么就应当有某种方式使这种建模始终处于有利地位。通过这样的建模,应当总有某种方式在某个逻辑反映其结构的系统中定位任何真理或事实。在这一节,我将不会挑战这些观点中的任何一个。

至此,本讲已经发展了一个关于**命题**、**相同说法**以及其他概念的场合敏感性的想法。如迄今所展开的《哲学研究》对于逻辑之应用于思维的观点,从属于一个系统的概念本身即成为场合敏感的。这就是《哲学研究》背离《哲学语法》的主要方式。在此,我的直接目的是要看看如何根据这些场合敏感性来理解那些关于逻辑的普遍性和不可侵犯性的观念。

　　一次运算是一件结构敏感的事——一个琐屑的论点，因为它是用来运算的一种装置。一次逻辑运算由其对某些结构的兴趣以一种特殊的方式得到。正是通过这一点，它才有的放矢。我不想说一个运算**必须**是什么才算得上是逻辑的。不过，让我们把注意力局限在弗雷格心目中的逻辑上；事实上，在最简单的情况下，也就是命题逻辑。这个想法是：某些结构是从可应答性的想法本身流露出来的。如果 P 是一个可应答的立场，那么根据世界如何，它就是正确的或不正确的。这就预设了（思想是）世界可能是的两种方式。如果是某种方式，P 就是正确的；如果是另一种方式，P 就是不正确的。这就为另一种立场留下了余地：P* 是正确的，当且仅当世界是第二种方式。如果第一个立场有值（正确或不正确），那么第二个立场亦是如此；事实上，是相反的值。所以，一个值是另一个的函数。因此，P* 就是我们可以称之为 P 的否定的东西。这个想法是说，如果我们要使可应答性的概念有任何意义的话，就必须存在这样的东西。

　　一旦这两个值就位，我们就可以说：对于任何其他从真值，或一对，或三对，或其他什么，到一个真值的函数亦是如此。所以，对于任何一组命题，都会有一组命题与它们通过某些这样或其他的函数通过真值函数关联起来，从而以真值函数的方式将其作为元素构造起来。（对于在这儿出现的**任何命题**这个概念，我将在本节末尾再多说一点。）这样的真值函数结构至少例示了逻辑学所关心的那种东西；逻辑运算将会处理的那种结构。既然可应答性足以确保它们的存在，那么任何命题都必须在一些这样的结构中占据位置。这就是**逻辑**运算的可理解的据有之物。

　　同样，本节也不会挑战这些想法中的任何一个，不过，把对可应答性之本质这种构想表述如下并无坏处。在使 P 作为一个可应答性立场有意义的任何方式上，世界将有（然后算作）两种确定的存在方式，如上所述：任何因而算作事物以一种方式存在并由此算作并非以另一种方式存在的东西。这样，就会有因而算作某类通过真值函数相关联的事物。我们可以以这种方式让场合敏感性进入这幅图像，而不折损这一想法：事物有两种这样的方式对可应答性来说是本质性的等等。

　　如果把某样东西称作蕴含，就是许可对它用于逻辑关于蕴含的**所有**说法，那么，蕴含不是维特根斯坦在《逻辑哲学论》中所说的那样，还能是什么样呢？它怎么可能不只（或根本不）取决于它的项之间的结构性关系，而是实质上取决于这种结构中元素之间的（非逻辑）关系？如果这些是非逻辑的关系，那么，是否就不存在事物是别的样子这回事，即它们的不成立？如果如此，蕴含怎么可能是一种在它确实成立的地方无论如何都成立的关系呢？而如果它不是，那是不是说它不是真正的严格的蕴含，因为一种更严格的蕴含**是**可设想的？或许这就是维特根斯坦在这样说时，心怀忧虑的那种实例：

可逻辑现在变成什么了呢？其严格在这儿似乎消失了。——可这样一来逻辑难道不整个消失了吗？——因为逻辑怎能失去其严格呢？当然不是通过我们对其讨价还价。（§108）

通过看到如何不对其严格打折扣，我们可以更清楚地看到维特根斯坦在说"我们把从属于表征事物的方式的东西归属到事物身上了"（§104）时的意思。如果我们考虑一个实际上确实符合上述描述的情况，将有助于看到这一点。

在这里会有帮助的情况是事实意义的情况。如果猪衔着稻草走路，那么天就会下雨。如果皮娅睡着了，那么附近就没有猪。（它们的叫声会让她一直醒着。）第一个陈述为真（或者说，佛兰芒古老的农耕智慧是这么说的），因为天欲雨，才使得猪如此行走；猪当且仅当在天要下雨的时候才这样。这就是它们衔着的稻草的意思。（至少佛兰芒的猪是这样的。）事实意义与表征的区别这样看最明显：如果天不下雨，那么**这些**衔着稻草走路的猪就不意味着天要下雨。如果情况并不反常，那么衔着稻草走路的猪根本就不**意味着**天会下雨，虽然它可能还是一个很好的预兆。凡是在有这个意思的情况下，天就会下雨。这就是为什么我们在这里讲的是蕴含。看到稻草，对猪的自然历史有足够的了解，你就有了天要下雨的证据。对于皮娅和睡觉来说也一样。如果有猪（哑的，比如说），那么皮娅睡着不一定**总是**意味着没有猪；虽然有时可能会这样。

所以，在这里，我们有一个论述的领域——一个可以谈论的事物的领域。让我们把其中的某一组当作固定的——比如上面两个，或许还有更多。那么一般的命题演算就以明显的方式适用了。上面的第一个陈述可以用某个公式，比如说，P→Q 来建模，第二句话则可以用，比如说，R→S 来建模，把对你喜欢的任何其他事实，或者真理的建模套用进去，你就可以根据该算法自由地对这些东西进行运算。再加上也可能如此的东西：猪衔着稻草走**意味着**（当其发生时）天要下雨，你就得到了谓词运算的明显应用，例如，如果皮特的猪在莫尔衔着稻草走，那么莫尔就会下雨。说你还想让逻辑在这里作为参照物如何应用，我们将坚称它就是如此。

关于事实意义，还有更明显的事实；恰恰是那种引发上述关于背离纯粹结构关系的焦虑的事实。最明显的是，猪的自然历史可能与现在不同。如果如此，猪就会对即将到来的雨更加无动于衷。我们就不会有那个关于事实意义的事实。事实上，或许这只在佛兰德斯是个事实。如果摩拉维亚的猪没有这样的行为呢？在当前的语境中，这就进一步指出了关于事实意义的东西。一个给定的关于事实意义的事实，仅在对其有利的环境中成立。首先，可能有一些关于当地的猪的行为的事实，而这些事实并不是单单关于猪的行为的事实，如果我们设法改变猪的地域分布,那甚至不会是关于当地的猪的行为的事实。如果这是对的,那么,什么东西在事实上意味着什么也是一个场合敏感的问题——也就是说,对于在一个场合之下**说**什么意味着什么是敏感的。如果有人到处往猪嘴里粘稻草,猪衔着稻草就不意味着下雨。如果有人可能在这样做,那就不**意味**着下雨。不过,说有人可能在这样做是否为真,取决于那么说的场合。所以,说猪衔着稻草意味着下雨是否为真亦是如此。

当说猪衔着稻草意味着下雨非真时,逻辑就没有上述刚刚对其勾勒的那种应用。即便有时这样说是真的,但由于我们所处的环境,有时这样说也可能没能成真:由于在这种环境中,可能为真地说的、关于何物可能存在的东西;由于在说到我们在这样说时,我们届时所要理解的环境。有时(对它的某些说法),在陈述佛兰芒民间的说法时,奥斯特罗瓦的猪承载着对于所说之事的真,有时(对它的其他说法)则不承载。**那些**衔着稻草的猪有时算作意味着天要下雨,有时则不算。它们的这种意义有时算作它们如此意指的事实,有时则不算。当其作数时,逻辑关于蕴含的一切说法都适用于它。那么,逻辑的严格**丝毫没有**由它而打折扣。在其不适用之处,当然也没有折损。但是,如果逻辑关于蕴含的说法在不**存在**蕴含之处不适用,那么逻辑的严格也不会丧失。

假设,在某个给定的场合,我们想知道会不会下雨。我们已经看到了衔着稻草的猪。但在这个场合下,这不算是意味着会下雨。假设还有其他在其之中我们可以考虑这个问题的情况,而在这些情况下,衔着稻草的猪**会**算作意味着天要下雨。这一事实对于我们在我们的情况下可能得出的结论有何影响呢?支持**这一点**的原则并不属于蕴含的逻辑。决定这一点不是**逻辑**的唯一辖域。当然,如果我们知道有这样的场合,那么我们就会知道天会下雨,因为,如果天不下雨,即便在那个场合,衔着稻草的猪终究不可能算作意味着天会下雨。那么,我们就不会出现原来所说的情况了。所有**这些**,我们都可以在我们的场合领会到。但这并没有什么帮助。

这里的一个寓意是:人们不能任意选择在任何场合作出的陈述,并同时把逻辑应用在被选中的陈述上。人们不能总是把这样的任意选择当作一种话语、一种语言游戏——有资格被某个参照物模拟的东西。可以这么说,人们必须把逻辑只应用于逻辑上可比的东西——用之前的术语讲,只应用于有资格形成一个思想体系的东西。如果说人们不能总是这样做,那就等于批准了不可能有一个思想系统的观点。这就是说——如果我们能提出目前的观点的话——《哲学研究》使我们处于一个位置,以一种原则性的方式,看到为什么从《逻辑哲学论》的一个系统到《哲学语法》的许多系统的前进**一定**是正确的。

我们现在可以用一个熟悉的案例来表明这一点。希德去了弗记餐厅用餐。弗记的厨房出了名的反复无常：有些东西做得**很好**，但有些东西却让人大失所望。我很担心希德是否会喜欢他的饭菜。我听说他决定点一份炖野兔。好吧，那就好。弗记的野味很好吃。我可以这样说："如果希德点了炖野兔，那么他就会享受这顿饭。"我说的是实话。同时，在大都市的其他地方，皮娅和佐伊也在担心希德。皮娅认为，弗记的服务有点不稳定——事实上，鉴于经理对年轻面孔的执着，其服务绝对是不专业的。皮娅这样表达她的担心："假设一个服务员把汤洒在希德的腿上。如果服务员这样做，那么希德就不会享受他的饭菜了。"这也是真的。所以我们有两个真陈述。把它们放在一起，运用逻辑，就会得到这样的结果：没有服务员会把汤洒在希德的腿上。得知这一点，皮娅会深感欣慰。但从我们这里所知道的情况来看，真的是这样吗？当然不是。寓意是：我说了一件事来引出另一件事，并由此说了真理；皮娅说了一件事来引出另一件事，并由此说了真理。你可以运用逻辑把我说的东西建模为一个蕴含，逻辑上关于蕴含说的一切说法都因此而适用；你也可以对皮娅所说的话如法炮制。但你不能在一个建模内同时做到这两点。只有在没有任何陈述会承受皮娅的理解的情况下，我才能算是为真地陈述了一个蕴含。

这里有一个有趣的结果。维特根斯坦所探测到的命名中的限制，让我们把场合敏感的日常现象（几乎）信以为真。当我们这样做的时候，我们把这些稀松平常的现象看作意味着，不可能如弗雷格对逻辑的构想以及《逻辑哲学论》所坚持的那样有一个思想系统。问题并不是纯逻辑的——例如，存在"实在太多"命题，以至于无法形成一个涵盖"所有命题"的一致的域。不可能有一个单一的系统，因为逻辑并不适用于**任意**的陈述集。这不是对它的反思。它确实表明了一些关于逻辑的普遍性——它对每一个思想都有约束力——以及它的不可逆性——不可能从它那里讨价还价的严格性——事实上，这些都表现在逻辑对思想的实际应用中。

一点最终的评述。假设我们无法讲通一个包含所有思想或命题的单一领域的想法，不过，我还想说一些诸如"非矛盾律是真的"，以及对于其他逻辑原则的类似的话。直觉上，我可能因而说的是真理。但是，如果我说的是真理，那么，我的"非矛盾"等等是否一定要在某个范围内取值呢？不。有（至少现在）另一种方式来理解这样的量词。我所说的可能是陈述某种规则的一种方式。假设我需要告诉你如何用算式来模拟话语，我可能会说："永远不要用这样的方式来模拟任何陈述：它在运算中既被矛盾所模拟，又被模拟为真。"（我的规则可能只适用于应用标准运算的好规则，但这里可以悬置。）我已经给了你们一个可理解的指示，如果你们理解了这个指示，你们就能够在你们所有对话语运算的应用中跟进这个指示。其可理解性绝不取决于有一些命题或陈述的领域，它也就是**那个**它要被理解为在其中取值的范围。其可理解性不取决于对陈述或命题的任何特殊理解。你选择一个话语，你决定其中哪些东西是陈述，或命题，或对思想的表达。现在规则就适用了。如果说这里有任何取值范围的话，那只是你对逻辑的应用。你可以随心所欲地编造这个范围。我们在说诸如非矛盾律为真这样的话时想说的直观上正确的东西，可以理解为具有这种对于规则的陈述所具有的那种内容。按上面的解释，规则的可理解性绝不取决于变量有一个取值范围。一般意义上的规则亦是如此。因此，有一种方法可以理解一个变量（在使用上），而不是在某个范围内（或以致其确实在某个范围内）取值。

3.7 必然性

为什么在第 2 节描述的游戏中，当建筑师喊"石板！"时，拿一块石板是所要求的回应呢？没了那个规则就不是那个游戏了，除此之外这儿没什么可说的。对于为什么那个游戏包含那个规则，没有**解释**。对于该规则对于该游戏是**正确**的，没有证明。没有任何独立于该规则的东西可以让它是正确的。这条规则支配着这个游戏。游戏就是如此，不然它就不是那个游戏了。因此，在这里，没有事情之为别的样子这回事。我把这种必然性称为**人为的**。

一个逻辑运算充满了人为的必然性。例如，这儿的特拉维斯运算（一个众所周知的乏味运算）。其中有变量 P、Q 等（设想这些变量的取值非真即假），还有一个"常量""&"。一个变量就是一个良构的算式。如果 A 和 B 是良构的算式，那么 A&B 也是良构的算式（我在这儿不区分使用和提及）。有一个规则可以这样说：A,B⊢A&B。为什么这个规则能成立呢？好吧，如果它不成立，你根本就不会有特拉维斯运算。当然，这个运算可能仍然会在它的任务上落空。（其规则渴望在这样一个运算的标准理解上是保真的。）所以，该规则在具有人为的必然性的特拉维斯运算中是成立的。

弗雷格认为，逻辑法则带着人为的必然性成立。在反对"心理逻辑学家"时，他坚持认为，试图通过诉诸关于人类的心理事实来解释逻辑法则是自欺欺人的无稽之谈。人们无法用这种方式来解释；对他来说，这是一个更普遍的观点的特例：一个逻辑法则为何成立，**没有**解释（或许，除了诉诸其他逻辑法则）。逻辑的真是独立于其他一切事物之真的（Frege 1893：15）。但是，逻辑的目的并不仅仅是告诉我们在这样那样的运算中，什么是如此的——就目前所说的一切而言，我们可以自由地对这些运算感兴趣或不感兴趣。如果它是这样的，它就不会以它的方式对我们产生影响。例如，我可以说："我下周二必须做一次演讲。讲稿还没写。如果我今晚不从酒吧回来待在家里,我就没法发表演讲。"然后,我若无其事地前往酒吧,并或许说道:"根据逻辑,我要么待在家里,要么做不成我必须做的事。但那是逻辑——中产的工具。所以更糟糕的是它。"但逻辑对我的施加作用的方式并非如此。

那么,逻辑如何**能**带着人为的必然性成立呢?弗雷格的想法是,逻辑法则是真(或思想、判断,或可应答性)这一概念的**这种**展开。所以,正如没有陈述规则就没有特拉维斯运算一样,没有弗雷格心目中的那些对其成立的特定法则,就没有真或判断这样的东西。除非这些法则成立,否则它就不是,也永远也不可能是真理。然而,这呼吁的是对一个概念有理有据地弃置的构想,或者说是一个事物所是的方式(在这里则是成真的方式)。出于独立的理由,这种观念是不能成立的。所以,我们无论如何都需要一个对于逻辑的必然性所在之处的新观点。

保罗·费耶阿本德清晰地陈述——并采纳了——那个被弃置的对概念的构想(见 Feyerabend 1962)。它可以这样表述:对于任何候选概念,(是)F,有一组候选命题,如果真的有作为 F 这样一个东西(真的是这样一个概念),那么这些候选命题既是命题又是真的。如果有作为单身汉这样一回事,那么就有一个命题,大意是单身汉是男性,这个命题为真。用费耶阿本德的话说,每个概念都预设了某个理论,或者其作为一个概念有这样的预设。费耶阿本德把这一点与这样一个洞见结合起来,即这样的一个理论无需事实上为真。其真并不仅由某个可能的概念预设它这一事实而得到保证。证明真的有这样一个概念,你就会证明这个理论为真。但这可能只是意味着:要证明真的有这样一个概念,就要证明该理论为真。

主要是希拉里·普特南(Putnam 1962a,b)说明了为什么费耶阿本德由以开始的那个对概念的构想是不行的。(尽管维特根斯坦在基本点上与普特南的看法一致,在第 79 节可以最明确地看出)。普特南的洞见是这样的:任取(候选)概念——以作为 F 为例——以及(候选)命题集。为了更好地衡量,让这些命题是那些具有最好的主张,仅仅凭借作为 F 是什么而为真的命题;因此,如果真的存在作为 F 这样的东西,那么这些具有最好的主张、带着人为的必然性的命题就成立。并且,让这些主张是合理的主张——我们**可能**认可的主张,除非有足够的理由不认可。我们**可以**考虑,比如说,作为一个狐狸精,以及一个狐狸精就是一只母狐狸这一命题。那么就有这样一件事,即发现**那些**命题对于**作为** F 为假。与费耶阿本德相反,发现这些候选命题不可能是真命题(不可能对于任何东西为真),并不**一定**意味着它们不是命题,也不一定意味着不存在作为 F 这样的东西,它**可能**意味着我们关于作为 F 是什么想错了。

这儿的"发现"一词很重要。如果论及的命题,就其而言,对于作为 F 是什么有一个很好的主张——就像狐狸精是母狐狸的命题之于是一只狐狸精的情况下一样——那么，就必定有一些我们不知道，或没注意到的东西，使这个命题真正站不住脚。比如说，我们从来没有注意到，狐狸本身没有性别。比如说，那些随月相而变的变化。但它们本身确实有特征，这可能使它们本身看起来有性别——比如说，有些是雄性的，有些是雌性的。照看幼禽的是雌性的。所以，如果有狐狸精，如果狐狸精是狐狸的一种——而不仅仅是狐狸的阶段——那么，狐狸精是母狐狸就不对了，没有这种东西。普特南的观点，应用在这种情况下，应该是：而正确的结论可能是：有狐狸精——她们是母狐狸。

正如普特南一向承认的那样，人类的感性在固定这里什么是正确的方面起着明显的作用。正如我所想象的情况（省略细节），如果放弃存在狐狸精的想法，那就等于放弃了太多——比如说，所有那些樵夫，就会变成那些年来谈论子虚乌有之物的人。我们以为我们知道哪些是狐狸精；如果我们改变关于狐狸精是什么的想法，我们就可以坚持那个想法。而这一想法为何需要改变也是可以理解的——我们怎么会像那样被女色愚弄呢？所以，存在狐狸精，但它们不是母狐狸，是（可能是）唯一**合理**的结论——当然是在我们对**合理**的共同理解上。

普特南也一直承认，他关于概念的观点完全是一般性的。这就排除了弗雷格的逻辑观，至少如他似乎对其所理解的。你不能陈述一些命题集，并针对它们说：这些只是真理所是之物的一部分；所以在这些方面，没有事物是别的样子这回事。你不能么说，也就是说，如果你在对于"部分真理所是之物"和"没有这样的东西"的理解上这样说，那就排除了普特南的观点所提出的事物是别的样子的空间。对于所有这些，那些弗雷格会认作逻辑法则的命题，仍然可以**算作**具有人为必然性所赋予的那些核心特征。给定它们现在算作具有的地位（作为思想或被我们怀有），没有什么能算得上是对这样一个命题何以为真的解释，或许，除了另一个这样的命题。没有任何实验或调查可算作表明某个这样的命题是假的。没有任何事物的改变——比如说，我们大脑的化学结构的改变——都可算作使这样一个命题不再为真的。（其真不取决于**任何东西**，所以不取决于我们大脑的化学结构。）任何思想，或对思想的表达，如果算作这样一个法则的实例，就**必须**因而算作为真。任何算作是一个推论实例的从某个命题到另一个命题的推移，其有效性都反映在这样一个法则的真实性上，因此必须算作有效。所以，重要的是，对于任何这样算作法则的东西，**没有**任何思考者可算作违反它进行思考。凡是**任何**思考者（人类或火星人）算作思考法则所承载的东西之处，他都算作需要按照法则来思考，如果他要真正思考的话。最后，对于这样一个法则是虚假的会是怎样，我们不知道——无法形成任何真正融贯的理解。

所有这些(以及更多)都算得上是逻辑法则。这就是**逻辑法则**这个概念中固有的那种必然性。在此意义上,我们在那个概念中看到的,也正是弗雷格看到的。但有一个麻烦的词——"算作"。如果皮娅说希德哼哼叫,仅当在我们对**合理**共同(和偏狭)的理解上,那是对事情之所是的合理看法时,事情算是如她所言。某物要算作逻辑法则(比如,从一个合取中可以推出其每个合取支),就要是合理的(正确的)处理方式——在我们对合理和正确的共同理解上。所以,某物是否**算是**逻辑法则,似乎在某种程度上取决于我们作为人类的特异性——偏狭。这样一来,逻辑的严格性似乎又要打折扣了。

普特南的观点在概念空间中为真理(或可应答性)这一概念的其他可能的展开留下了余地——不仅是奥斯汀所设想的方式——如果皮娅说希德哼哼叫,我们可能视我们的目的,对世界的哪些配列会使事情变得如她所说的那样有不同的理解(我们可能会让她所说的东西服从于各种不同的这样的真理标准)——而且也是在弗雷格所关注的那个展开领域——反映由真是什么赋予思想的**推论**属性的命题。在概念空间中有这样的余地;这并不是说,就目前的情况而言,存在着某种我们知道如何去理解的特殊的其他可能的展开。当弗雷格抵制这种其他可能的展开的想法时,他所表达的忧惧是,其他存在者(或许是我们未来的自我,或者是某个遥远部落的成员)可能会**违背**我们所认可的法则来思考——例如,可能会将一些矛盾式思考为真。[这个观点的经典之作是《算术的基本定律》(Frege 1893)的导言。]我们至少可以看到,这种灾难目前还不太可能发生。

为了辅助思考,我将示意一种其他可能的展开方式。出于种种理由,其中有些已经提到,我将仅仅示意。一个命题将其所有的本质属性带入它被思考的所有语境中,这可以说是我们当前对命题这一概念的理解的一部分。如果这个命题具有真值,那么,在它可能出现的所有复合物中,它就被赋予其所具有的那个真值。而且,尤其是,对于任何可应答立场的总目,由对之它们是可应答之物而算作如此,总有另一个可应答的立场,对于所有总目是一举可应答的。如果我能思考希德哼哼叫,并且我也能思考橡树下有松露,那么我就能思考希德哼哼叫,并且橡树下有松露。在另一种展开之下,情况就不尽然了。可以说,一个立场可被原子式地应答,对于大致上我们觉得我们可以应答的:橡树下是否有松露,皮娅是否睡着了,希德是否点了炖野兔,等等。但一个立场不可能一举对这些事情的任意集可应答。(这种展开的细节将阐明在何处、如何,以及或许,为何不能。这些细节不在这一示意之内。)所以,具体地说,如果说 P 是真的,说 Q 是真的,那么说 P 和 Q 也不一定是真的。在这种展开中,合取引入并不完全像对我们那样不受限制地成立。(不过凡是给定的陈述被正确地模拟为一个话语的一部分,它仍然可能成立;所以,偏离终究可能不那么大。）

使这种东西可辨地成为对**可应答性**的另一种展开的东西，正是在维特根斯坦的论述中，可能使一些新的数学的对象可辨地成为数字的东西：它与我们已经称为可应答性的东西有着的显著、重要的核心相似性。事实上，它可能**非常**接近我们已经认识为如此的东西，差异微乎其微。我认为，在这些思路上的另一种展开，已被作为对量子力学中问题的回应而提出。这些都不是说，一些这样的替代展开实际上已经为我们所用了。

这里所展望的东西比听起来类似的东西更加激进，而这种东西已经近在眼前了。假设佐伊知道希德是最文雅的客人，对于皮娅说他哼叫的说法，她回应道："希德不哼哼叫。"一小时后，在医生那里，报告希德的情况（她刚刚用一记正中命脉的重击在太阳穴上测试了一下）时，她说："希德（还是会）哼哼叫。"我们不能通过应用一种运算同时正确地模拟她说的这两件事，根据这种运算，她将承诺某种命题，即希德哼哼叫，以及希德又不哼哼叫。她没有自相矛盾。她只是谈及了作为一个哼叫的存在者的两种不同理解。但我们仍然**可以**把她表征为同时对她每次使自己对之可应答的东西是可应答的。我们只需要利用同种说法的一个特征：说同一件事是如此有不同的结构化的方式。例如，我们可以正确地表征她承诺了这一命题：希德在公司通常不会哼叫，他仍然有哼叫的能力。问题恰恰在于，在"希德哼哼叫，又不哼哼叫"（通常是拒绝作为可应答的立场的一种方式）中，没有任何可应答的立场对于皮娅的上述两个评论，共同**是**可应答的。设想中的另一种展开比这更激进。根据它，会有这样的情况：一个人可以为真地说"P"，一个人可以也为真地说"Q"，但**没有**办法说要如此，那个"P"会是什么，以及说要如此，那个"Q"会是什么，从而同时对那个"P"和那个"Q"是可应答的。没有任何东西可以在这样说会是如此的情况下对其是可应答的。

现在有三种情况要考虑。在第一种情况中，我们实际上作出了一个普特南式的发现。有些东西迫使我们得出这样的结论：不加限定的合取引入是站不住脚的。（在这里，要紧的是我们认为这样一条规则说了什么；也就是说，如何把它当成是适用的。如果它告诉我们，对于任何人曾经采取过的任何可应答的立场，以及对于任何其他立场，都有一种方式可以对于二者同时是可应答的——而不承诺在这样的存在中需要怎样表达自己，那么它就是站不住脚的。）我在这里并没有提供对任何个别的这种发现会是什么的任何理解方式。但是，如果我们不能说根本就没有是这样的发现这回事——如果说没有这样的发现不是一种人为的必然性，那么就让我们这样假设吧。这里的情况很简单。如果我们发现不加限定的合取引入是站不住脚的，那么我们发现的是，它不是一条逻辑的法则；事实上，它不是**我们**

对可应答性和真理概念的展开中的一部分。所以,它并不支配我们的思想,事实上,它也从来没有支配过我们的思想。(尽管我们可能有过它确实如此的可以理解的错误印象,例如,因为正确的法则在几乎所有曾经进入我们视野的情况中都会产生同样的结果。)所以,我们现在的思考并没有违背任何曾经的逻辑法则。逻辑法则没有改变。这里根本就没有弗雷格担心的那种问题。

在第二种情况中,我们设法以某种方式,填补了我示意的另一种展开方式的某个版本的细节。但是,没有什么能使我们的标准展开变得站不住脚。(这与我们给其他可能的几何学填补细节,而没有什么要求我们假定我们栖居的环境是非欧几里得的是平行的。)让我们假设这些展开方式中的每一种都可以在某些场合为我们所用,使我们对于是否如此这般是可应答的:每一种成为可应答的方式都是我们**有时**可以采用的。现在让我们假设麦克斯以标准的方式使自己对于希德是否喝酒是可应答的,又以标准的方式使自己对于皮娅是否吃饭是可应答的。假设他通过**先说**希德喝酒,然后,**再说**皮娅吃饭来做到这一点。既然他是以标准的方式这样做的,那么他现在就要对另一件事是可应答的:希德是否喝酒,并且皮娅是否吃饭。因为,根据对可应答性的标准理解,当然还有这样一个进一步的东西要对之是可应答的。由此,他承诺了一个特定的命题,即希德喝酒且皮娅吃饭。此外,既然如此,这个进一步的承诺将是正确的(一个真实的立场),当且仅当其他两个也正确。现在,佐伊以另一种方式使自己对希德是否喝酒,然后,对皮娅是否吃饭是可应答的。同样,她可以通过**说**希德喝酒,然后**说**皮娅吃饭来做到这一点。不过,她要做到这一点,她的话语必须承载某种理解:她必须被理解为,在这样说时,使自己按照另外的展开方式是可应答的。我们将假设,在这种对可应答性的替代性理解上,最终表明没有希德喝酒且皮娅吃饭这样进一步的立场是可应答的(而一个人因此而对之是可应答的,正是佐伊前两次使自己可应答的立场)。

因此,从希德分别说的话中可以得出一些结论,而从佐伊说的两件事中却得不出类似的结论。到目前为止,这不足为奇,因为每个人都基于,比如说,对于对希德而言作为一个酒鬼会是如何的不同理解上谈到了希德喝酒。可能令人惊奇的是,符合佐伊的例子的、对于对做一个酒鬼和做一个吃货的理解,并不能使某种对事物的合取配列对其是可应答的。但这并不意味着佐伊的思维违背了逻辑法则。带着对可应答性这一概念的两种可供替代的展开——两种不同的关于可应答性会是什么的理解——我们看到,如果逻辑法则是对真这一概念的展开,那么仅当其基于对该概念的一种特定理解,亦即对可应答性和命题的相关特定理解,才可能如此。我们现在要看到,标准的逻辑法则,甚至并不假装在这种对命题是什么的其他理解上谈及命题。我们还将看到,这并不是,说这另一种理解不是对**命题**是什么的理解。

（或许我应该强调，我们还没有看到任何这样的东西，我也不是在预言我们很快就会看到。）

一个类比可能会有帮助。在哈克尼的屋顶上，希德对皮娅说："太阳是红色的。"在讲授红星时，一位天文学家说："太阳不是红色的。"要让太阳按照天文学家所说的理解是红色的，它就必须发出特定频率的光，而不仅仅是做一些只相对于哈克尼和某个时间的事情。所以，如果希德是在天文学家所讲的理解上谈论是红色的，那么他就与天文学家的法则相悖。但他不是。这里既没有违反，也没有矛盾。参照《哲学语法》中的一个例子，类似的评论也适用于某物能否在同一点既是红色又是绿色的问题。关于这一点，维特根斯坦曾说过：

> 如果使一个命题有意义的是它与语法规则的一致性，那么就让我们来制定这条规则，允许"红色和绿色同时在这一点上"这个句子。这很好；但并不能固定表达式的语法。关于如何使用这样的句子，例如，它如何得到证实，还有待进一步规定。（《哲学语法》§82）

在说某物在同一点上既红又绿时，我们应当使其有（成真的）意义这一点并没有被排除。但仅仅判定这样说会有意义，并不能做到这一点。不过，假设我们确实使其有这样的意义。现在有一些雕塑，在当代艺术博物馆展出，它们在同一点上**是**既红又绿的，基于对它们之为如此的如下理解：在任何一个点上，它们看起来是红色的还是绿色的，**非常**依赖于视角、光线角度、光线质量，所以**很**有可能在不同的时刻发生变化：在某个时刻看起来是红色的和在那个时刻看起来是绿色的同样可能。我们现在可以这样理解是红色的：有足够好的理由把雕塑上的一个点叫作红色，尽管这不排除也有足够好的理由把它叫作绿色。按这种说法，一个点可以既是红色的，也是绿色的。当然，我们并不被强求采纳那些关于是红色和是绿色的理解。我们也可以用一种保留了如果是红色，那么就不是绿色的原则的方式来理解是红色的。根据这种理解，雕塑上的点不是红色，但也不是绿色。它也不是其他颜色。按照通常的理解，它也不是无色的。

所以现在有人把雕塑上的一个点称为红色，有人说它不是红色，第一种是就第一种理解说的，第二种是就第二种理解说的，所以各自说的都为真。两人说话都没有违反"是红色的法则"，在这里，这些都是一些真命题，其真是由红色是什么本身决定的。因为作为红色是什么本身，使得两种理解都可以接受。当然，第一种说法会违反在第二种理解上成立的一个法则：如果是红色，那么就不是绿色。如果那个法则假装适用于他所说的东西，他说话就会违反。但事实并非如此。

如果发现合取引入法则这样的东西只适用于对于**命题**这一概念的某种**理解**，可能会令人震惊。因为相比之下其他种类的理解，那些目前我们不可用的理解，就必须在这里。如果那些种类理解是可用的，逻辑看起来就会不同。它将被视为具有与我们现在所认为的不同的使命。但是，这种可用性不一定会削弱思想。如此变得可用的东西也不会是违反逻辑法则的思考。

第三种情况关于火星人——一位**思考者**；但他与我们是如此不同，以至于对他可用的可应答性概念的展开对我们不可用，反之亦然。我一个火星人也不认识。但如果概念空间里有可替代展开的余地，那么人们就会期望那里也有容纳火星人的余地。或者说，我也会这么想。至此，关于火星人，已经没什么新东西可说了。说只有另外的展开对他可用，就是说他准备如何看待自己在采取可应答的立场时是可应答的；就是说**他**准备认识到可应答性在于什么。如果我们在这里处理的是一种真正的可替代的展开——如果如此设想的立场与我们可应答的立场之间有足够多的共同之处，使火星人的立场获得**可应答**的名号——那么，火星人的思考并不因而违反我们的逻辑法则。如果有的话，他的思考就超出了它们的范围。火星人的命题不是我们的法则赋予**命题**意义上的命题，所以不是火星人可能借以违反这些法则的手段。

但凡**我们**能就一个火星人真确地说，他表达了这样那样的命题，那就会是基于我们对于命题是什么的理解的一个命题；标准的逻辑法则对其适用也就理所当然了。火星人原则上没有任何理由不应当像他所做的那样看待自己，而且偶尔，按照我们的理解，算作表达了我们认为思考者参与的某种给定命题。他没有任何理由不应当算是在为了这样那样的目的，受制于我们的标准做事。他必须受制于我们的标准，才能算作在表达或思考我们当他是在如此的任何命题。这**可能**会严重限制我们把他算作在表达或思考具体命题的能力。（也可能不。关于我们在向某人归属一个思想时所做的，还需要说更多。关于这一点，见 Travis 2000。）

当然还有一个问题。假设我致力于陈述一条逻辑法则——以弗雷格的方式，如果你坚持的话，但无论如何，是用一些话来致力于陈述一些逻辑法则的内容。我可能会说，"没有矛盾式为真"，或者，更明确地说，"没有矛盾式为真是一条逻辑法则"。在第一种情况下，我是否真的陈述了一条**逻辑**法则，或者在第二种情况下，是否真的说了某种是逻辑法则的东西？按照上面的思路，如果它是如此，我就已经陈述了这样的东西，那么弗雷格从一条逻辑定律中所期望的一切亦是如此。没有对其之为如此的解释，等等。但是，至于我是否因而陈述了真理，现在似乎取决于我第一次说的东西是否应当算作一条逻辑法则。这一点，现在看来，又部分地在于当某事物被如此正确处置时，**我们**准备承认什么；在于对何时这种处置在一切都考虑到时是正确的做法之时，我们偏狭的看法。这看起来好像使我们永远不可能陈述一条**逻辑法则**，尽管我们可能会说一些听上去像逻辑法则的话。这也可能使我们永远不可能说某样东西是一条逻辑法则，也不可能真正地是在说**这件事**。那么，我们也同样从来不可能把任何东西当成是一条逻辑法则。因为，那样的思想会是，逻辑法则不仅仅是按照某种偏狭的标准或其他标准算作逻辑法则的东西，而是**真正算作逻辑法则**的东西。而我们甚至不可能说某样东西是如此。

这里有一个大问题。对其的回应将大量借助《哲学研究》对于无意义的看法，对此说明一点，这一看法与《逻辑哲学论》对无意义的看法有实质性的不同。改变对于结构之作用的构想，正如本讲所描摹的，相应地迫使人们对于什么是无意义有不同的理解。这种回应将是第 5 讲的一个主题。我暂时止步于此。

第 4 讲

决 定

在《哲学研究》(第 1—79 节)中,有一个对称呼事物存在方式的讨论,它被一个插曲分为两部分。类似地,对遵行规则的讨论也被一个插曲分成了两个讨论。在第一个讨论中,插曲处理的是一个有关称呼个体的具体问题。其建议是,在有关一般意义上的命名的新观点被采纳之前,它是一个真正的、无望解决的问题。这就是为什么在第 79 节,对称呼事物存在方式的讨论在结束时又回到关于称呼个体的具体问题上来。在第二个讨论中,插曲最突出的主题是逻辑观,正如在第 3 讲中讨论的那样。(在第 134—137 节,还有维特根斯坦有关可应答性的新观点的关键介绍。)

第二个插曲的意义何在?按照我的理解,对遵行规则的讨论旨在回应对(尤其是)家族相似性的讨论可能给哲学家留下的一种特殊印象。这种印象是:在关于所说的东西如何被决定(真值条件如何被决定)的弗雷格式的图景之外,维特根斯坦提供了另一个选项;一种语言**可以**以维特根斯坦式的方式运作,或许我们的自然语言就是如此;但一个人原则上仍然**可以**以一种符合弗雷格式图景的方式说话，如果譬如，它适合于他的科学方面的用途的话。维特根斯坦自始至终一直在表明，事情并非如此。（例如，见第 120 节。）对遵行规则的讨论是一个延伸案例，说明真的不存在以这样一种弗雷格式的方式说话的情况；如果在我们看来似乎有，那只是因为我们没有真正理解我们就此承诺了什么。

　　第二个插曲针对的是有关以某种特别的方式用语词表意（以及理解语词）的一种特定观点。这一观点可能使弗雷格式的说法**看似**可能——就像它如今那样。（例如，见 Fodor 1998，他明确地用它支持一个"［言内］意义的弗雷格式架构"。）第138—139 节以该观点的一个问题开始。粗略地说，这一观点是，言内意义源于个体以这样或那样的方式为他们的交流赋予意义，而他们这样做不需要预设有意义的语言。以一种弗雷格式的方式用语词表意或理解语词，不知何故地被视为没有问题的。这样一来，无害的是，如果我们能够以弗雷格式的方式用语词表意或理解它们，那么语词就能够**承载**弗雷格式的理解，如果我们不能，那么语词也就不能。但是，毋庸置疑，你只能用已存在的用语词表意的方式来用语词表意。现在，这一自明之理需要通过这一插曲的工作来解读。在《哲学语法》中，被用于表意的东西只有在语言中才存在。在《哲学研究》中，被用于表意的东西只有在**语言游戏**中才存在。这一观点中的正确之处可以帮助说明，为什么我们不能使对于言说事物会是或可能是怎么一回事的弗雷格式设想具有真正的意义。这将帮助说明维特根斯坦最初对语言游戏、随后对家族相似性的讨论，为何不**仅仅**是对语言可能会是的一种方式的描述。

　　对遵行规则的讨论的后半部分针对的是这一目标。但前半部分（第 84—87 节）呢？它的主要寓意在第 85 节中得到了概括：

　　　　一条规则就像一个路标那样立在那里。——对于我该走的路，这个路标没有留下任何怀疑的余地吗？……而如果存在的不是一个单独的路标，而是一连串相邻的路标——是否只存在一种阐释它们的方式？——于是我可以说，路标终究并没有留下怀疑的余地。或更确切地说：它有时候留下了，有时则没有。而现在，这就不再是一个哲学命题，而是一个经验命题了。

　　一个路标容许多种阐释。在公路边上有一个蓝色标志，其上有一个指向右边的箭头和"科尔马"字样。蓝色表示高速公路。箭头表示右转上路。但我是否应该立即右转，轧过栅栏，然后是一片田野？还是应该继续开到下一条小的便道，然后右转？我是否应该右转然后掉头？还是应该等到一个可辨认的高速公路入口出现，转向它（不要急转弯），然后继续前进？这个标志让我做的是什么？这些都是人们**可能**理解这个标志的方式。事实上,它们都是理解右转上高速公路这一指示的方式。如果一条规则像一个路标那样立在那里,那么它也容许多种解释。容许解释的并非仅仅是规则的某种**表述**。即便弗雷格也会认为那是真的(至少,如果这个表述不是在《概念文字》中的话)。容许解释的就是**规则**。规则说右转上高速公路。这样说就**是**辨识了这条规则。或者假如它不是,也有对它的某个更详细的陈述是。在规则说要做的东西中,存在某个**可辨识**的东西。但是这样一来,一旦辨识了它,你将会辨识某个容许多种解释的东西。

第 85 节的第二个要点是,到目前为止所说的一切,在与之相关的地方,可能是完全无害的。存在对于路标的这些阐释一事,根本不必对路标说要去做的事情有影响:后者正是当我转向匝道并继续前进时,我所**做**的事情。另一种阐释的存在是否对这一点有影响,则取决于进一步的因素。有时它是有影响的。有一次,在里昂的中央车站寻找我乘坐的火车时,我遇到了一个位于我正上方的标志,上面有我的火车的编号和一根正好指向我的脚的箭头。我承认我当时被难倒了。幸运的是,一个路过的法国人没有被难住。指向地面的箭头的意思是乘自动扶梯到楼上的一层去。现在的要点在于:如果大多数法国人在这方面都像我一样,就会存在对箭头说了什么的怀疑,那么就很可能是它没有说(成功地说)要乘自动扶梯上楼。然而,既然任何乘火车的法国人都会当即地、不假思索地看出这个标志的意思,因此事实上,它确实说了要乘自动扶梯上楼。这一点确实是毋庸置疑的。我只是没有理解它。我也不理解匈牙利语。但这并不意味着在匈牙利语中,没有任何东西曾被说出。

第 85 节告诉我们,在这种意义上,对一条规则所说的内容是否存在怀疑,是一个经验问题。上述例子说明了这一点。它取决于规则在其中被要求告诉我们什么的情境。所以它是一件场合敏感的事情。它也依赖于规则所要对其作为规则的对象——在上述例子中,即法国人,或被我承认如此的人——的自然感知和反应。这就是说:一条规则算作说了要做**这件事**(通过做它来辨识),就是它在一种特定的、偏狭的理解之下这样说,以给定思考者理解它的方式(以**他们**准备承认为正确的方式)来这样做。对于一个规则说了要做**这件事**而言,除此之外,它就不能是其他东西了。

目前为止的要点是一个总体框架,它将在对遵行规则的后半部分讨论中保持不变。问题将是看它们如何被应用于某人以如此这般的方式用某物表意的情况。但是在维特根斯坦的说法中,也存在一个非常显著的反差。比较第 87 节(第一个讨论)和第 198 节(第二个):

仿佛一个解释除非有另一个解释的支持，否则就会悬在空中一样。然而，一个解释可能确实建立在已被给出的另一个解释之上，但任何解释都不需要另一个解释——除非我们需要它来防止一个误解。（§87）

"但一条规则怎么能告诉我，在此时我该做什么呢？无论我做的是什么，它在某种阐释下都是符合规则的。"——我们应当说的不是这个，而是——任何阐释都和它所阐释的东西一同悬于空中，不能给后者提供任何支持。（§198）

在这里存在对相同的悬于空中的意象的（我认为）十分有意的使用。这些段落之所以不至于相互矛盾，只是因为第一段谈论的是解释（Erklärung），而第二段谈论的是阐释（Deutung）。第87节将一个解释不能解释（有待一个进一步的解释）描绘成一个可笑的观点，而第198节将如下观点，即一个阐释不能将一条规则转化为某个不容许多种阐释的东西，描绘为一个绝对正确的观点。一条规则**容许**阐释——存在一个人会算作对**那条**规则的理解的东西——以及一个阐释容许阐释，这一点正是本质的。不存在免于阐释的规则。这当然关系到对弗雷格式语言的想法。要想看到它们如何相关，我们必须弄清楚规则内在地以那种方式存在是怎么一回事。

我在上文提到过，人们可以将语词**表意**为（或理解为）言说的是弗雷格会认为语词言说的那一类东西这一点，不知何故地被视为没有问题的。有一些东西可能让事情看上去如此。这是从对一个语法上的自明之理的误读而产生出来的错觉，它可以被这样表述：我以如此这般的方式用如此这般的语词表意，这是不容许多种理解的。这个错觉在于，认为这一点意味着：那些词，在我用其表达那些意义的情况下，是不容许多种理解的。如果它确实如此，那么我用它们这样表意，就可以赋予它们一种弗雷格式的理解。这个语法上的自明之理（粗略地说）是这样的。假设皮娅说"希德做了"。为了告诉你她用这些词语表达什么意思，我说："她的意思是（说）希德哼哼叫。"你可能回复："但是，是一个哼哼叫者是一件容许多种理解的事情。她是在哪种对其的理解之下用这些语词表意的？"我可能回答"在这种理解下，即有正常人类的能力就会使一个人成为这种人"，或者"在这种理解下，即要有粗鲁的习惯才能使一个人成为这种人"，或者甚至"呃，皮娅倒没有想过这一点。她并没有在某种特定理解之下表意"。

不过，我**不能**（正确地）说的是这样的话："如果你（一个人）以一种方式理解她用语词表意的方式，那么她表达的就是在第一种理解下，希德是一个哼哼叫者的意思；如果你以另一种方式理解她用语词表意的方式，那么她表达的就是第二种理解下的意思。"我也不能说譬如这样的话："如果我们(或她的同龄人,或其他任何人)会自然地(在她说话的情境中)将是一个哼哼叫者在第一种理解之下理解,那么她表达的就是第一种理解下的意思。"恰恰不是。皮娅如何用她说出的语词表意,和它们会如何被理解,是两个非常不同的问题。你(或一个人)不能通过以这样或那样的方式理解她想用其表意从而言说某事(比如希德是一个哼哼叫者)的语词,来改变她用其表达的意思。

这些都是有关个人意义(某人以一种特定方式用语词表意)的自明之理。它们的意思不是说,如果皮娅(用她的语词表达)的意思是说事物是如此这般的,那么事物以这种方式存在就不容许多种理解。如果皮娅的意思是,在对是一个哼哼叫者的如此这般的理解之下,希德哼哼叫,那么这种理解之下的希德哼哼叫,可能是一个容许(对于它何时发生的)多种理解的现象,即便别人有这样或那样的这种理解一事也不能改变皮娅的意思,且这些理解的存在也并不意味着,在对她想要言说的现象的一种理解之下,她表达的是一种意思,而在另一种理解之下,她则表达另一种。最后的这些东西都是无稽之谈。这并不意味着存在某种皮娅用其语词表意的方式,从而使得她说希德是这样的:他以那种方式存在一事不容许多种解释。

此处存在个人意义和事实意义的一个对比。如果猪叼着稻草的意思是将会下雨,那就是基于对猪叼着稻草的一种特定理解而言的。要想定位这种理解,你必须找出即将到来的雨导致的到底是猪的哪种行为。如果根据就此被定位的理解,存在对猪嘴里叼着稻草一事的多种理解,那并不意味着一旦你以其中某个方式理解了相关的现象,有稻草在它们的嘴里就在**这种**理解下意味着下雨。表意的东西是什么,并不是相对于对表意的东西的某种理解而言的。它也不会改变事实上意味着下雨的东西,如果每个人都自然地以某种特定的方式来理解以那种方式存在的事物的话。但这些都不意味着,如果事物以如此这般的方式存在意味着将会下雨,那么对于事物以**这种**方式存在会是或可能是怎样一回事,就不能有多种可采纳的理解。

所以,一个人可能被引诱到有关个人意义应当能做什么的违背思维法则的思想上去。仍然有待说明的是,一个人可以用他的语词表意,从而使得它们做弗雷格式语言需要它们做的事情,这一点错在哪里。

4.1　深渊

一个解释**能够**解释。在第 84 节,维特根斯坦部分地告诉了我们,是什么使之得以可能:

　　但这并不是说，我们产生怀疑，是因为我们可以**想象**一个怀疑。我能够很容易地想象这样一个人，他每当打开家门之前，总是怀疑门后是否裂开了一条深渊，并且在穿过家门之前总会进行确认（而且他可能在某一次证明他的怀疑是对的）——但那并不会让我在相同的情况下也产生怀疑。

偏狭在这里很明显地发挥了作用。我们**可以**讲通现在我的家门外有一条深渊的想法。我们可以想象某个如此怀疑的人。我们可以想象存在这样一条深渊。但是现在，我的家门后可能有一条深渊吗？我们应当如何理解这个"可能"？一道深渊裂开，未被我察觉，有多种可设想的方式。但假设我想要出门。我并不认为这些事情中的任何一件可能发生。我应当那样吗？如果你告诉我，我可能无法出门，因为我的门后可能有一条深渊，那么，仅仅是深渊裂开的这些方式的存在，是否算是支持了你所说的话为真呢？（如果一个政府承包商事实上一直在附近制造深渊，当然就另当别论了。）维特根斯坦的建议是，（视情况而定）对这些问题的回答很可能是"否"。所以你通过这样说来告诉我的东西，不会是正确的（或真的）。

　　但是如果在某个场合，这些都是正确的回答，那么是什么使得它们如此呢？并不是说我门前的深渊简单地有某种概念上的不可能性——它的不存在有某种人为的必然性。（一个人可能在此反思，一种人为的必然性会多么不可靠——无论我门前有什么，那都不是深渊。）所以对这些问题的回答可以是"否"，仅当（至少在这种事情上）什么可能存在是一个场合敏感的问题。因为如果我门前的深渊不存在概念上的不可能性，那么就一定存在某些场合，在其中可以正确地说可能存在深渊。但是有了场合敏感性，随之而来的就是偏狭感性的工作。如果你说的"你的门前可能有一条深渊"中的"可能"不能被如此理解，即有关可设想性的事实情况使它为真，那么只能是因为，这样一种理解不符合我们这样的思考者对于在这样的情境下言说这样的事物的语词会合理地抱有的期望。如果你说的不是真话，那是我们的偏狭感性贡献于确定什么东西会为真的方式所致：在说到什么可能要对被说到的东西负责时，一个人在此所说的、需要对之负责的东西。（伯纳德·威廉斯清楚地看到了这一点，并相应地对这些关于什么可能存在的所谓的事实持怀疑态度。见 Williams 1978：67。）

　　如果解释实际上解释了，那么谈及那个有着指向科尔马的箭头的标志时，偏狭的这一作用也必须在场。也就是说，按照第 85 节的想法，凡是一条规则实际上说了要**这样**做（指一个人随后所做的事情）的地方，偏狭就必须在场。在标志的例子中，这一点会像是如下所述。假设我看到了标志，然后径直开进了它后方的田野里。那不是标志说要做的事情。为什么不是呢？一个人不会期望这个标志（一个那样的标志)叫人去做这样一件事情。这些期望依赖于相当多的背景。一方面,把车开进田野会是一件非常愚蠢的事情。这些标志的作者不应当被期望为以制造那种麻烦为职责。事实上,对于熟悉规章制度的人来说,这样的作者应当被期望为引导驾车者进入高速公路。同样地,对于一个如同驾车者可能被期望的那样熟悉规章制度的人来说,把车开进田野不应该被期望为被设计成进入高速公路的方法,如此等等。所以首先,存在那些应当被期望理解这样的标志的人,其次,存在这样的思考者可能合理地(应当被期望为)期望的东西。如果标志所说的东西是由这些考量所决定的,那么它说的就不是要开进田野。此外,一个人能够以如下方式解释被说出的东西:它说要驶入一条即将接近的匝道。在正确的情境下,这样一种解释会承载正确的理解。

对路标来说就是如此。规则与之同理。有一条这样的规则,张贴在许多建筑物的许多门上。它是这样宣布的:"防火门。保持关闭。"就此被宣布的规则是使那扇门保持关闭。那么,我可以穿过这扇门吗?存在一种对使门保持关闭的明显的理解,使得回答是不可以。也存在另一种理解,使得回答是可以。对于任何一个对防火门的用途有一定了解的人来说,第二种理解将看起来是更加合理的。所以,根据与相关于路标的那些相同的考量,此处事实上被宣布的规则,只能被合理地认为是在说没有禁止我穿过这扇门的那一种。事实上,如果不这样认为,那会是荒谬的。

如果我们承认偏狭以上文概述的方式,实际上决定了一个路标说了什么,或者一条规则说了要做什么——如果应当被期望为遵从或违反一条被阐述的规则的东西,以上述方式与该规则说了什么实际相关——那么规则可能事实上说了,并且告诉我们,要做什么。如果我们不允许偏狭的这种作用,就会难以看出规则何以能如此,以至于说了要做什么(在这里意味着说要**这样**做)。尤其难以看出的是,任何规则都容许多种阐释。弗雷格的语言观的部分要点,正是在于不允许偏狭的这种作用。所以我们必须转而考察,当这样的作用被(彻底地)不允许时,会发生什么。

4.2 我们所是的方式

现在是时候来看个人意义了,具体而言,就是以某种具体方式,用一个人的语词表意,从而将事物表征为以某种具体方式存在。以给定的方式用一个人的语词表意,就是对这些语词所要说的东西有一种特定的理解。所以这里适用于个人意义的东西,也将适用于我们对我们自己或其他人的语词所具有的理解。

以给定的方式用一个人的语词表意,是在一个人说出它们的**当下**,这个人所做的事情。但它并非不包含对未来的承诺。如果皮娅有意要基于一种理解说希德哼哼叫，在这种理解下，那是一个粗鲁的习惯，并且如果希德其实是高雅者中的最高雅者，那么希德所是的方式就不是皮娅意指他所是的方式。它不是如此这一点，是由在皮娅对希德的高雅一无所知的情况下，她说话时所意指的东西所决定的。这些都是陈词滥调。我所关心的将是对它们的一个特定的扩充。它包含三个主要观点。第一，如果皮娅以一种特定方式用她的语词表意，那么，对于用语词表意的任何不同方式而言，都必须存在关于皮娅的某事，将她与她在以那种方式用她的语词表意时所会是的那种样子分开。并不能**仅仅**是，她以她采取的方式用她的语词表意，仅此而已。而应该是某个东西**使得**她以**那种**特定方式用她的语词表意。（例如，它可能是她与某种有结构的内部状态之间的一种关系。）第二，无论那个有关皮娅的、标志着她以她采取的方式用她的语词表意的东西是什么，那么即便在是或不是如她所意指的那些事物和它的实际状况不同的情况下，那也必须是她也本可能所是的一种方式。如果她的意思是希德哼哼叫（坏习惯），而他是最高雅的人，那么即便他习惯性地哼哼叫，她可能仍然意指**这件事**，将她标示为如此意指的东西亦是如此。并且如果他确实有这种烦人的习惯，那么即便在他是高雅的人的情况下，她可能仍然以相关的方式存在。第三，标志着皮娅（在说话时）意指她所意指的东西的，是某种能够被明确化的东西：为了把握这样一种明确的说明，并且借助它来看到那个有关皮娅的、使得她以她实际所做的那样用她的语词表意的东西，一个人并不需要对她如何意指她的语词有直觉上的把握。

第一个观点让我们从谈论皮娅**如何**用她的语词表意转向谈论她以**何种方式**用它们表意。因为它假定，在用语词表意的不同方式之间存在某个由可辨识的区别所构成的集合，它简单地决定了何时存在两种这样的方式，何时只存在一种；所以，它一劳永逸地划定了用语词表意的一种方式和其他方式的所有区别。

以下是一个用以说明第二个观点的例子。皮娅在找她的鞋。希德看见了它们，它们的鞋跟从床下露出来。他说："你的鞋在床底下。"他意在基于这样一种对鞋在床底下的理解这样说，在这种理解下，尽管鞋跟不在床底下，皮娅的鞋也被算作如此。存在这样一种理解。也存在其他的理解。如果皮娅试图确保她的鞋不会引起偷窥狂佐伊的注意，那么如果希德基于对鞋在床底下的那种理解表意，他就不会说她的鞋在床底下。那会是带有恶意的。所以或许是看到了露出的鞋跟，才导致希德意在基于他所意指的那种理解说话。不过，即便那些鞋跟没有露出来，他仍然**可以**意在基于那种理解说话——譬如，即便皮娅的鞋根本没有在床底下的话。他可能并没有看到床底下的情况。他可能意在基于那种理解说话，仅仅因为他知道，对于皮娅的目的而言，鞋跟是否碰巧露出来是无关紧要的。所以如果某个东西标志着他意指他所意指的东西,那么即便鞋跟没有露出来,它也能存在并标志着他如此。

第三个观点的主要效力与表述理解有关。假设(在卧室外)你听到希德说皮娅的鞋在床底下。根据你对这种事情的直觉,你对他所说的话(这也可能是他所意指的东西)有了理解。现在你发现,鞋确实位于床的垂直方向上,但却在床的三层楼之下。事情是否如希德所说? 正如可能发生的那样,给定你对他的语词的(正确的)直觉上的理解,你可以看到并非如此。但是希德的语词所承载的、使得这一结果成立的那个理解**是**什么呢? 究竟是关于这一理解的什么东西,将三层楼之下的鞋从使希德所说(在这种理解下)为真的方式中排除出去呢? 我可以通过仅仅说"他说皮娅的鞋在床底下"来告诉你如何理解希德的语词——**如果**我在正确的情境下这样做的话。因为如果情境是正确的,我就将正好基于对鞋在床底下的正确理解说话。但这样告诉你,并不能回答刚才提出的问题。我没有明确地指出三层楼之下的鞋所承载的相关理解的那个特征。我可能使得你能够把握希德的语词所承载的理解的内容。但前提是你具备从我的语词中辨认出那种相同的理解的直觉能力。

于是,有关对于那种理解的一个明确的具体阐述的一点是,它对其作用的发挥,不像是我告知你希德说了什么一事那样依赖于情境。它将不会言说事物存在的方式,然后依赖于该言说所处的情境,以赋予就此被言说的东西一种合适的理解。另一点则是,与我提供给你的不明确的说明不同,一个明确的说明将使得你能够说出**为什么**三层楼之下的鞋不构成希德所意指的东西。你将能够说:正如我指明的,事物必须以如此这般的方式存在,才能如希德所意指的那样;楼下的那些鞋子不是以那种方式存在的事物。这些就是有关第三个观点的效力的主要想法。依赖于你的直觉,你能看到事物何时会如希德所意指的那样。但是要点在于,这种依赖原则上是可以被提取出来的。

明确性,与我们的上述三个观点中的第一个,许可了这一假设:询问给定语词承载或被意在承载的是**哪种**理解,这总是有道理的,并且原则上,该问题总是有一个答案。基于对鞋在床底下的一种特定理解,希德意在说皮娅的鞋在床底下。对于用语词意指和希德用他的语词所意指的完全不同的东西的任何人来说,希德用他的语词表意的方式将有一个可具体化的特征,它在其他情况下是不存在的(反之亦然)。既然根据第一个观点,在用其语词表意时希德所是的方式,和以任何其他方式用语词表意时一个人可能是的方式之间,存在一个**可具体化**的区别,那么就存在这些区别性特征构成的一个集合,这些特征共同将希德心中的理解和任何其他的理解区别开来。这就许可了"……哪种……"这一假设。

明确性也蕴含了另一点。假设我向你提供了一个我自称是对希德心中的理解的明确说明。在其中我告诉你，希德意在谈论事物会是的一种方式，仅当它们具有某种特征 F——比如，离床底不超过 10 英尺的鞋子。假设具有特征 F 一事容许多种理解——对于事物具有特征 F 是怎么一回事有两种思考方式，并且存在这样的可能的情景，其中事物在第一种思考方式下有那一特征，但在第二种思考方式下则不存在那种可能情景。（对于离床底不超过 10 英尺来说，这当然如此。）那样的话，我还没有真正达到明确性。因为在意在谈论仅当事物具有特征 F 的情况下，它们会是的一种方式时，存在两种方式来用语词表意：一个人可能意指以第一种方式具有 F 的那种理解，一个人也可能意指以第二种方式具有 F 的那种理解。我所说的**可能**会排除其中的一种理解，但如果是这样的话，只有给定一种对**我的**语词在这一情境下该如何被对待的直觉上的把握才行。这正是明确性会使之明确化的那种直觉的一个样本。所以如果存在某个确定范围内的理解供语词承载——正如"……哪种……"这一假设所预设的那样——那么我就尚未具体指明其中的一种。

我已经提出了对某些语法上的自明之理的一个特定的扩充。根据这一扩充，对于某人用语词表意从而使其承载的理解的一个**明确的**具体阐述，原则上总是可能的。给出它，除其他外，就是产生对于如同所意指的那样存在的事物的一个表征。因为该理解的一部分就是事物以那种方式存在。这一表征会是明确的，这也就是说，它会具有一个非常特殊的属性：与我们日常的表征不同，它不容许（对就此被表征的事物的）多种理解。它因此消除了对偏狭的依赖。于是，以一种特定方式用语词表意，就会与这样一种表征相关联。

根据表征的一种概念，一个表征是对将事物表征为以一种特定方式存在的一种特定方式的具象化。根据表征的另一种概念，一个表征仅仅是表征事物的一种方式，是一个被具象化的表征所要具象化的东西。根据这种概念，一个表征是未具象化的[正如弗雷格坚称一个思想所必须是的那样（见 Frege 1918：61）]。一个人可以试着（正如有的人已经做的那样）将个人意义视为与某种被具象化的表征之间的关系。这样一种尝试，就其自身而言，会满是额外的问题。（首先，一个被具象化的表征是反对阐释的证明这一点，就很难讲得通。）但在这里必须牢记的是，在《哲学研究》中，对抗是在维特根斯坦和弗雷格之间的。（尽管如果此处的事情与弗雷格的观点相冲突的话，它们事实上也就与有关被具象化的表征的那一观点相冲突。）因此，基于对与此相关的自明之理的扩充，结果是：以一种特定的方式用语词表意，是与一个未具象化的表征之间的一种关系——那是某种类似弗雷格式的思想的东西。

以这种方式扩充那些自明之理，可能是有理由的。这个扩充**可能**看起来无非只是对这一问题的一个科学的解答所要求的。如果那些自明之理能够以这种方式被扩充,那么一个人不仅能够,而且至少通常确实用他的语词表意从而说出某种弗雷格式的东西。[这里需要在括号中说明一点。弗雷格坚持要求任何一个概念对所有对象都是有定义的。这个扩充允许概念对某些对象是无定义的,只要能确定它们是对哪些对象无定义。我认为这种差别本质上只是术语上的(参见第 99节)。]如果一个人能够用语词表意从而说出弗雷格式的东西,那么,语词无疑**能够**说弗雷格式的东西。另一方面,对一个理解的明确的具体阐述就会是一个不容许多种阐释(Deutungen)的阐释(Deutung)。这一观点注定存在一个问题。一旦如此,那么此处**看似**是科学的要求的东西,或许只是第 1 讲中的那种达米特式的心理主义的另一种形式。我们必须进一步探究,这个有关阐释(Deutungen)的问题可能是什么。

4.3   一个替代方案

在提出问题之前,考虑一个替代方案将会是有帮助的。如果维特根斯坦对于此处所说的事情的观点是正确的,那么个人意义和理解可能会是什么样的?我会先对理解作一些简短的评论,然后再谈意义。上节中的模型完整地适用于理解。以一种特定方式理解某人的语词,就是服从于相同的限制。正如那三个观点所要求的,必须有某个东西将它自己从以任何其他方式对它们的理解中区别出来。因此,它也将与一个未具象化的表征相关联。在第 1 讲中,达米特的观点是:对于给定的语词,要想能够认识到它们(在它们会为真的地方)为真以及(在它们会为假的地方)为假,一个人需要知道被某些可被陈述的原则所捕获的东西,从这些原则中,一切这样的具体结果都可以被推导出来。一个人是通过知道被使用的语词的意义而知道它的。这里的想法是:以一种特定方式用语词表意或理解语词,就是与这样一个表征相关联,从它之中,有关如此被理解的语词何时为真或为假的一切事实,都可以被类似地推导出来。除此之外,理解还可能是什么呢?

在第 459 节,维特根斯坦指出:

> 我们说"这个命令所命令的是这个——"并这样做了;但我们也说"这个命令所命令的是这个:我该……",我们有时将它翻译为一个命题,有时翻译为一个示范,有时则翻译为一个行动。

和此处相关的是从命令到行动的转变。对于一个命题来说,转变是从它或它所承载的理解，转为有关事物的具体事实，即它们以或不以命题所说的方式存在（这是对于它们可能如此的各种方式而言）。什么能够影响这一转变呢？那个标志说："防火门。保持关闭。"皮娅读到了这个标志并打算遵从。她的汉语很流利，她知道被使用的语词是什么意思。现在她打开门并穿过了它。在她身后几步远的地方，有一位邻居。她并没有在邻居面前把门猛地关上。根据她对标志的理解，它没有禁止她穿过门。它也没有要求她在邻居面前把门猛地关上。这一理解并不仅仅源自被使用的语词的意义。它是对保持门关闭的**一种**非常好的理解。还有其他的理解，根据这样的理解，一个人需要在邻居面前把门猛地关上，或者一开始就不能穿过门。那些理解与这个标志不相符。是什么让皮娅能够看到这一点？

　　我们回到熟悉的话题。防火门为什么必须保持关闭，有一个众所周知的原因（基于它确实必须保持关闭的理解的情况下）。它的用意是减缓火势的蔓延。如果此刻没有着火，那么无论是一个人打开门并穿过它，还是门保持开启以使得一个人和另一个人接连穿过它，都根本不会有损于这个目标。这个标志的用意是为了保证这扇门达成防火门所要达成的目的，而不是无端地制造困难。任何没有看到这一点的人，都会对放置这样的标志是其一部分的那些生活的方式有着令人震惊的无知。那些人不是从这个城市来的，或许甚至不是从这个星球来的。皮娅不会是那种人，她熟悉这些标志。所以她看到了一种理解这个标志的方式——一种对保持关闭的可接受的理解——对她来说，这显然是此处唯一的可能性。

　　皮娅是世故的。在她所处的社会环境中，她足够知道该期望什么。在见到一扇未曾见过的防火门时，她知道对门上未曾见过但熟悉的标志该期望什么。她的期望是与一个人**可能**期望的东西相适应的。正是对这种世故性的缺乏，使得我困惑于里昂的那个指向我的脚的标志。（并不是说我们不能设想一种情况，在其中她的所有期望都错了。情景喜剧的创作就是基于这一点。）皮娅的显明的世故性，可能会让我们这些同样世故的生物觉得有点平常：她能应对这个防火门标志、那个防火门标志，等等，以及这个想要通过的邻居、那个想要通过的邻居，等等。你不会因此得到奖励。无论平常与否，如果皮娅确实理解了某个这样的标志，那就意味着她能够解决无限多的新问题："如果我让这个邻居通过，我将会是在遵从这个标志吗？""如果我在取另外那个箱子时让门一直开着，我将会是在遵从这个标志吗？"如此等等。这些解答的背后是否有一个公式？是否存在某个东西，使得即便一个人不具有与皮娅相同的世故性的具体形式，这个东西也会让他达到这些解答？

　　如果对皮娅来说，像她所做的那样理解这个标志，就是在上节的意义上，与该理解明确处于其中的一个未具象化的表征相关联，那么这一表征就会是这样一个公式。**这**次让那个具体的邻居通过，根据一种对标志的理解，是与它相符的，但根据另一种理解则不是如此。如果它根据皮娅对标志的理解是与它相符的,那么她就此与之相关联的那个表征就有一个明确的特征,将它与她在以不同方式理解标志时,可能与之相关联的所有表征区别开来。那一特征是一个无歧义的线索,提示相关问题的解答必须是什么样的。我可以仅仅通过提醒她这个标志所说的是要保持门关闭,就使得皮娅能够解决这个问题。但是对我来说,要想通过**这样**说来使得她能够如此,就必须利用她的世故性。根据第 3 讲的观点,那正是她会与之相关联的那个表征所**不需要**做的事。

这样一个表征因此就会是对无限多问题的解答的一个概要,所有那些解答都可以从这个概要中获取。一个人将不需要皮娅的世故的形式或其他具体形式,就能完成这种获取。它可以是一个低能特才的任务。但是皮娅的世故性使得她能够应对无限多的潜在相关,并有时出乎意料的考虑因素。它尤其是这样一种能力,即当问题是,比如,让**这个**邻居通过是不是遵从规则的时候,看到什么需要被纳入考量,而什么不需要。(假设**这个**邻居穿过房门的笨拙方式会使门的铰链脱落,从而它再也无法被关上了。此外,他的手臂太短,或者他的肚子太大,以至于他无法自己开门。如果皮娅为他开着门,从而带来注定的灾难,那么违反了规则的是**她**吗?)真的存在这样一种对所有具体解答的概要吗?无论被讨论的是哪个问题的集合,回答似乎都不应该自动地是“是”。即将被提出的那个替代方案假定,不存在这样的概要。

我现在来谈意义。我首先谈论有关意图的一个完全一般性的观点。一个人不能意图做某件他知道或极其确信自己不能或将不会做的事情。当公交车晚点时,我不能意图伸展双臂飞去上班。(如果我有足够严重的妄想症,那或许我能。)这不是一个心理上的限制,即好像我们意图的能力太弱似的。无论我在公交车站挥动我的手臂时做的是什么,它都不是意图飞翔。

意图的这一特征意味着,当涉及意图某事物,或用其表意时,能力可能是一个障碍。如果我说汉语,并且足够擅长说话,那么我就会认识到,如果我在会议上说“希德将会迟到”,我将说出的就是希德将会迟到。一旦认识到这一点,我就不能在这样说时意图说我早餐吃了羊角面包,或者你的车在禁停区。我不能用我的语词表意从而说出那些东西,因为我知道它们不会那样。所以我不能通过我所说的“希德将会迟到”来意指那些东西。(我所说的是具体情境。我们可以进行人为操纵,使得我的“希德将会迟到”成为一个告诉你你的车在禁停区的暗号。这个会议没有那样的操纵。)

这第一个观点伴随着另一个观点:在正常情况下,我们意图我们所说的语词意指并说出它们在我们所说的语言中会意指的东西,以及在我们如此说那门语言的场合中，它们在对那种语言的言说中会意指的东西。在我们**知道**我们所说的语词意指或会言说什么的情况下，这只是第一个观点的一个个例。但是我是在一个更广泛的意义上说的。如果我说"皮娅和朋友们都参与了狂热的活动"，那么由于在正常情况下，我意在说汉语，我就是用我的"狂热"表达它在汉语中的意思，即**狂热**。如果狂热的活动就是极度兴奋的活动，那么，在那种意义上，这就是我用我的语词表意从而言说的东西。当然，我可能认为"狂热"的意思是**幼稚**。在这种情况下，也存在一种方式，以使我用我的语词表意从而言说幼稚的活动。这样的话，就有一个问题。我将会再回到这一问题。在特殊的情境中，我或许会说"狂热"，同时**不**意在说汉语，或者根本不在意我是否在说汉语。我将暂且撇开这些特殊情境不谈。

因此，这里的规范是：我们用我们所说的语词表意，使它们说出它们确实说出的东西；我们用它们表意，使它们承载它们确实承载的理解。在我们知道那是什么的情况下，我们就会这样做。所以在我们能够被认定为知道我们所说的是什么的情况下，我们就可能被认定为表达那样的意思。无论决定了我们所说的是什么的东西是什么，它就此也决定了我们所意指的是什么。（如果正如我们现在假定的那样，说事物是如此这般就是维特根斯坦将它理解成的那种现象的话，我们就已经有了一个关于这些事情如何被决定的图景。）正常情况下，事情就是这样的。这就是这个有关意义的替代观点的第一个支柱。

当我意指的是某个并非我所说的东西时，那就因此是一种反常情况。在这种情况下，无知，或者也许是混淆，占据了支配地位。我们因此能够通过展现这种无知或困惑究竟包括了什么，来了解我是如何用我的语词表意的。我认为"狂热"的意思是幼稚。所以，意在说汉语（因此意在用我口中的汉语词意指它们确实意指的东西），我（错误地）用我口中的"狂热"表意以意指**幼稚**。所以，说我用我的语词表意从而说皮娅和朋友们参与了幼稚的活动，是有道理的。我就此意在说的，就是如果我说的是"皮娅和朋友们参与了幼稚的活动"的话，我（在情境如我所感知的那样的情况下）本会说出的东西。现在，正常情况下的主导观点占据了上风。凡是确定了我本会就此说出的东西的，都会确定我就此意指的东西。

对于混淆来说，情况也类似。我说："他浪费得太多了（Hij kwijnt veel te veel）。"作为一个荷兰语说得不完美的人，我偶尔会混淆浪费（*kwijnen*）和流口水（*kwijlen*）。毕竟，它们听起来确实很像。所以我意在说的是他流的口水太多了。同样地，当我们解释了这种混淆后，我们就可以应用正常情况下的原则。

对于错误情境来说，情况也类似。在我进入房间时，皮娅和佐伊正进行一场对话。我以为他们是在讨论希德的神秘病症。我弄错了。他们是在讨论他们的晚会。意在减轻他们的焦虑,我说:"希德哼哼叫。"当然,我是基于一个医生会感兴趣的那种理解来用这句话表意的。但我并没有基于那种理解说出它。我因此意在说的是,如果我正对一个医生,或对在讨论希德的病症时他相对焦虑的朋友说话的话,我所会说出的东西。现在,正常情况的模型再次占据了上风。

因此,在第一个模型向内看时,这个替代模型可以说是向外看,以寻找说话者对于他在做的事情所心存的某些图景的细微特征。关于这种向外看,有一件通常的事情需要强调。如果问题是,在某个场合说譬如"希德哼哼叫"这句话时,一个人会**说出**的是什么的话,那么,那就部分地是一个有关相关说话者所共有的感知的问题——那些能被假定为有能力把握这些事物的人,那些这类谈话可以为其而说的人。用维特根斯坦的术语来说,它部分地是一个有关判断中的共识的问题。可能会存在共识的那类判断,是这样一种东西:如果你把事物当作如同**就此**所说的那样,你就可能合理地期望比希德在太阳穴遭到足够重的击打时哼哼叫更多的东西。你会期望他有一个比较粗鲁的习惯。这一模型因此把一个人如何用语词表意和判断中的这种一致性联系起来。所以它是这样一个模型,根据它,一个人说话时所是的方式并不确定你能说出弗雷格式的东西——这些东西在判断中的对真值的共识的条件,原则上会是不相关的。

要说的有关弗雷格式的东西的那一点,只是这一点的另一种说法。假设我们问,在说希德哼哼叫的一个场合,对于事物何时会如同所说的那样,在我们会有的整个感知范围内,在我们就此准备认识到的一切东西之中,是否有某个未具象化的表征,可以在当前的意义上提供该问题解答的一个概要——是否存在某种方式以言说那个就此被说出的、从中能够不依赖于我们对其的直觉而推导出所有那些感知的东西是什么。正如在第 1 讲中所论证的那样,没有理由期望答案为"是"。除非确实是那样,否则,以一种特定方式用语词表意,现在被发现其实并不是以某种方式与一个未具象化的表征相关联。这就是说,它不能被诠释为意在说弗雷格式的东西。

对于皮娅对在说要保持门关闭的某个场合中所说的东西的理解,在概念空间中总是留有余地,以使其在任意给定的时刻,与一个人会(适当地)具有的理解不同。**被**说出的东西可能碰巧是**她**说出的东西;在这种情况下,她的理解将会是她意在说它时基于的那种理解。她下达的命令是保持门关闭。那个笨拙的毁门者正在接近。我们**知道**如果我们不采取行动的话,什么将会发生。在正确的理解下,这个命令是否要求我们采取措施?那完全依赖于它的下达所处的情境。但或许是的。对于所有这些而言,**可能**有理由说那不是皮娅用它表达的意思。当她下达命令时,她或许从来没有想过这种可能,并且如果当时有人设法向她提出它,她只会感到困惑。有的情况下，这样描述是正确的。皮娅**可能**就是符合这样一个描述的人。在这种情况下，她在这一时刻所意指的，就不完全是她所说出的东西了。但是这些情况仍然是例外，而且是出于特定的具体理由的例外。根据这个模型，判断中的共识保留了它在个人意义领域的立足之处。

本节旨在阐述一种观点，而不是确立它。但我注意到一个考虑因素，如果站得住脚，则对这一观点非常有利。让我们回到一个人的语词中相互冲突的意图的例子。麦克斯知道"心形的"是动物学中的一个分类术语。他猜测它（大概）是指拥有脊髓。一天晚上喝酒的时候，皮娅对他说："希德像一头猪。"皮娅希望显得自己很有学问，麦克斯轻描淡写地说："是的，他们都是心形的生物。"麦克斯是否意在说，希德和猪都是心形的生物？是，也不是。他心中具体所想的并不是谈论它们的心脏。然而，他确实用他所说的"心形的"表意从而意指**心形的**。他意在说希德和猪都处在动物学家如此称呼的那个条件下（无论那可能是什么）。此处的"是也不是"似乎将我们置于了一个熟悉的情景中。它针对的是对用一个人的语词表意，从而说希德是一个心形的生物的一种理解，基于这种理解，这就是麦克斯所做的——所以基于这种理解，他用他的语词所意指的就是希德是一个心形的生物——以及对其的另一种理解，基于它，这不是麦克斯所做的。如果它们都是可接受的理解，那么对于其中任何一种来说，都存在这样的场合，在其中，如果麦克斯所意指的东西就**是**在用一个人的语词表意从而将希德说成是一个心形生物（等等）时会被理解成的东西，那么他说出的就是他所意指的东西。在这种情况下，麦克斯用他的语词表达什么意思，以现在我们熟悉的方式，就会是一个场合敏感的问题。

同样地，希德可能对阿尔夫说："为了感谢你四十年来的忠诚服务，我在此把这块金表赠予你。"根据（可能是）我们最熟悉的对"是一块金表"的理解，一块金表并不要求有金制的零件。不过，当然存在一种要求如此的理解。根据这种理解，"是一块金表"会和"是一块有金制表壳的表"相**对照**。显然，希德并不是基于这种理解用他的语词表意。希德是个有点无趣的人，他从未想过这样一种理解。甚至还可能要花些功夫，才能让他明白这种理解。（正如可能需要花工夫才能让人明白对"玛丽有只小羊羔"的某些带有性意味的解读一样。）那么，如果希德没有察觉此处的这些可能性，他是否用他的语词表意，从而基于那种不要求金制零件的理解谈论是一块金表呢？他是否通过它们意指，在那种对于某物那样存在的理解之下，他正在赠予阿尔夫一块金表？同样地，答案似乎既是又不是。存在一些目的，为了它们我们应该说是。[例如，如果阿尔夫事后抱怨，在金表（根据他的说法）应该被理解为所是的那种东西的意义上，他并没有收到一块金表，因此希德没有说真话。]存在一些目的，为了它们我们则应该说不是。希德的意思只是要以人们在这种事件中通常所用的方式来言说是一块金表。(阿尔夫应该觉得幸运,因为它是 14K 金的。)在一场有关这块表是不是彻头彻尾的金制的争论中,希德并没有做可能是偏向其中一方的事情。如果到目前为止,对于这个例子的描述一切正常的话,那么在这里,用一个人的语词意指如此这般的东西,也是一件场合敏感的事情。

它会就此对其敏感的场合,是那些说希德意指了这样和那样的东西的场合。对于它们之中的所有变体,希德在说话时,都保持着他所是的方式。他**恰恰**是其所是这一点,和对于他意指的是什么的各种互不相容的陈述,都是兼容的。由此可见,一个人在言说某些语词时是其所是这一点,并没有挑选出某个唯一的、完全是希德所意指的东西,被语词所意指。所以有关真实地说出,或正确地明白某人用他的语词表达怎样的意思的这个项目,不应该基于那种支持弗雷格式语言的意义的模型而被设想。这不是一个正确辨识有关说话者在说话时是怎样的那些精微细节的问题,后者被认为是在于辨识那些精微的语义细节,这些细节把**他**用他的语词表意从而说出的东西,与任何语词可能说出的其他东西区分开来。那种看待事物的方式,没能赋予说出某人意指的东西的场合以在**被**就此所说出的东西中的正确角色。

因此,我以对这一问题的另一种可能的看法作为本节的结束。它是对迄今为止在此所提出的模型所包含的想法的一个一般化。它使意义以及与之相关的理解,与我所认为的关于我们在说某人认为某事物如此时说了什么的正确观点相接轨(见 Travis 2000)。皮娅说:“希德哼哼叫。”她用这些语词意指了某事,某种她用它们表意的方式。上一节的那个模型以这一问题开始:“皮娅就此意指的那个东西(确切地说)**是**什么?”或者,相同地:“她用它表意的那种方式**是**哪一种?”它假定在正常情况下,某件有关皮娅如何存在的事应当决定这个问题的唯一回答。这个假设把我们推向了对于所说的东西的弗雷格式观点的方向。但是,我们可以找到另一个出发点[或许,我们可能希望,旋转“我们的考察的参考轴……围绕着我们的真实需要这个不动点”(第 108 节)]。

假设我们要具体阐述一种方式,皮娅可能或可能不以这种方式用她的语词表意,或要具体阐述她可能用这些语词意指的特定的某物。然后我们就可以问,皮娅是否以那种方式用她的语词表意。出于基本的目的,我们可以假定我们的问题有一个回答:“是”,“否”,“没什么好说的”。然后,我们可以参照与皮娅当时所是有关的一切,来考虑是否能合理地将她归类为更像是可以被期望为符合第一种回答的人,或者类似地,符合第二种回答,或第三种回答的人。然后我们可以问,如果一个人只能选择正好一个回答,那么其中是否有某个回答会是最合理的?假设确实如此。(正如认为希德关于手表的话将他置于有关它的零件的一个争论的一方或另一方一事的不合理性，有时可以使得认为他意在基于那样一种理解谈论"是一块金表"成为合理的，在那种理解下，有一个金制的表盘就够了。）那么，那将是对所提问题的正确回答。

这种"我们的参考轴的旋转"带来了两个关键的新特征。第一个是，对于皮娅以何种方式用她的语词表意这一问题，不再有对任何**唯一**正确答案的假设。如果基于上述考虑，某种她用语词表意的方式的候选者，值得被算作她**确实**事实上用它们表意的方式的话，那么，这并不排除如下可能，即其他有实质性区别的候选者一旦被纳入考虑范围，也值得同样的答案。另一个是，给定**最合理的东西**在对某个候选者的一个回答的真实性中的作用，就有余地，或有更多余地，以使得个人意义是一个场合敏感的问题。希德是否最合理地被归类为以如此这般的某种方式用"金表"表意，完全可能依赖于作出这种归类的情境或目的。

如果那些**存在**以用某人的语词表意从而说话的东西，就是那类会存在的东西的话，给定《哲学研究》开篇对命名的那些限制，那就会完全符合刚才所提议的旋转。如果它们是弗雷格所理解的那样，那么这样一种旋转，根据它的执行情况，则会要么是失序的，要么至多是不得要领的。那么，一个人就当然不能在旋转为个人意义留有余地的情况下，使后者具有场合敏感性。不过，尽管如此，到目前为止，我们所拥有的只是两种对立的模式。我们还必须看看，对于有关所说的东西的一种弗雷格式的观点，是否还有余地。

4.4 感觉与感性

在第 459 节的意象中，我们将命题翻译为行动（更一般地说，翻译为对特殊情况的处理）。有时，我们将某些这种翻译视为正确的。我们以某种方式用语词表意或理解它们（正如我们在某个场合所做的那样），就是准备将某些这样的翻译视为正确的，而将其他的视为错误的。对于一些翻译，如果我们保留自己的理解，或者对于它们意指什么仍有相同的理解，那么我们就**会**视其为真。皮娅看到防火门上的标志，接受了它的限制，并为她身后的人开着门。她把从它说要做的东西到行动的那个翻译视为显然正确的。那就是在如她所做的那样理解那个标志时，她准备看到的东西的一部分。如果认为该标志要求当着那个人的面把门关上，那就会是不同于皮娅所做的那样理解它。

我们现在有了意义和理解的两种相反的模式。对于准备进行某些第 459 节所说的那类翻译是怎么一回事，它们有重要的不同。根据第二个模型（如上一节所述），对皮娅来说，如她所做的那样理解那个标志，就是处于这样的位置，从而能看到对于无限范围内的、有关它要求那种翻译的新问题——有关它是否要求**现在**对门**这样**做的问题——的解答。对她来说，处于这样的位置，就是与我们共享一种看到如何理解该标志的能力，除非出于某种特殊原因，她在她的理解中偏离了那一点。

根据第一个模型(第 2 节)，对皮娅来说，如她所做的那样理解那个标志，就是以一种特定的方式与一种十分特殊的(未具象化的)表征相关联。那一表征要求它所做的那种特定翻译独立于皮娅准备认识到的任何东西，也独立于我们对于它要求的东西(如果我们能够把握它是哪个表征的话)可能碰巧共享的任何理解。本节将对把握这样一种特殊的表征的观点提出疑问。

这一翻译意象翻译出来的是略有不同的词项。希德告诉皮娅她的鞋在床底下。皮娅以一种特定方式理解希德的语词。具体来说，她将他当作是在基于对鞋在床底下的一种特定理解说话。现在她进入了房间。她遇到了恰切地如其所是的事物(假设它们如何处于三层楼之下与此无关)。她了解到了有关那些就此获得的条件(情境)的某事，或许了解得足够多。现在，有三种对希德语词的理解可被获取。根据对它们的一种理解，事物以那种方式存在就是它们如希德所说的那样存在。根据另一种理解，它恰恰不是。此外还可能有第三种理解，根据它，这一问题悬而未决。除了上述差异之外，这些理解可能非常相似。可能刚好只有其中一种是皮娅对希德语词的理解所要求的。在这种意义上，只有其中一种是那一理解的部分。

现在有一个关于这三种理解的可获取性的要点。我以相同要点的另一个实例开始。如果不是因为弗雷格父母的某项成功事业，就不会存在有关他的任何单称思想。在 1848 年之前，任何人都不能思考这样的思想。他的出生使得思考者们可以获取一个全新范围内的思想。在他们之中，足够特别的思考者可以对**他**进行思考，认为他是如此这般的。一个特别的思考者会是一个对他有适当亲知的人。距 1848 年一个多世纪之后，我才能够思考关于他的事情。只有给定对我们所处的环境的适当亲知，某些思想对我们来说才是可获取的。我刚才提及的对希德语词的那些理解也是如此。皮娅的鞋子如其相对于床的所是而被放置。于是就有这样一种对希德语词的理解：它们所说的东西是，事物以**那种**方式存在，就是事物如同它们所说的那样存在。某人可能就此理解它们。只有当一个人对如其所就此是的事物有适当的亲知时，他才可能**如此**理解它们。在具有那种理解的情况下，一个人必须对如此存在的事物作出反应。

一个人就此在某一特定时间之前不可获取的理解，我将称之为(对在那一时刻的那个人而言)**新的**；以及一种总归可以获取的理解，我称之为**在先的**，即便相对于那种新的理解它并不在先（或如果它本不如此时）。在听到希德的语词时，皮娅对它们所具有的理解，先于那些仅当进入卧室并遇到如其所就此是的事物之后才能被获取的理解。那些在对如其所是的事物随后的适当亲知后才可被获取的其他理解，相对于希德说话时皮娅所具有的那种理解更新。对皮娅而言，准备认识到某些从一个思想到行动的翻译（对其真或假的认识），就是准备认识到某些（相对于那种准备而言）新的理解是正确的。

　　那么，相当一般地说，如果根据对希德语词的一种理解，事物如其所是（或事物是如此这般）就**是**事物如希德所说的那样存在（或不存在）的话，那么这种理解就应该包含那样一些理解，它们**要求**相应的那些相对于它来说新的理解。它应该是这样一种理解，相对于它而言，将希德的语词理解为在谈论被**这个**所例示的东西（或没有被如此例示的东西）就**是**一种新理解，但是除此之外，它还是那种在先的理解所要求的。所以如果皮娅确实以这样一种方式，即根据它，有关那张床的事物如其所是就会是事物如希德所说那样存在的这种方式，理解了希德的语词的话，那么某种在先的理解——某些她在如她所做的那样理解那些语词时，就此具有的理解——必须要求相应的新理解。如果鞋子存在于三层楼之下，而非存在于皮娅所理解的希德说它们所在的地方的话，那只能是因为她在先的理解中的某个东西排除了那个相关的新理解。这些都是毋庸置疑的。它仅仅是对意义和理解的语法的一个评论。它提出的问题是，在先的理解如何**能够**要求新的理解。这就是我将要探寻的问题。

　　第二个模型对此有一个明确的回答。一种在先的理解所要求的新理解，是某个有着正确种类的感性的人会视为被要求的那些。具有这种感性，是具有那种在先理解的不可或缺的组成部分。它是那种理解所是的东西的一部分。而具有那种正确感性的人会看到的东西，显现于具有那种感性的人实际所做的事情当中——因为我们在判断中的共识中具有哪种理解。第一个模型必须给出一种非常不同的回答。根据这一回答，如果一种在先的理解确实要求了某种新理解，那是因为那种在先的理解包含了与一个具有某种特征的表征的关系，那种特征在成为它所是的特征时，仅仅要求那种新理解，此致。那一表征是可以被这样的某个人所把握（怀有、关联于）的，对他而言，那种新理解仍会是新的。所以，现在被讨论的那一特征不能包含对那样一些具体情境的提及，对它们的指涉使得那种新理解成为新的。尽管如此，还是有一些这一特征所要求的东西。一个人很可能会问，任何就此可被获取而成为一种在先理解的部分的特征，如何能够作这样的要求。但对于我们的目的，只需要问任何这样的特征如何能够是一种在先**理解**的部分就够了——我们如何在心灵中具有任何能完成被要求的工作的特征。

此处的想法是：语词能够为真（或假），仅当它们承载一种要求正确的新理解的在先理解。如果它们因是其所是的事物而成为真的，那就是凭借一种总归可以获取的理解（即便当它们不为真，或即便当一个人对使它们为真的东西没有亲知时），它要求它们被理解为谈论被是其所是的事物所例示的东西。这一看法正是可应答性这个核心概念的部分，后者是任何（涉及目前的这些对抗的）人都不会想挑战的。如果一个立场是可应答的，它必须把自己的命运**以某种决定性的方式**寄托在事物的存在方式上。只有这种寄托足够有决定性，是其所是的事物才可能确证或否证它。立场提出了一个可辨识的要求，是其所是的事物满足或没能满足它。这种要求最好不仅仅是要求事物以**这种**方式存在（"这种"仅仅指事物是其所是）。所以它最好是这样一个要求，即便当事物不仅仅如其所是时，它也会是可被提出的。那么，它最好是这样一个要求，即便当事物并不正好如其所是时，它也可以被满足。因此，关乎是其所是的那些事物的一个要求就会被算作新的。

当一个人用他的语词表意以承载一种特定的新理解时，他也用它们表意以承载要求那种理解的某种在先的理解。一个人的在先理解关联于一个未具象化的表征，后者独立于任何具体感性而做出那种要求，这会是什么样的呢？《哲学研究》第194 节在这一点上适合于这个讨论。该节中，在讨论有关一台机器能够运转的方式的一种特定看法时，维特根斯坦写道：

> 运转的可能性……被认为像是运转本身的一个影子那样。但你对这种影子有所了解吗？我说影子时，并不意指运转的某幅图画——因为这样一幅图画不必仅仅是**这一**运转的可能性。但是，这一运转的可能性必须仅仅是这一运转的可能性。（看语言的浪潮在这里卷得多高！）

维特根斯坦在此所想象的运转的可能性，不会像是运动的一幅图画。一幅图画是一个表征，因此也是一种一般性的东西。当机器确实运转了，我们问这是不是那幅图画所描绘的东西时，回答就必须依赖于图画中的究竟是哪种一般性——究竟什么东西会例示它。这种一般性将必须不驻留在构成图画的可见线条等等之中——因为它们可以被理解为以无限多种方式中的任何一种进行表征——而必须驻留在描绘的某种方式或方法中，它会被理解为这一图画在其中起作用的那种方式。这会导致上面提出的问题对这一图景产生，因而对如此被设想的运转的可能性产生：对机器上的一只旋臂而言，顺时针旋转半圈是可能的。现在旋臂运转了。这是它所实现的可能性吗？恰恰相反，此处被想象的运转的可能性，与上述意义上的新理解是一样的。机器运转了：它所做的当然是可能的。但是，在对那个只有

它的发生才使之成为可能的运作有亲知之前，对**那个**（根据相关的"那个"的概念）的可能性的思想本身还不至于是可以获得的。

当然，我可以说："这个机器的旋臂可以向右旋转半圈"，然后在旋臂下次运转时说出被确认的东西。但如果我这样做了，那将只是由于我所说的东西承载的理解。那将意味着（正如我们已看到的）**先于**这一运转而可被获取的某种理解，恰恰要求对于我所说的东西的那种新理解，根据那种理解，我所谈论的运转会是这样一种类型，使得旋臂的**那一**运转会例示它。所以，的确，"我们说'经验将会表明这是否给了插脚这种运转的可能性'，但我们不说'经验将会表明这是不是这一运转的可能性'"（第194节）。经验将会表明，何种一般性的东西事实上意指另外的何种一般性的东西。它将表明的正是在这样或那样的事实意义的例子中，存在什么一般性。但它将不会表明，哪些新的理解被哪些在先理解所要求。（尽管它将继续使得新理解可以获取。）这正是表述目前问题的另一种方式，这就此表明它是第二个有关遵行规则的讨论所涉及的问题。

让我们暂时回到有关遵行规则的第一个讨论。科尔马的路标利用它所在的情景来实现它所实现的东西。它利用了我们对以特定方式对待某种路标的准备，它自己也包含于其中。它也利用了我们所共享的、对于如何对待它出现于其中的具体情境的感觉。它意在，并且确实作用于我们的第二个模型：像我们一样的人**会**以特定的方式看待这些路标。在我们准备做的事情中，存在共识。例如，我们以特定的方式看待箭头。即便我们只能想象出一种理解某个标志的方式，也会存在那种利用。维特根斯坦在第185节中提请我们注意的，正是那种对我们的人类（或这样那样的人类）特有感觉的依赖：

> 现在我们让这个学生从1000往上续写一个数列（比如＋2）——于是他写了1000、1004、1008、1012。

> 我们对他说："看你做了什么！"——他没有理解。我们说："你应该加**二**——看看你开始是怎么写这个数列的！"他回答说："是的，这不对吗？我以为我就**应该**这样写。"——或者假设他指着数列说："但我是以同样的方式继续写的。"——现在，如果说"但是你看不出来……吗?"，并重复原来的例子和解释，会是没有用的。在这种情况下，我们或许可以说：这个人自然地理解了我们的命令与我们的解释，正如**我们**应该理解如下命令那样："加2直到1000，加4直到2000，加6直到3000，以此类推。"

　　这个偏离正轨的学生在上述问题上并不与我们共享那种偏狭的、人类的感性。正是在不共享这些感性时,他强调它们对我们的作用。他(当然)没有依据该命令被用以表达的意思理解它。但能够如此只是因为,它如何**被**用以表意,是被**我们的**而非他的感性所告知的。**这个**命令要求在 1000 之后写 1002。那就是一个具有我们的感性的人会看待它的方式。而且它要被理解为命令一个具有这种感性的人会将其视为所命令的东西。它承载这种理解这一点,使得我们在将其当作要求如此这般(例如,1000 之后是 1002)时所做的事情,成为**看到**它所说要做的事情。这个命令是**给**那些有着正确感性的人的。实际上,它就是以一个有这样的感性的人会采取的那种方式每次加 2。

　　这个偏离正轨的学生对这个命令的理解是有所不同的,如果他确实理解了的话。在这个例子中,我们能在他的偏离中看到一个系统。一个具有**我们**对模式的感觉的人能够在他的回答中看到理解一个命令的**一种**方式,即便它并不是一种我们会算作正确的方式。所以在这个例子中,我们可能说,那个学生以那种方式理解那个命令。如果他的表现足够不同,我们或许无法发现任何模式。然后我们就无法将理解该命令的任何具体方式归属给他。为了现在的目的,我们可以不考虑如下问题,即在这种情况下,我们是否能够认为他确实以(我们所不能把握的)**某**种方式理解了该命令。

　　这个学生面临如下任务,即拥有与我们共享许多东西的新理解。他和我们一样,具有很多相同的、用以形成在先理解的材料。他对相同的执行命令的范例具有亲知,并将它们作为范例来把握。他已经被给予了对加 2 应当是什么样子的所有相同解释。他把握了其中哪些应当是好的解释。(当然,对于任何事物应当是什么样子的任何所谓好的解释,都**可能**其实并没有那么好。一个人需要能够看到何时会是这样。)在给定他可获取的所有材料(例如,不同事物的不同范例)的情况下,他如他会理解的那样理解这些解释,从那些材料中,对它们的某种理解可能被形成,或至少可能产生。但是,他没有对加 2 具有与我们相同的新理解(相对于所有那些而言)。所以,这种共享的材料不足以确定任何新理解的唯一集合以作为前者本身所要求的那些。一个可能引发思考的问题是:还可能有什么(对我们或任何人来说可获取的)其他材料可以构成或赋予一个在先的理解?一个在先的理解还可能包含什么?还有什么东西可能唯一地确定哪些新理解是正确的?

　　个人意义的第一个模型**要求**另外某些东西。希德告诉皮娅"你的鞋在床底下",用他的语词表意从而承载一种特定理解(并且基于那种理解说出它们会说出的东西)。所以,这是在他说话时,在他心中的一种理解。根据这个模型,希德用他的语词表意从而具有的那种理解,被一个特定的未具象化的表征所识别,他与后者以他所意指的那种方式相关联。这一表征的一个特征——识别了一个人在如此表征事物时，如何表征它们的那个东西的一部分——是它将某些物品（此处碰巧是皮娅的鞋）表征为是一种特定方式。那是希德在说话时，心中可以（并且确实）具有的一种事物所是的方式，而（当然）有关那是什么方式的新理解仍是他心中尚未能够具有的。例如，它是他心中可以具有的一种方式，即便将它理解为一种被床周围的事物的实际所是所例示的方式，相对它而言是一种新的理解。不过同时，希德所关联于的表征的那一特征——它将事物表征为那种方式——本身恰恰要求了对他的语词的那些新理解，而它们事实上被基于他用他的语词表意从而承载的那种理解之下的那些语词所要求。这就是世界之是其所是（或卧室之是其所是）能够正好就是如希德所意指的那样存在，或不那样存在的事物，从而世界之是其所是能够使得希德意在说出的东西成为正确或不正确的。可应答性的根源就在于此。

　　弗雷格将概念等同于从对象到真值的函数。如果我们假定概念是事物存在的一种方式，那么这就是将这样的方式（当它们被很好地定义时）等同于这样的函数。如果在床底下是那种事物存在的一种方式可能是的东西，那么我们在这里想要的，大概是从对象和时间的有序对到真值的函数。我对这样一种等同的优点不作任何进一步的讨论。但如果在希德的心中，有一种鞋子存在的方式，它事实上发挥了上文刚刚赋予它的作用，那么他心中就此有的东西必须至少发挥这样一个函数会发挥的作用。他就此关联于的表征必须称呼或识别这样一个函数。**那个**函数就是正确的函数这一点，是他如他那样用他的语词表意的一部分，如果没有这个特征，他事实上就会以其他的方式用它们表意。他的心中如何**能够**有**这样**一种理解呢？

　　希德和皮娅进入卧室，看到鞋子和床如其当时所是地摆放着——鞋跟露了出来，等等。他们因而到达这样一个位置，以至于获得此前不能获得的思想。存在这样一种思想，即**这**是如希德所说那样存在的事物：事物**如此**摆放着，就是他所说的东西为真。对于假，也存在一种类似的思想。（也存在这样的思想，其大意是事物**那样**存在并没有解决这个问题。）对于如同希德所意指的那样存在的事物，以及他意在说出的东西的真来说，情况也是类似。依据第 459 节，将命令或命题正确地翻译为行动，正**是**将先前可获取的思想（他意指鞋在床底下）正确地翻译为诸如此类的新近可获取的思想。在我们的弗雷格式术语中，也存在两个从对象—时间对到真值的函数（函数是廉价的），它们在其他地方都或多或少是一致的，但一个对进入房间时皮娅的鞋取值为真，另一个则对这一参数取值为假。在希德如他所做的那样用他的语词表意时，希德心中可能有的那个东西是什么——那个**就此**可被获取，以使得某个东西成为那种他用它们表意从而使之具有的理解是什么——从而它会将一个而非另一个函数识别为被他所意指的东西所确定？

　　一个人如何**意指**一个从对象到真值的函数？如果我们将函数当作是外延性的,即将其当作仅仅是参数和值组成的有序对的一个集合,那么希德在那个时间所意指的东西,本身并不将任何函数识别为与他所意指的东西相对应的那个函数。因为与之对应的是这个函数还是另一个函数,依赖于那双鞋在当时是怎样的。如果除了鞋跟之外,它们都在床垫底下,这或许算作使希德意指的东西为真。但是,尽管希德意指了他所意指的东西,这双鞋也本可能被钉在天花板上,而一旦如此,事物(或许)就不会如他所说那样存在。要使事物如同希德所意指的那样存在,就**要求**关于这双鞋的某事;相应地,要使一个这类函数成为正确的那个,也要求有关它的某事。在希德说出他的语词的时候,他的心中**可能**有什么,以至于它**一旦**在任何思考者的心中,就会恰好(在事物是其所是的情况下)要求这些函数中的一个而非另一个?

　　我们在听到希德的语词时,已经具备了这样一些东西,例如亲知了被当作或应被当作在床底下的范例的那些情境;或许也具备了对于一般应当对某物在床底下有什么期望的想法或解释,如此等等。如果认识到希德言说了那个,并且看到了我们在他言说的情境中会做什么的话,那么我们就会具有特定的新理解。我们为那一任务而具备的东西,是我们如何理解他的语词的**一部分**。对于所具备的一切而言,都有比对现有情况的一种理解更多的东西。共享了在先所具备的一切的那个学生提醒了我们这一点。对希德和皮娅来说,鞋子如他所说和意指的那样存在,可能是显而易见的。但对那个学生来说,它们恰恰不是那样的,也是显而易见的。那个学生可能解释说:床的某些部分(床腿)和鞋子离地面一样低——二者都接触地面——从而鞋子事实上并不在床**底下**。那个学生甚至可能容许**存在**对在床底下的这样一些理解,它们并不要求低于床腿,而且可能容许在某些时候,当一个人说鞋在床底下时,他是基于这样一种理解说出它。但是,希德应该被当作是在基于这样一种理解说话这一点,就会让这个学生感到很荒谬。用以形成学生与我们共享的理解的所有材料,本身都不足以在我们的理解和学生的理解中作出选择。所以,给定是其所是的鞋子和床等东西,并不选择某一个从对象到真值的函数。

　　这个学生所缺乏的,是对于这样的材料具体应该被当作如何与希德的语词相关的正确感觉。但是,根据第一个模型,希德在意指他所意指的东西时所关联于的那个表征,其作用的发挥应当独立于任何人准备如何看待它。无论那个表征在任何人的认知经济中扮演什么角色,它都会在对新理解的纳入和排除中发挥相同的作用。因此,我们寻找的是这样的东西,它像事物存在的一种方式的一个范例那样,能够先于它必须要求的那些新理解而在心灵中被获取。但是,与这样一种范例大相径庭的是,它的存在本身就要求特定的新理解,以及排除其他的理解,正如同它们被希德如何用他的语词表意所要求或排除那样。对于具体而言，什么东西能够符合这一要求一事，我们毫无头绪。

并不是说，如同所表征那样存在的范例的某个特定集合，仅仅因其是其所是，就能要求事物或某事物的某个进一步的条件也算作例示了它。当然存在这样的函数，它们在范例中保持一致，但在新情况下有所不同。我们需要的，是与那些范例会如何被看待有关的某个进一步的东西。一个人应当如何看待它们，可能出于某些目的，被我们会如何看待它们所确定——被它们如何融入我们的生活所确定。但是，这里的这种要求要独立于一切这种考虑。看待范例的相关方式也不能被对于如何看待它们的一个解释所确定，除非该解释要被当作去解释的那个东西，已经以其他手段被确定。同样地，正如对遵行规则的第一个讨论所强调的那样，这样的东西可能会被该解释将/可以为我们解释的东西所确定。但是，就当前的目的而言，可以不管这样的考虑。当表征以现在的方式被表意以将新理解纳入或排除时，用以如此做的现有材料就还原为阐释（Deutungen），而每一个阐释又容许多种阐释。在这里需要作出要求，但我们却对什么可以如此做一无所知。

在这里可能有一种诱惑，以使一个人说：关键在于希德意在言说**在床底下**，给定事物存在的方式，**这一**事实选择了上述函数中的某一个作为正确的函数。在床底下显然确实容许多种理解，并且仅仅在基于一种特定理解时，才能在这些函数中选择一个。那个偏离正轨的学生对在床底下的理解，可以被认识为**一种**理解它的方式。我想不出任何这样的例子，在其中可能的理解的多样性不会这样明显。但是，假设我们找不到对在床底下的不同理解，或者，更可信地，对以我在根据我的理解使用那些语词时，就此言说的那种方式存在的不同理解。这样一来，那个诱人的建议只是将我们要解决的问题搁置一旁而已。当希德如他所做的那样用他的语词表意时，他的心中有什么可被获取，从而使得如此被设想的**在床底下**成为他所意指的那种鞋子存在的方式？当时他的心中能够具有什么，从而使得他当时尚不能获得的某些思想，成为被他当时如何用他的语词表意所要求的那些思想？反过来说，当**在床底下**要被理解为当时希德心中具有的某个东西时，有什么与它相关的东西，使它免于容许那样的理解，即不同的理解可能选择不同的函数？在**此处**说希德以如此这般的方式（用某些语词表述出来）用他的语词表意的那种诱惑，对解决当前的问题根本毫无助益。

诚然，如果我们能够现在在心中获得一种鞋子存在的方式，以至于对于我们尚不能具有的任何一对理解而言，它都彻底排除了其中至少一个，并且独立于我们在它**是**可获取的时对其正确性的感觉的话，那么希德当时也能够如此。但是，仅仅使我们满足于自己能够如此做的那种想法，并不是在正视当前的问题。

　　我总结一下。在希德意指事物以一种特定方式存在时，对卧室中的条件的亲知使得三种在其他情况下不可获取的思想（因而三种理解）可被获取：事物**这样**存在就是事物以那种方式存在；它是事物不以那种方式存在；以及到目前为止，它还不足以给这件事情下定论。每一种思想都对应希德可能用他的语词表意的一种不同方式。假设在希德说话时，这些理解对他来说还是新的。根据第一个模型，希德如他所做的那样用他的语词表意，就是与某个特定的未具象化的表征相关联。假设卧室中的事物是其所是，就是它们如希德所意指的那样存在。那么根据这个模型，他如他所做的那样用他的语词表意，就是与一个将事物表征为 F 的表征相关联，而在这三种新理解中，只有一种（也就是第一种）是对事物是 F 的可接受的理解。是 F 所是的东西，就简单地排除了其他理解。假设存在这样一种作为是 F 的东西。那么，现在的问题是，也存在另一种理解——称之为"是 F*"——它在先于这些新理解而可被希德获取的所有理解上，特别是在那些如上所述的从"命令到行动"（从事物以如此这般的方式存在到事物**这样**存在）的翻译上，与 F 完全一致，但在那些新理解上（在希德在说话时不能具有或获得的理解上）与 F 不一致。事物如其所是地存在，就会是它们是 F，而那是这样一个思想，以至于如果它会是它们是 F* 时，它也是**在当时可被获取**的；一个当时可被获取的理解，就会正好在它是对是 F* 的一种可接受的理解时，也会是对是 F 的一种可接受的理解。那么，在希德之是其当时所是中，有什么能够在他如他所做的那样用他的语词表意时，使它成为他所关联于的将事物表征为 F 的一个（未具象化的）表征，而不成为将其表征为 F* 的一个表征？在这里诉诸事物是 F 而非事物是 F* 的亚信念的互动，无济于事。我们很容易就能假定没有这样的东西。与希德同类（并且与我们同类）的思考者可能一致认为这一点是显然正确的，即卧室是其所是就是事物如希德所说的那样存在，并且凭借这一点，前者也是它们如他所意指的那样存在。但是，那一弗雷格式的模型禁止将它作为此处产生的问题的答案。这恰恰没有留给我们任何答案。可获取的理解——例如，是 F 是此处要考虑的东西——要独立于偏狭如何或是否发挥作用，而把尚不可获取的理解唯一地确定下来。这一想法已被证明是说不通的。

　　因此，我们无法弄清事物存在的方式这一想法的意思，如果将它等同于它独立于对于它所是的那种方式的新理解的任何特殊的偏狭感觉而所是的方式，而后者仅仅在是其所是时，要求某个唯一范围内的新理解。我们能够融贯地（并且或许正确地）将希德看作以一种要求对它们的特定新理解的方式用他的语词表意，仅当我们能够（融贯地）将他之如此用它们表意视为对一种特定的感性——一种我们能够弄清其意思的感性，通常是我们自己的那种——的行使或例示。他经由新理解如此用它们表意所就此要求的，就是一个有着这种感性的人会具有的那些理解。对于某人而言，以一种特定方式用语词表意或理解语词，就不需要别的东西了。

　　这就是说，我们至少不能称呼那些免于（多样的，并或许相互冲突的）多种理解的事物存在方式。我们甚至不能把握那样做会是什么样的。这种免疫性不能从（所谓的）个人意义的功绩中继承而来，从后者中，就这种情况的本质而言，我们是被排除的。我们言说或思考的任何事物存在的方式，都能够容许理解。只要有对其的一对新理解出现，而我们的感性又不能在其中选择时，它就会如此。在我们的感性之外，没有任何东西可以在这种情况下使得有某个我们没能**侦测到**的东西存在。这就是说，对我们来说，不存在弗雷格所假设的要说出或思考的东西。弗雷格式的语言意在防止有关判断（有关可应答性）的损失。第 3 讲在发展《哲学研究》的可应答性概念时，展示了这种防范可能以何种方式矫枉过正。但仍有一些可以理解的忧虑。我将在第 5 讲中再谈论它们。

　　根据我们现在达到的观点，以一种特定方式用语词表意就是行使某种特定的感性。以一种值得注意的方式，这一想法已经包含在了第二个模型从中开始的那个不言而喻的前提里。你不能意图做你知道自己无法做的事情。在对我们的同伴说话时，我们是对那些被期望共享（足够多的）我们的偏狭感性，并在理解我们所说的东西时（以他们的方式）应用这些的人说话。如果希德告诉皮娅，她的鞋在床底下，他就是对这样一个人说话，她可能被期望将某些新理解视为被要求的。在与皮娅共享足够多的感性时，他看到了足够多他可能就此期望的东西。以已经简述过的方式，这让希德看到了他事实上将在言说如此这般的东西时所说的东西。即便希德以某种不可能的方式具备了意在言说弗雷格式事物的手段，他也不能意在言说它们，从而清楚地知道它们并不是他事实上将会说的。我们对我们语词的意图，**必须**以这种方式与对它们（明显地）所期望的东西相啮合。无论如何，它们的这种啮合对我们的目的都足够了。服务于这种目的的东西，无疑不需要被任何进一步的运气所挟持，就能成为可应答的。

　　这个结果有多大的一般性？希德不能用他的语词表意从而说出他知道它们将不会表达的意思。这限制了在对他的同伴说话时，他能够如何用它们表意。但假设他只是在自言自语。此时，难道他不能以他的同伴不会，甚至不能，用以理解它们的方式来用它们表意吗？他难道不能用它们表意，从而使之承载私人理解吗？这是第 5 讲的一个话题。

　　本讲的核心观点对最前两讲的主题之间的关系作了新的阐发。第 1 讲发展了《哲学研究》最开头的一条思路，它关于什么可以或不可以在称呼事物存在的一种方式中被实现。用语言方面的术语来说，有关称呼了事物存在的如此这般的方式的仅有的事实，与对这一命名在其中被作出的那个整体的真的要求作出各种互不相容的贡献中的任何贡献,总是相互兼容的。第 2 讲的主题不是称呼事物存在的一种方式,而是称呼一个个体——一个可能是各种方式,但本身并不是一样东西所是的一种方式的东西。根据第 1 讲所反对的那种对于命名的观点,命名事物存在的一种方式,就会相当于**称呼**每个这样的具体情境,即它会是事物以该方式存在的一个实例。本讲的一个主要观点是,那会使得称呼某个大致可以被命名的东西——例如在床底下,或者是一个哼哼叫者——要求称呼无限多当时还不可以被称呼的事物。思考我们现在**能够**思考的东西,就会要求思考我们现在无法获得的东西。这是一个不融贯的想法。其不融贯性提供了一种观点,以解释第 1 讲的论题为何必须是正确的。称呼一个个体,和称呼个体所是的一种方式,是有关键的不同之处。这一主题将贯穿第 5—6 讲,最终证明,这一不同对经验的本质是至关重要的。

4.5　人性与谦逊

在第 1 节,维特根斯坦谈论了"人类语言的本质的一幅明确的图景",接着发现这一图景是有缺陷的。用我们现在的术语来说,这个有缺陷的图景是对于作为弗雷格式语言的人类语言的一个图景,而我们现在已经看到语言,或人类语言,不可能是这样的。为什么限定于人类呢? 是不是**人类**语言不能以这种方式运作,而火星人的语言或许可以? 或者是否可能是,我们能够对语言本质所持的任何图景,都不能有资格算作**语言**的全貌的一幅图景? 如果现在的思路是正确的,它是否并没有说明,弗雷格式语言这样的东西完全不存在? 当我们考虑到迄今为止所达成的东西时,这个问题是值得反思的。它在当前对维特根斯坦的阐释的语境下也是值得反思的,在其中严肃的怀疑被提了出来,它针对维特根斯坦究竟是否会认可论题或论证这样的东西。

维特根斯坦当然对哲学的野心有所保留,并且这些保留不仅仅是对于传统哲学家事实上所具有的那些野心而言的。但或许,并不是说他将论证和论题排除出去,这些保留就能愉快地付诸实施。对于论题,我已经提了同样的建议。在《哲学研究》中,维特根斯坦有时确实是亲自断言事物的。如果不借助**一些**能够如此表达的承诺,就很难看出一个人如何能够做任何一种哲学。论证至少是一种合法的手段,以看到一个人处于何处——正如在认知空间里的那样。一个人看到自己的承诺如何相互适应,以及与那些尚未成为承诺的东西——在一个人看来是承诺的延伸的东西——相适应。当然,任何论证的凭据都是面向批判性的考察的。它们有被质疑的空间。所以,仅仅是给出一个特定论证的可能性,还不足以凭借自身,独立于场合地解决那个它的结论是其答案的问题。但微不足道的是，给出论证**是**一种解决问题的方式——在那种情况下，正如可能发生的那样，它们是在其凭据毋庸置疑的周遭环境中被给出的。

本讲中的论证如果正确，就表明了**我们在我们的**认知空间中处于何处。我不认为维特根斯坦会反对将这种表明那一点的方式冠以"论证"的头衔。我们不能使得弗雷格式的语言，或弗雷格式地说话这样的想法，具有任何真正的意义；对语言的那种想法中所体现的、对可应答性的观点的那种特定阐发也是如此。相应地，那种语言的概念，以及更关键的可应答性的概念，不能构成我们在采取或表达我们所采取或表达的可应答的立场时所具有的野心或标榜的一部分。所以，存在一种形式，使得我们的语言——也就是说，人类的语言——不采取它，并且我们也没有办法给出它。我们在上面所看到的，（在我看来）应当算作对此的**证明**。

此时对**人类**语言的提及，可以提醒人们注意谦逊的两个相互关联的原因。第一个原因是第 3 讲的主要寓意。在我们的认知空间中，没有任何能让弗雷格式语言的想法具有真正意义的余地。那并不是说（我们在处于能够谈论任何事物的位置的时候，都不可能是如此）已经确定永远不会有这样的余地。也并不是说，我们的语言，或一般而言的语言的非弗雷格式特性，一旦被我们对语言可能是什么（或语言存在会是怎么一回事）的把握所排除，就会凭借人工的必然性而成立。即便这一消极观点（当然）并不意味着，在我们的认知空间中，就其现状而言，有任何余地以让我们形成对于存在这种不存在的余地会是怎么一回事的任何想法。

第一点为这个第二点留出了空间。一个好的论证是一个证明。证明是无可争议的东西，或者无可争议地从它推论而来的东西（一个证明）。所以如果对于（我们的，因而人类的）语言不能是弗雷格式的这一点，我们有一个好的论证的话，那么语言不能是那样就是无可争议的。但是——用正面的断言来阐述这一点——无可争议的东西和并非无可争议的东西，只有在特定的、偏狭的具备物——对于什么是可怀疑的、什么正好为是如此这般的一部分等的一种特定感觉——发挥作用的情况下，才能被确定。我们能够谈论的无可争议性，是从我们的角度来看的无可争议性。[威廉斯注意到了偏狭在确定对世间事项的证明中的本质性作用（作为一种威胁）（Williams 1978：67），克拉克也注意到了（作为一个有趣的结果）（Clark 1972）。看到猪圈里的猪会是对那里有一头猪的证明，仅当错觉论证能被击破。而如果不给我们在这种问题上的某些偏狭感知以颜面，就不存在击破它这回事。]

用负面的形式来呈现这一点，我们所能拥有的对无可争议的东西（因而对证明）的任何获置，都不会配得上这样的地位，即"从**任何**认知空间的内部、任何关于世界的思想的组织内部，看到无可争议的那个东西"；看到对**任何**思考者来说都会

是无可争议的东西,无论它在思想中与事物之是其所是如何相关。看到认知空间
中不存在留给这样那样的东西(比如,弗雷格式语言的观念)的余地,并不是看到在
可能算作一个认知空间的任何东西中都没有留下余地。我们在其中没有看到任何
这种余地的认知空间,是我们所寓居的,或能够看到自己所寓居的认知空间。这样
说就是背弃一种传统的(并且事实上是弗雷格式的)哲学野心:说出(指明)对任何
思考者(对任何可能算作一个思考者的东西)来说都必定如此的东西。那当然是维
特根斯坦意在放弃的一种野心。(第 5 讲将详细阐述这一点。)但是,放弃那一点还
不是放弃一切哲学野心。还有很多东西可以说。当我们谈论认知空间中的空间
时,我们谈论的是我们所寓居的认知环境中的空间。所以说,一个人可以正确地
说:语言可能是弗雷格式的这一观点,没有真正的意义。

　　这里的要点并不是说,将这一结果视为一个**论证**的结果是有害的。那会是在
表面上拒绝采纳一个完全好的、日常的概念——**论证**;它**可能**是维特根斯坦几乎
不会同情的一种拒绝。只有在一个特定的哲学语境内部,对语言是什么或可能是
什么的谈论才需要被**明确地**限制在人类身上。以理解我们自己、人类和我们的认
知的位置为目标,就是以这种理解在那个位置上会被理解为的东西为目标。这就
将哲学的野心限制并减少到了正好需要的程度。

第 5 讲
超越

　　人们可能会自然而然地对维特根斯坦对偏狭的呼吁感到担忧,《哲学研究》的第 242 节承认了这种忧虑。那就是这种吁求会使人陷入观念论。第 243 节引入了私有语言的主题。这两个主题可能以怎样的方式关联?

　　这一忧虑,在第 242 节中表述如下:

> 　　不仅在定义上,而且在判断上(即便看起来很奇怪)的一致,是承载信息的词语的一部分。这似乎废除了逻辑,但并没有。

　　正如我们所看到的那样,废除逻辑恰恰是废除可应答性——我们所采取的那些**关于**事物无论如何是怎样的立场,与我们采取这些立场无关的可能性。这就是形式最普遍且最有害的观念论。[曾经,那些怀疑偏狭的人——尤其是英国的经验论者——认为谈论观念——据说是不同意义上的一种观念论——是一种**保全**(真正的)可应答性的方式。但是,随之而来的一个观点将是：它们由此而陷入了刚刚描述的一般形式。]维特根斯坦和弗雷格一样，当然认为私密性破坏了可应答性；这当然会制约我们如何思考我们与"内在"生活的关系。私有语言讨论得出了其中的一些限制。

但是，这里的问题恰恰相反。要从私密性中汲取的教训是否对第 242 节所引入的那个担忧有影响——或许它们有助于平息这种担忧？维特根斯坦向我们保证，他所说的"判断的一致"并没有废除逻辑。私有语言讨论是否意味着，除其他外，是对这一思想的阐发？这里有三个简单的想法，说明其如何可能是如此。

第一，如果我们讲一门独立于任何维特根斯坦式的对偏狭的诉求而起作用的语言——从而在确定在其之中作出的陈述何时是正确的（真的）时排除了这种诉求——会发生什么？第 4 讲给出了一个说法，说明为什么结果不会是语言，或者至少不是人们可以传达信息的语言——也就是述说事物的语言。但这里有一个进一步的想法。或许这样一门语言的说话者会正好处于私有语言者的地位（至少在那些方面，这导致了在私人情况下可应答性的丧失）。所以，这样一种语言的使用者将失去在其中表达可应答的立场（判断、思想）的可能性。**这**或许解释了为何我们不说这种语言。为了看清是否如此，我们必须看清在私人情况中究竟出了什么问题。这就将我们引向了下一点。

第二，维特根斯坦并不是反对私有语言观念的第一例。弗雷格在他之前就有。弗雷格的案例是强有力的。但它肯定没有将弗雷格引向这样的看法：或许偏狭者在语言中、在思想中以维特根斯坦坚称其如此的方式运作完全没问题。恰恰相反。对他来说，按照他的说法，私有语言出错的地方，正是凡偏狭者做维特根斯坦说他必须做的事情时，就**必定**会出错的地方。对他来说，破坏可应答性的是私有语言和单纯排他性语言的一个共有特征：为或许无数思考者所共享，却将某些排除在外的语言。所以，如果有人想要去排遣第 242 节所表达的对观念论的担忧，可能需要去修正弗雷格的案例。可以肯定的是，在私有情况中确实出了一些问题。但它最好不要**只**是弗雷格认为的那样。私有语言讨论的一个要点**可以**是作出所需的修正。

第三，正如伯纳德·威廉斯（Williams 1982）和阿德里安·摩尔（Moore 1997）等哲学家所指出的，如果维特根斯坦是一个观念论者，那必定是一种非常特殊的观念论。这就需要一种非常特殊的用词来说明这种观念论。然而，威廉斯和摩尔等人都认为维特根斯坦是那种观念论者。他们对那种类型的称呼是**超越的观念论**。（对它的否定将是超越的实在论，这要求对用来陈述它的词有一个同样不同寻常的理解。）"超越"的名字可以追溯到康德。康德**坚称**，"观念论超越上为真，但经验上为假"（无论这究竟是什么意思）。我想它的意思**一定**是：如果我告诉你我的餐厅里没有椅子，而我是从"经验上"说，也就是"以日常的方式"说的，那么我说的就错得离谱(你一看到我的餐厅就会明白)。但如果我这样告诉你，并且我是以超越的方式来说，那么我说的就是真的。超越地说对餐厅里有椅子这样的概念施加了一种非常特殊的理解。(我感到康德不会想看到他的观点被这样说。)

维特根斯坦预见到了他所处理的这种观点。他的回答，简言之，就是根本没有超越地讲这回事，没有这种语词要去承载的特殊理解。正如大家一致认为的那样，他不是一个经验的观念论者。这件事就到此为止了。没有更多可讲的，也没有更多种类的观念论或实在论。我确实认为这应该被视为维特根斯坦的一个深刻的反康德主题。不过，它是如何起作用的，还有待详细研究。那么，私有性在这里的作用就被表明和第 1 点中的情况很像。超越的观念论者将与私有语言者处于相应的同一位置。但在那个位置，没有可应答的立场，也就是没有可评价其真的立场可被采取。所以，不存在超越的观念论。(误以为有这样的东西的人，也可能把自己当成是这样的东西。**这**可能叫超越的观念论。但维特根斯坦肯定不是这样的人。)

私有语言者的立场有一个特别的特点，如我们将要看到的，是维特根斯坦格外强调的。这就是，说些什么话的意义无法进入对于如此说出的是什么的固定。事实上，在一个重要的意义上，在私人的情况下，说什么都不可能**有**意义。仅有的意义可能是对事物如何的纯粹知识上的兴趣。私密性的这一方面使维特根斯坦的处理在一个重要的方面与弗雷格的处理保持一致，尽管弗雷格关于有意义的想法并不那么维特根斯坦。对于弗雷格来说，私密性出错的**一点**在于，一个人在私有情况下会有的判断(的对象)无法在推论或因果网络，或更一般的事实意义网络等事物中占据位置。在此意义上，这种似然的思想是无意义的。不过，这就指示了仍需展开的问题。

因此，有三个主题要展开。我将按下述方式展开。我将首先(以若干方式)详述那个已被觉察到的观念论威胁的确切本质。在这样做的过程中，我还将详述有关超越的问题应该是什么，因为我认为这一点不如前述的两点问题明显。然后，我将着手处理第 2 点。这对于处理第 1 点应该也有所助益。如果我们能走到这一步，第 3 点应该不难。

5.1　焦躁

假设希德说"湖水是蓝色的"，从而说日内瓦湖是蓝色的。就当前的目的而言，偏狭是否或者如何牵涉进了使我们走到这一步的过程中(使这些话，在希德的口中，说的是**那件事**)，并不重要。无论是对弗雷格还是对维特根斯坦来说，在这儿都不必关心这一点。关键是,我们迄今至少已经得出了合宜的断言是一个可应答的立场:关于日内瓦湖是蓝色的断言。语言是其所是,希德以(可区分的)部分到达那里:谈及日内瓦湖,谈及某物是蓝色的,从而谈及日内瓦湖是蓝色的。弗雷格也可以为了论证而允许,在谈及某物是蓝色的时候,人们谈到了是蓝色的这一概念——也就是说,有这样一个概念。或许弗雷格并不真的这样认为。但无论弗雷格会承认什么是概念(至少是一个事物可能偶然存在的方式),维特根斯坦都会催促偏狭承担对其的作用。

按照弗雷格的启示,我们已足以仅仅通过,或在其所是之中来让世界接管并敲定希德立场的正确性(真)。[如果立场是可应答的,并且如果世界事实上不这样做,那么就没有什么能做到。在这种情况下,如果你是弗雷格,希德毕竟没有谈及一个概念,并且人们也没有一个可应答的立场(或者,到目前为止,**任何**立场)。]不过,对于维特根斯坦来说,就不是这样了。说到一个湖泊,比如说,之为蓝色,可能是无数语言游戏中的任何一个部分。这只是这样说的一种方式:是蓝色的是容许多种理解的事物的一个条件。(事实上,湖泊是那种按照某些理解极有可能是蓝色,而按照其他理解则不是的东西。)那么,**既然**说日内瓦湖是蓝色的,究竟**该**如何理解希德的说法呢? 确切地说,按照这种理解,怎样一个湖泊之如其所是(曾是)的具体案例,会算作它是蓝色的? 这是个,如维特根斯坦所言,要通过"判断的一致"来解决的问题。(这就是第 242 节所提到的要求在判断上达成一致的东西。)这个问题要通过相关的偏狭的见解来解决,即关于希德的话该如何理解;也就是说,用刚才的话说,关于在那个意义上什么**应当**算作一片湖泊之为蓝色。

但是,如果我们在此处理的是一个真正可应答的立场,那么这种见解现在将被怀疑干了本应是世界的活——越俎代庖。这种怀疑是目前观念论忧虑的根源(不过,正如我们将要看到的,这种忧虑也可能采取其他形式)。人们或许因一个错得无聊的理由而有这样的想法,但也有一个更微妙而有趣的理由。

那个无聊的理由,说白了,是这样。我们已经判定希德把日内瓦湖描述为蓝色。除了日内瓦湖是否是蓝色的,还有什么可以判定他这么说是否正确呢? 如果任何一类思考者的任何一类见解在决定这一点上发挥哪怕一丁点儿作用,那么它就已由此侵入了世界的领地,我们并没有一个真正可应答的立场。

这一思路根本是错误的。假设维特根斯坦和我都是对的,是蓝色的确实容许理解。那么,如果在某个场合,希德称日内瓦湖是蓝色的,他是基于某种理解而这样做的——不管那个场合强加了什么。如果他做了这样的事情,那么(在"说"的一个用法上),我们可以真确地说他说日内瓦湖是蓝色的。但是,我们由此针对他所说的(其真仅仅由刚刚描述的希德的行为来保证),并不能识认出,也不能假装识认出他说日内瓦湖时依据的对蓝色的理解。所以，有这样一些希德作出的事情：他产生了一种行为的一个实例——说日内瓦湖是蓝色的。他这样做的结果，是为确定他是基于对蓝色的何种理解这样做的进一步因素留下了余地。所以，前面提到的见解可能是的进一步因素（或对其可能是敏感的东西）或许不需要做世界的工作。在固定希德的立场对于**什么**是可应答的上，有更多的工作要去做，这些见解**或许**只是在做这项工作。

　　这就是那个无聊的不安。更有趣的是这个。我识认出在希德的案例中起作用的偏狭见解的一种方式是：对于一片湖泊之是其所是的哪些具体情况会被算作一片湖泊按照希德说日内瓦湖是蓝色的理解而是蓝色的见解。但是，如果那种形式的见解有去仅仅敲定希德的立场要被理解为是什么——被当作可应答的意味着什么——的余地，那么，事实上以及理论上，它们，或者一定范围内的它们，也有做其他不那么合法的工作的余地。假设希德叫皮娅女巫。对于作为皮娅之所是而存在就**是**是一个女巫（基于希德所说的对于是一个女巫的理解）的普遍共识，无需贡献于确定希德之所言是可应答的。它无需是关于**可应答**立场的正确理解的共识。

　　如此看来，有两种情况。在一种情况下，有一些可应答的立场，以及一些给定范围的判断上的一致（偏狭的见解），用以固定该立场对于什么是可应答的。在另一种情况下，有一些不可应答的立场，和一些范围的**反应**上的一致（还是偏狭的见解），这些反应以某种其他的方式——比如说，仅仅是采纳它的驱动力而与之相关联。希德表达了一种可应答的立场，当，但仅当偏狭者在他的情况中的工作使其成为第一种情况时。不过，是什么决定了是否如此？是什么使得某种情况成为第一种情况？这个问题可以这样说。假设我告诉你，希德表达了一种可应答的立场。是什么使**我**说的话成为对一个可应答立场的表达？我所说的话是可应答的意味着什么呢？它何时才是如此呢？

　　最后这个问题可能带有恶性倒退的味道。事实上，它是通向**超越性**（无论是作为观念论，还是作为实在论）的开始。为了朝这个方向努力，我们可以从第 136 节重新开始。（在那里，问题的关键是用真来铺陈的。我在这里用组成部分的概念，即可应答性来代替。）皮娅说："胡萝卜在蛋糕里。"她以之意谓一个可应答的立场。它要被当作是被如此意谓的。它**是**一个可应答的立场吗？答案在于另一个问题。假设我们把它当作一个可应答的立场。一切都会顺利进行吗？我们能否充分区分哪些事情会（如果如此的话）是如她所言，哪些不会？我们能否充分把握事物何时会如她所言——充分把握世界将如何作出抉择？还是说，对于它是不是要说的东西，我们要参照自己的感受来决定是否认可皮娅所说的东西？还是说要参照他人的感受？还是说我们根本说不清自己处在一种情况还是另一种情况？假设事情确实足够顺利,那么至于可应答性,皮娅的话实际上做了它们被当作要去做的事情。如果做到了,便不再有进一步的东西可以算作反对。(这里我只是用略有不同的术语重复了第 3 讲第 1 节所说的内容。)

这个想法是这样的:如果事情确实如设想的那样顺利进行,那么皮娅的立场是可应答的;而我们通常可以判断事情是否顺利进行。或者无论如何,我们是衡量它们是否顺利的尺度。假设——一个顺利的情况——当**我们**预期立场是可应答的时,事情的运行正如我们所预期的那样。胡萝卜有一条明确的路径,通过研磨机,进入面糊,然后进入烤箱,从烤箱里出来的是蛋糕。如果皮娅之所言回应了事情如何,那就是我们所预期的。但症结就在这里。事情在我们的理解下是顺利进行的。我们是衡量它们是否顺利的尺度。但这就是说,一个特定的偏狭的感性是衡量它们是否如此的尺度。

现在问题来了。我说"皮娅说的是事实",或者"皮娅说的是真相",或者"皮娅说的非真即假",或者诸如类似的东西。以普通人的标准来衡量,这些都没问题。当然,我之所言有助于决定皮娅的立场是不**是**可应答的,仅当我所说的为真(或至少非真即假)。也就是说,仅当我之所言是可应答的时,**它**才有所帮助。它是可应答的吗?现在我们重新开始。按照普通人的标准,我之所言为真。这就是说:如果你要说那是真的,根据我们对于一个人关于这些事情何时是对的时的日常见解,你会是对的。但你会是对的吗?你这么说会不会是在表达一个可应答的立场呢?我们可以用处理旧问题的方式再来处理这些新问题。但很明显,这只会引起更多的问题。(或者至少,对于担心偏狭的人来说,这一点似乎很清楚。)所以,问题仍然得不到解决。我们似乎在兜圈子。

什么会解决忧心者会想提出的问题呢?假设有可能以这样一种方式说皮娅说了真话(或假话,或可应答地说):什么会是事情如你在说她说了真话(或可应答地说)时所说的那样,全然不取决于任何关于什么应当算是真话的偏狭见解。这完全由你说她说真话的事实决定,独立于任何关于她这样做会达成什么的特殊见解。那么,对于任何偏狭的见解,它们对于评价你所说的话的贡献是不是为了确定你**曾**说的是什么,或者说,确定你所说的话是否配得某种积极的地位,就不可能有任何问题。按照假设,没有这样的见解可以做第一件事。而如果事实上,你所表达的是一种可应答的立场,那么也没有什么可以做第二件事。假设在这样说时,你事实上可以回答事情是怎样的——它可以以某种方式成为正确的裁决(无论我们是否看到它)那就是你所做的事情。那么,事情就会有一个客观的事实。皮娅所说的就会为真,或表达了可应答的立场,或任何你弄对了的东西。就不会有任何余地去担心她只是按照这个或那个偏狭的标准去做了那件事。如果按我们的标准对于这些事情是可应答的某些立场据此也是可应答的，那么，我们有时就会采取可应答的立场——观念论由此对之为伪的立场。如果不是，那就不是。

这就勾勒出了超越的实在论所要给予的那种保证；与此相关的是，超越的观念论所会是的那种坏消息。这个想法是，如果没有超越的实在论会给予的保证，我们确曾采纳过可应答的立场这一点就还没有得到确立。我想，可以说，维特根斯坦主张，并没有超越的实在论的保证这回事。或许正是这一点使一些人认为，他在如他所做的那样（例如，在第 242 节中）提到偏狭者的作用时，必定真的站在超越的立场上说话，然后，既然不采纳超越的实在论，反之就采纳了超越的观念论。我们需要看到的是，为何并非如此。

在《字条集》中，维特根斯坦提供了一个在"颜色"的情况中，他认为立场对其是可应答的东西的具体例子。这或许有助于我们体会到那种忧虑。他说：

> 可人们的共识对于游戏而言不是本质性的吗？任何人学习它，不都得先知道"相同"的意思，而这之中的预设难道不包括共识吗？（§428）

> 你说"**那**是红的"，但如何确定你说的对不对？难道不是由人们的共识来确定吗？——但在我对颜色的判断中，我诉诸这一共识了吗？（§430）

> **颜色**词是**这样**来解释的：例如，"那是红的"——我们的语言游戏当然只有在某种共识流行开来的情况下才运转得起来，但共识的概念并不进入语言游戏。（§430）

希德说："皮娅的裙子是红色的。"是什么决定了他是否正确？例如，如果你知道自己的颜色，你一望便知。当你看的时候，你所看到的东西就决定了希德是否正确。我们如此设想并无不便。当然，仅当你通过看就能知道一个东西的颜色时，你才能以这种方式决定；如果你有所需的能力的话。这就是我们如何对待关于颜色的言论（的一个样本）。假设我们这样处理它们是正确的。那么这种言论就表达了可应答的立场。或者有些表达了。如果你所**见**之物可以确定其正确性，那么，既然你所**看到**的是你周边环境中的东西，那么（你周边环境中的）事物所是的样子就可以确定这里的正确性。真，以及可应答性，要求不过如此。

无论如何，这就是我们对有关颜色的言论的（自然）**立场**的一个样本。如果这些立场本身是可应答的，那么一切都好。（或者，最坏的情况是，我们在这个或那个特定的情况中犯了某种无聊的错误。）但假设有人想到要挑战它们。真的有这种辨别颜色的**能力**吗？还是说有的仅仅是对特定的标准色样说出"红色"的共有倾向，而这常常就够了？我们真的**看到**了某种确定希德是否正确（在那里以被看到）的东西？还是说我们只是从衬衫那里得到某种感觉，使得我们想说他是对的？

有人会说，真是荒唐的提议。我们可以区分辨别能力的情况和对这对那仅有自然感觉的情况。例如，如果更多的人选择香草而非草莓，而不是相反，那只是一种反应，而不是对辨别何时一种口味事实上比另一种好的能力的行使。但也有辨别颜色的能力。一个人可以是它们的权威。这就是我们如何作出某种自然区分的一个例子。嗯，我们就是这样做的，或者假装这样做的。但是，真的是这样吗，在作出区分时，我们是在**辨别**两种不同情况的实例？如果是这样，又是万事大吉。但是，就此而言的肯定判决要对什么是可应答的呢？当然不仅仅是对我们倾向于说哪里有可应答性，哪里没有。那不会是对事物之是其所是的任何合适方面的可应答性。所以，我们仍然在寻找事物之是其所是的某种进一步的方面，对其的立场在（某些）我们对事物颜色的立场是可应答的意义上是可应答的。而且，要点在于，这种寻找将我们逼迫到要么是一个确证超越的实在论的发现，要么，如果没有这样的发现，那么，一个可悲的、却又不可避免的结论就会是：超越的观念论是正确的。

维特根斯坦不可能对这样一种探索承诺任何圆满的结果。这给人的印象是，他一定是一个超越的观念论者。正如伯纳德·威廉斯所言：

> 新的意义理论和旧的一样，都指向了超越的观念论的方向。

因为它告诉我们：

> 实在的确定性来自我们已经决定或准备算作确定的东西。（Williams 1982：163）

根据我们的理解，针对事物颜色的某些立场是可应答的；针对香草和草莓的相对优点的大多数立场则不是。这里的想法是，现实也是相应地确定的：一件衬衫可能是红色的，也可能不是——那是一种可能性，因为我们这样说（我们取代了**一门**语言的位置，就如在第 520 节中那样）。香草在事实上并不比草莓更好（或更差）。这些都不是事物可能的存在方式；因为我们并不如此认知它们。这不可能是真正的实在的确定性。所以这是超越的观念论。我们将需要理解为什么这**不**是维特根斯坦所说的。

我用一个方向正确的提示来结束本节。关于维特根斯坦是一个超越的观念论者的想法,这是阿德里安·摩尔的版本：

> 某物是绿色的,至少部分地在于我们如何继续。而阻止这成为一种疯狂的经验观念论的唯一办法,就是让"我们"扩展至无穷：或者,换句话说,假设绿色的概念无法被视作某种超物理景观的一部分,以使观念论变为超越性的。任何少于此的东西都会蕴含各种无处不在的虚假的无处不在的真,例如,"如果我们的语言不同,草本就不会是绿色的"。(Moore 1997：135)

"疯狂的经验观念论"："草坪是绿色的；但当我们对何时说'绿色'、何时不说全体有了不同的直觉,那就另当别论了。"这确实是疯狂的。它也忽略了这样一种可能性,即我们对于什么是绿色的实际的判断上的一致有助于锁定我们在称某物为绿色时**我们所说的东西**,因此,如果这种一致付之阙如,而另外一些取而代之,那么我们在说,例如,"草坪是绿色的"(如果我们还有这个词汇的话)时,我们所说的就不是草坪是绿色的。

无论如何,维特根斯坦对这儿的想法有一个回应。还是在《字条集》里：

> 某人是个深信不疑的实在论者,另有一位深信不疑的观念论者,他们各自据此教育自己的孩子。在外部世界存在与否这样的重要问题上,他们不想教给孩子任何错误的东西。

> 教他们什么呢？要说"存在物理对象",或者恰恰相反？

> 如果某人不相信有仙女,他不用教孩子"没有仙女"；他可以不教给他们"仙女"这个词。在什么场合下他们会说"存在……"或者"不存在……"呢？只有在他们碰到抱持相反信念的人时。(§413)

> 可观念论者同样会教给他的孩子们"椅子"这个词,因为他当然想教他们做这样那样的事,比如,去拿一把椅子。那么,观念论者养大的孩子说的话,和实在论者的孩子有什么不同呢？区别不就是打仗游戏的口号那种区别吗？(§414)

我在找一把椅子,写作时坐。你告诉我餐厅里有一把。如果你是对的,我就会对事情会是如何——在这一情境中,对于我会在餐厅发现什么——抱有预期。当我进去时,我发现的东西会明显地满足这些预期,或者明显地没能满足。这可能是明确的,至少在这一情形中是如此:我们,或者我们之中足够多的在这回事上要紧的人,对于我该预期什么,以及对于这种预期是否得到满足,会达成一致。也就是说,除非这是一个出乎意料的不恰当的情况,否则我们就会达成一致。我预期发现一把**椅子**;而对于何时人们发现的会是一把椅子,我们有(非强扭的)足够的共识。这样一来,我们通常会在某一个地方有一把椅子和没有之间作出区分;相应地,在以此来理解或者意谓的某些事情之间作出区分。或者毋宁说,考虑到命名的局限性,有一族这样的区分。如果餐厅里有一把 3 英寸高的玩具椅,或者一张纸做的"椅子",人不能坐,这就不是我所预期的。尽管在其他情况下,这没准是。维特根斯坦的上述观点之一是,一个挑战**当真**有椅子存在于某位置的事实的哲学家,不会想争论,在某种意义上,这里要作出一个区分——至少在人们按照日常地理解下会说这里有一把椅子的情况和没有椅子的情况之间——而且这一区分对于我们是有用的,帮助我们继续生活。(例如,它帮助我开始写作。)事实上,它是如此有用,以至于他不希望他的孩子们对此视而不见。

所以,在餐厅里有椅子和没有椅子之间要作出一个日常的区分。或者,更恰当地说,从日常的理解来看,要作出这样一个区分。对于什么时候说有一把椅子,什么时候说没有,有足够非强扭的共识,这至少是一个强有力的理由,认为在以日常的方式在这儿着手处理事情时,我们至少是在作出某种或其他区分。根据我们的做法,我们应该说是的情况和应该不说是的情况之间至少是有区别的。但是,**这种**区别的存在并不能保证在这种关于椅子的谈论中,我们对于我们认为自己可应答的事物是可应答的。如果这种差异足够大,我们甚至可能根本不对任何事物是**可应答的**。所以它也不能保证我们是这样。也就是说,它并不能保证,当你说餐厅里有一把椅子时,你要对之是可应答的是**椅子之存在于餐厅之中**。一个超越论者,无论是观念论还是实在论的信徒,都会想推崇这一点。而这个观点,就其现状而言,是正确的。

所以,有人可能会问,对于椅子在各处的存在与否,是否真的存在这样一个对之可应答之物,或者说,我们对于椅子在这里那里存在与否的立场,是否实际上是可应答的。这样的问题是有容身之地的。不过,维特根斯坦的回应是,对于任何一个特定的这样一个问题的发问,都需要某种东西来给如此发问的问题以明确的含义。"是否真的有这样一种东西是某位置上椅子的存在与否,人们对于它是可应答的?"那么,如果有,我们应该预期什么,如果没有,我们又应该预期什么? 合理的预期在这种事情上怎么会受挫呢? 合理的预期会是什么?

这些回应的问题本意并不是原则性的疑问。这是一个它们并非如此的案例。

想象一个部落，只有在能看到全景的、舒适的会所里才能看到彩虹。这不是一个探险家的部落，也不是一个过度好奇的部落。偶尔，他们中有人会说："看！佐格山的顶峰前有一道彩虹。"这将被理解为是将彩虹放置在一个地点，如同我们在说"餐厅里有一把椅子"时将椅子置于的位置一样。于是，按照该部落的日常理解（如其迄今所发展而来的），像上面这样的话就有了对之可应答的东西：佐格山的顶峰前是否有彩虹。最终，一个旅行者带着关于金罐的故事来到了这里。部落突然变得好奇起来。他们不久了解到，彩虹并不像他们想象的那样有位置。一个立场没有这样的东西可去应答。

或许，我们有所不知，出于某种（目前）难以想象的原因，将椅子置于各处也是如此。这就指出了无数赋予这一问题以意义方式中的一种：是否真的存在椅子之在各处这样一个事物，一个立场可能对之应答。充分补充这一框架，你就会得到一个明确的问题，它可能有一个明确的答案。但是，要使**这样**一个问题有一个答案，就需要就以下问题达成一致：如果有椅子之在各处这样一个事物，那么可以预期的是什么；如果没有，那么可以预期的是什么——就像我们对餐厅里有椅子和没有椅子的日常区分所涉及的细节判断上的那类一致一样。就像在上述你向我保证餐厅里有一把椅子的情境中，我们会达成一致的只是可能因此而达成一致的各种细节中的一个（回想一下那把 3 英寸高的玩具椅），同样，这里的任何一致也只是这种协议可能采取的许多形式中的一种。

所以，维特根斯坦指出，没有这样的确定的、从而可应答的问题，是具有超越论式的焦虑的人可能想问的。其答案不可能平息那种焦虑。但是，维特根斯坦接着告诉我们，根本就没有其他问题可问，例如，是否有椅子在某处这样的东西。除了把它与对我们来说重要的东西，或者与对某类思考者来说重要的东西联系起来，以一种使得具有超越论式的焦虑的人无感的方式使之具有确定性之外，便不再有**别**的方式来赋予这一问题以意义。所以，超越的实在论者和超越的观念论者最终都不是在表达可应答的立场。他们不是在表达命题，也不是在判断什么。**他们**所说的不是或真或假的某种东西。他们只是在发出"打仗游戏的口号"。

请注意，打仗口号的问题不在于它们以某种方式缺乏任何足以表达命题的"逻辑语法"。它们的语法恰恰适于这样做。这并不是说它们缺少一个在语言中的合适位置。而是说，没有可理解的语言**游戏**使之成为其中的部分。这就是说：它们确实具有命题的**形式**；但它们并没有承受使之为真或为假的充足理解。这就好比有人说"日内瓦湖是蓝色的"，但这个人说的这话中，并没有任何东西使无视玻璃杯中从湖中汲取的水的颜色是正确的，或者使关注它是正确的。对于这样一个言论，就没有事物是否如所说的那样的说法。超越论者想说的东西，问题就出在这。在维特根斯坦对超越论的回应中,我们由此发现了一种关于无意义的观点,与在《逻辑哲学论》中发现的那种截然不同。

我们还要看到维特根斯坦关于超越论的立场为什么应该是正确的。目前的假设是,私有语言讨论可能有助于解决这个问题。我将在本章结束时回到这个话题。

5.2　弗雷格

是时候转向弗雷格的私有语言论证了(Frege 1918：66—70)。弗雷格和维特根斯坦从私有语言的失败(人们也可以说是私有可应答性的崩溃)中得出了几乎背道而驰的教益。说得直白一点,对弗雷格来说,结论是:没有私有语言这样的东西;因此,偏狭的思想会废除逻辑。而对于维特根斯坦来说,结论更像是:没有私有语言这样的东西;因此**仅**当有偏狭思想时,逻辑才**不会**被废除。大致是相反的方向。人们**可以**认为二者都对。那就意味着逻辑被废除了。不过,正如弗雷格所指出的那样(1893：preface),**那**将是对逻辑的应用。人们无法不在断言逻辑被废除时预设它没有被废除。那么,我们最好在这些方向的推理之间进行裁决。要这样做,我们必须详述反对私有性的情形。

弗雷格以考虑是否可以有关于"观念"(Vorstellungen)的思想(判断)开始了他的情形。他给出了观念的四个标志:

1. 观念不是感知的对象,它"**看**不见、摸不着、闻不到、尝不到、听不到"。(1918：67)

2. 观念被拥有(而非被感知)。"一个人有感觉、感受、情绪、倾向、愿望。一个人所拥有的观念,从属于他意识的内容"。(1918：67)

3. "观念需要一个承载者。与此相比,外部世界中的事物是自主的"(1918：67)。某人必定拥有或经受那种感觉、情绪或其他等等。

4. "每个想法只有一个承载者,没有两个人有相同的想法"。(1918：68)

因此,在那种可能让私有语言的观念发端的事情上,弗雷格与维特根斯坦很一致。维特根斯坦是这样介绍这一想法的:

但是,我们是否也可以想象一种语言,一个人可以用这种语言把他的内在体验——他的感觉、情绪以及其他——写下来,或用声音表达出来,供他私人使用?——我们不能用日常语言来这样做吗?——但这不是我的意思。这种

> 语言中的单个语词是要指向只有说话的那个人才能知道的东西；指向他的直
> 接而私有的感觉。所以另一个人是不能理解这种语言的。(§243)

维特根斯坦的"内在体验"与弗雷格的"观念"(感觉、情绪和其他)大致相当。维特
根斯坦和弗雷格都注重感觉。对于私有语言的想法来说，这些要被设想为只有拥
有它们的人知道。我经历，在经受的意义上，有感觉，有心情，等等。起作用的想法
是，没有其他任何人能够体验(经受)我所体验的。在此意义上，在弗雷格的意义
上，私有语言中要被命名的东西要求一个承受者，并且不能有两个这样的承受者。

有一点是弗雷格提到，而维特根斯坦在第 243 节中没有提到的。那就是观念
不是**感知**的对象。我们可能觉识到它们，但我们并不目睹它们，并不像人们通过感
知而获得对对象的觉识方式那样获得它们的存在——其存在，无论如何，独立于我
们的目睹。这种觉识是对我们环境中的同居者的觉识。观念并不与我们共同栖居
在同一个环境。这是弗雷格非常重视的一点。我们来看看他是怎么做的。

弗雷格就关于观念的判断或陈述提出的第一个要点是，如果说，我把我的一个
观念称作"红色"，我就**无法**在它(通常)应用于外部对象(我们环境的同居者)时的
那种意义上使用"红色"。因此，如果我要使之有意义(或者更准确地说，人们会用
来表达一个判断的那类意义)，那么我就有义务给这个被如此使用的词归派一些其
他意义。那么，问题就在于我如何能够做到这样一件事情。

为何"红色"在应用于我的观念上时，必定与应用于比如说我的汽车(或应用于
任何一种属于**感知**对象的东西)时承载不同的意义？感知**对象要被**观察；通过知
觉，被研究，对其有所发现。这样一个对象是可观察的，并不格外取决于**我**在那里
观察它。可观察就是对任何(处于适当的位置的)生而具有适当的感觉器官，或许
还要有辨识能力的人来说，是潜在的觉识对象。我的车是不是红色的，取决于(除
其他外)**人们**一旦处于适当的位置，会观察到什么，等等。这不是一个**我**会观察到
什么的问题。如果我相信我自己观察到我的车是红色的，我对了——事情正如我
所认为的那样——仅当那也是**人们**会观察到的东西(一类不同的事实)。这就是在
判断我的车是红色时，我对之可应答之物的一部分。关于我的观念，没有这样进一
步的事实。它与我对它的拥有同在。对于这样那样的东西是**人们**对其所观察到
的，没有什么会是像对于某物是人们观察到我的车，对此还有进一步所是的东西。
所以，在谓述我的观念是红色时我无法使自己像在谓述我的车时那样对同种事物
可应答。

这是一个更广泛的观点的一部分。外部世界中的对象的红或不红，位于一个
事实性意义的网络中。比如说，那只鸟的红头意味着它是一只雀。我的车如我在

说它为红时所说之所是,部分上是这样的网络中的联结的问题。一个平行的例子在这里可能会有帮助。假设我在哈克尼的屋顶上说,夕阳是红色的。我可能说了一些为真的话。(有些夕阳是红色的。)我可能同时也说了一句天文学上的蠢话。我对夕阳是无知的,我以为太阳像红球那样是红色的。(至少)存在这两种不同的方式,使得一个人自己在称太阳为红色时对事物如何存在是可应答的。在第二种情况下,如果事情要如我所说的那样,除了其在日落时分的哈克尼的表象外,最好有一些其他的东西——比如说,太阳的化学成分。那就是把其红色(在这种理解上)以某种方式定位在一个事实性意义的网络中。它根据这一理解是不是红色的,部分是它由此被定位于何处的问题。因此,其位置对于形成在如此判断中人们对什么是可应答的起着实质性的作用。我的车也大致如此。至于根据哪种理解,太阳在日落时分的哈克尼**是**红色的,只是要求网络中的不同位置。我的观念的红,根本不可能位于这样一个网络中的任何地方。

如果那只鸟的红头意味着它是一只雀,那是因为那样的红头就**会意味着**一只鸟是一只雀。有一种红头是这样的意思,而那个个别的红头例示了那种红头。何种一般性必须被如此例示,才意味着这只鸟是雀?这要靠生物学来发现。有关雀之为雀的某些东西(例如,从基因上讲,而非从概念上讲),出自有关雀的红头的某些独特之物(独特的,即在某些相关环境中)。它在这方面会得出什么,恰恰固定了这里要例示的一般性事实上是什么。这样,事实性意义的事实就形成了。暂且假定,认为我有一个红色的观念,以其所是的方式是红色的,说得通,那么,对于**那个**红色的观念事实上是什么意思,就不会有这样的东西使其有对应的事实。这也让我们看到,为什么如果我说我的观念是"红色的",我就有义务赋予"红色"某种不同于它在公共事例中的意义。

"红"的一种私有使用怎么可能获得这样一种意义?为了打消有简单答案的想法,我考虑了一个不切实际的想法。有希望的想法会是:我的观念是红色的(在我归给这个词的那个意义上),当且仅当它看起来和一个红色的对象,比如我的汽车,看起来完全一样(就颜色而言)。(人们可以徒劳地补充说"对我而言"。)这里有一种方法可以破除这种想法。假设我着手做一个看起来和某个真正的柠檬一模一样的蜡柠檬。这是一个我可能成功或失败的任务。无论如何,如果我的蜡柠檬在一个黑暗的角落里,而真品在一个阳光下的柜台上,那么,在看起来一样的一个完好意义上,没有人会预期我的蜡柠檬看起来**就**像是真品,即便我已经成功了。另一方面,如果二者在合适的环境下并置,那么人们可能会有预期。如果它们之间有分明可辨的差异,那么我就失败了。如果没有,那么我就成功了。在这里,我们有一个"看上去一样"的概念,其应用牢牢地扎根于与我们栖于同一环境的同居者。

以上所有的一般性说法都适用。不可能是那个概念在"红色"应用于我的观念时发挥赋予其以一种意义的作用。是环境无论如何所是的方式，使得忽视我黑暗的角落里的蜡柠檬在和光照下真品的比较是正确的。对于观念来说，没有什么可以做这样的判定。我们需要的是某种看上去相同的概念，它脱离了任何这样与观察、事实性的意义网络等的关联。这就给我们留下了这样的印象：你可以用这个看起来一样的概念来给"红色"一个适用于一个**给定**观念的意义，但前提是，你已经给**它**一个适用于观念的意义。如果问的是如何飞行，说"只要起飞就走了"不算是答案。

反对私有语言的情形的目标，如今愈发明确了。弗雷格和维特根斯坦都不怀疑你可以述说有关你的感觉、感受等等的事情。目标是一种将"内在经验"形塑于对于"外部世界"的经验之上的尝试；将对感觉、情绪等等的经受形塑于**感知**事物上。尽管观念无法成为**感知**觉识的对象，但私有语言的想法是，在内在体验中，人们被供以对于一个观念之是其所是的觉识。**供给**的觉识：就像在环境的情况下，人们**侦测**到了观念之是其所是，因而也发现了其是其所是的若干方式中的某种。人们可以**体察**到观念之为如此这般，就像人们可以通过视觉，体察到猪吃萝卜一样。人们体察到无论如何要被体察到的东西。所有这一切，除了在私人的情况下人们被供以觉识的东西，都在独立于这个觉识之外时是（如弗雷格的第四点所坚持的）根本不存在的东西。感知使我们目睹了要对之可应答的事物——猪在吃萝卜，我们会在认为猪在吃萝卜时使自己对之是可应答的。内在经验没有创造这样的机会。感知所提供的可应答性仰赖于人们对之可应答之物以一种特定的方式嵌入一个环境中。给一个观念命名，就是让它扮演一定的逻辑角色；当被命名之物是**感知**对象时，我们可以使之有意义。在私人的情况下，我们则无法使这种角色扮演有意义。

这时，**观念**的私有性就成了一个特例。私有性这一想法真正的错误之处在于，它牵涉一个私有可应答性的想法。如果私有语言者确实设法赋予应用于其观念的"红"某种特殊的意义，那会是一种只有他自己才能把握的意义。[相应地，如果他由此领会到一种对事物（对他而言）如何的**可应答**的方式，那一事实将仅对他可见。]给定观念的私有性，这种方式需要被引入，以应用于他的观念（从而不适用于感知对象）这一点，足以使之如此。但关键的一点是，一个事物要成为哪种会被随即说起的"红"的方式，将是只有私有语言者才能辨识的方式。如果根本上可以有这样的方式，那么或许（就目前所说的一切而言）我们环境中的同居者也可能有这样的方式。比如说，我可能会宣称我们周围的一些事物是格隆奇，而另一些则不是，并宣称自己正在探测事物的某些，可惜，我原则上无法向别人介绍的特征。或许作为格隆奇,就意味着对我有一些莫名其妙的影响。任何假定是可应答的立场,如果其可应答的方式原则上只能由一个思考者来把握,都将是私有语言。其私有性将把它所要回答的东西从事实性意义的网络中去除。因为仅在**世界**确定了对它的例示之所是**会**意味着如此这般(而它的例示将意味着实例化)之处——仅在相关的例示在事物之是其所是中被确定之处——才有事实性意义。在私有的情况下,没有这样的东西被辨识出。

然而,这一切只是弗雷格论证的第一部分。"红色"在这里被用作一个类比用语。关键的第二个术语是:就像当"红色"应用于一个观念时无法意指其通常所意指的一样,"真"在应用于一个(假定)私有的思想,也就是,一个将被私密应答的立场时,也无法意指它通常所意指的。弗雷格是这样说的:

> 我已经说过,如果"红"这个词并不确定事物的属性,而只是我的感觉印象的标记,那么它只适用于我意识的区域。所以,"真"和"假"这两个词,按照我的理解,也只能在我意识的区域内适用,如果[如此理解之下],它们不涉及我不是其承载者之物,而是被预留下来,专用于指示有关我的意识内容的事情。(1918:68—69)

用当前的用词来说,"真",在用于私有可应答的立场时,就不可能意指它用于(例如)对于共享环境中事物如何的可共享立场时所确实意指的东西。因此,如果我们试图与私有语言者争论他的一个立场是否为"真",那会是

> 就好像两个人争论一张一百马克的钞票是否为真一样,每个人都意指其自己口袋里的钞票,每个人都在自己的特殊意义上理解"真确"一词。(1918:69)

"真",应用于一个私有的立场时,不可能意指它事实上的意思。之所以不的主要原因与为什么"红"应用于一个观念时,并不意指它通常意指的东西的主要原因类同。就像作为"红"而如此所论及之物无法把什么置于一个事实性意义的网络中一样,同样,作为"真"所论及之物,应用于一个私有的立场时,也无法把什么置于一个推论网络中。它无法将其置于一个在其中**我们的**(也即他人的)立场亦有一个位置的推论网络中。因为,既然他人的私有立场是我原则上无法把握的东西,那么,我所能说的任何话都不会否定或认可它,也不会把它与另外一个复合成一个合取,或对一个蕴含的陈述等等。

但如此，它就无法在任何**推论**网络中成立。简言之，要在这样一个网络中占有一席之地，就是要处于诸如蕴含关系这样的东西中。要做到这一点，就要成为可能是一个证明（的一部分）的那种东西。事实意义的承担者是是其所是的事物的可辨识的，以及可递归的特征。它们是在环境中可以遇见的，是那种通过遇见，人们可能认识到其所承载之（某些）意义的事物，即便并非在每种情况下都可能。同样，证明，及其要素，也是可辨识的，以及可递归的、可遇见的（在此处是原则上可怀想的）事项。它们是那种可被认出的东西，即便这或许不会在每种情况下都成为可能。如果某些前提{P_i}证明了 Q，就意味着，凡这些前提为真，Q 就为真。那些前提无论如何都是要承担真值的，与它们进入的任何场合无关。但在这里，如同我们环境中的同居者一样，"可遇"并不意味着"可被琼斯遇见"。因此，私有立场缺少在推论网络中立足的正确属性。它们无法与他人所采取的立场立足于同一个网络；这其实意味着它们根本无法立足于这样的网络。

推论网络只是真的一个方面（尽管是弗雷格着重展开的方面）。另一个方面（大致）是：如果立场说是汽车是红色的，那么对于事物之作为其所是，就是（或不是）该立场已经应答了事物之所是的方式，所以对于事物之所是的方式（算作）汽车**是红色的**。对于事物之是其本可能是的种种实例亦如是。会持有私有立场的人寄希望于在那邻域有事实存在，如果他的立场要有任何断言根本上是可应答的话。当然，它不可能比在邻域更接近，因为为**真**是私有立场做不到的。这就是关于"真"在私有情况下需要一种特殊意义的观点。但是，如果弗雷格关于推论网络的看法是正确的，那么它就没有机会在邻域存在。因为事物是其所是要使一个私有立场正确在任何意义上要被认作回答，它就必须在立场的正确与其不正确之间作出决断。在此意义上，立场的正确性将不得不意味着，如果有人由此判断该立场不正确，那么在相同的意义上，他也不正确。这已经是要定位一个这样的推理网络，在其之中，这一立场将不得不有一个位置，至少联结着要被作出的不同判断。

我已经勾勒出了一条在弗雷格那里发现的思路。弗雷格**已经**指出了私有可应答性的想法成问题的理由。为了使私有立场在任何推论网络中立足，它们必须是可递归的，就一个思想而言，即意味着**在那里可被遇见**（被怀想）。必须有这样一回事，即递归地怀有该思想。如果按照弗雷格的第 4 点，私有立场需要一个承载者，那么这个条件就不可能满足。并且，无论如何都很难看出私有地可应答的立场如何能满足它。

但迄今为止的要点也可以这样理解：真就是真；不接受代用品；真与假，是**任何**真正可应答的立场至少必须能够处于其中之一的条件。因此，仅当一个立场是那种可能与**任何**其他可应答的立场处于推论关系中的东西时，它才是**可应答的**。

这是蕴含在弗雷格对逻辑的构想中的一个想法，如在第 3 讲中所讨论的。展开真理概念（弗雷格意义上的展开），就是展开**任何**两个可应答的立场共同受到的推论关系的制约。在这种情况下，私有语言者无疑麻烦重重。他的立场不可能与任何其他人的立场处于推论关系。

但是，一个对使偏狭者进入视野之物是可应答的独有语言者，似乎也会有同样的麻烦。因为他的偏狭可通达的立场，对于一些思考者——既然是思考者，也采取可应答的立场——会是不可通达的。逻辑无法共同承载他和其他人的立场。这是超越论者的忧虑的另一种说法：除非从一个有利的观点来看，**所有**可应答的立场，无论是什么思考者的，都会以可应答的面目现身——也就是说，除非是在对每个思考者都可通达的、对可应答性的理解上，否则对于我们所会是可应答的立场真是那样这一点，我们不可能有真正的保证。我们接下来需要考虑的是，对弗雷格的要点的这种解读是否太过了。

弗雷格在一个重要方面与康德处境相同。对弗雷格来说，不可能有关于一个私有对象是如此这般的**思想**（判断）。因此，如果我们要有任何偶真的思想，它们必定关于我们连同我们所思考的事物所栖居的环境。我们必须帮助自己接受这样的想法，一种说法是，我们思考空间和时间中的对象。对于康德来说，我们无法不去思考环境性的思想（无论这一点只对我们成立，还是对任何思考者都成立）。不过，无论是弗雷格还是康德，对于我们何以**可能**思考这样的东西——特别是，我们何以可能在经验中，实际目睹环境中的一个可能随即被思考的真正同居者——都没有一个充分的说法。有一个强有力的论证——错觉论证——旨在表明，这种同居者不可能是（感知）经验的（直接）对象。至于这个论证何以不可靠，康德和弗雷格都没有一个好的说法。（即便现象主义有望成立，它也根本无助于弗雷格。因为现象主义始于它告诉我们没有思想之处。）

这值得一提，因为如果不让偏狭者在塑造真正**可应答的**立场上做一些实质性的工作，就可能没法化解这一论证。［伯纳德·威廉斯就这样认为（见 Williams 1978：67 及其他各处）。汤普森·克拉克也是（见 Clarke 1972）。］在维特根斯坦对可应答性的构想中，以及在他关于椅子的观念论者的回应中，有这回事的端倪。我们当自己对环境中的同居者——比如说对椅子这样的东西，在某个位置——采取可应答的立场。当涉及把正确的从不正确的中甄别出来时，至少可以说，一切都进行得相当顺利。我们知道什么时候说餐厅里有一把椅子。（在第 2 讲中，我们讨论过，在面向个别的这样的对象实际实践的一些重要细节。）同样，如果有的情况下，人们看到的是柜台上的柠檬，而有的情况下，人们看到的不是这样的东西——比如说，一个柠檬色的正表面——这些，也是我们在实践中可以分类的情况。但是，如果对错觉论证的回应以任何方式依赖于**维特根斯坦**对可应答性的说明，那么，在偏狭性坚定而合法地发挥作用之前，它是不可取的。就现在的情况而言，这要等到我们能够看到，弗雷格针对私有语言的好的考虑，如何可能在不削减独有性的情况下削减私有性——潜藏在弗雷格对逻辑的构想中的那个另外的解读——何以的确太过了。

5.3　维特根斯坦

就当前的目的而言，维特根斯坦关于私有性的讨论，最重要的部分在第258节：

> 我想写日记记录一种反复出现的感觉。为此，我将其与"S"这一符号关联起来……无法确切地表述这[一]符号的定义。——可我仍然可以给自己一种指物定义。……我说出，或者写下这一符号，与此同时，我将注意力集中在这一感觉上。……——……一个定义无疑是用来确立一个符号的意义的。——嗯，这刚好通过注意力的集中做到了；因为我以此让自己铭记符号和感觉之间的关系。——可"我让自己铭记"意思只能是：这一过程使我在未来唤起我**正确地**记住了这一关系。但在当前的情境下，我没有正确性的标准。人们乐于说：在我看来正确的就是正确的。而这仅仅意味着在这儿我们无法谈论"正确"。

写日记记录一种反复出现的感觉是某种人们很想做的事情。比如说，有人可能想知道，在什么情况下，人们在跑完步后会有那种奇异的大腿剧痛。维特根斯坦的意思当然不是说人们不能做这种事。这里要紧的是一种关于当有人这样做时会发生什么，或至少可能发生什么的特异的哲学图景——一种关于私有性的想法。

人们可以写这样的日记这一点在第270节中是明确的，维特根斯坦在那儿还强调了这一特异图景的一个特点，这一特点宣示了其失败：

> 让我们想象我日记中写有"S"这一符号的条目的一种用法。我发现，每当我有一种特定的感觉，血压计就显示我血压上升。……这是个有用的结果。而现在看来，我是否**正确**识认出这种感觉似乎无关紧要。让我们假设，我习惯性地错误辨识这种感觉，这根本没关系。仅此就表明，对于我犯错的假设只是个幌子。

如果**这是 S** 这一"私有判断"有用,那么它就不是私有的;如果它没有用,那么它就不是判断。由此,私有性和有用处是互斥的。当其有用时,我在**认出**或注意到一个对 S 的例示上犯了错误——我的错误对该用途没有丝毫影响——这种想法是没有意义的。当然,我们可以谈对错,但这不是问题所在。当没有用处时,正如第 258 节告诉我们的,注意到,或错误地以为自己注意到一个对 S 的例示的想法也是没有意义的,因为在这里我们根本谈不上对与错。在没有目击对 S 的例示之处当自己目击了对 S 的例示,这种无意义的想法是这样说的(第 271 节):

> "想象一个人,其记忆无法留存'疼痛'一词所意谓的**东西**——因此他不断地用这一名称称呼不同的东西——却以一种与疼痛通常的症状和预设相符的方式使用这个词"——简言之,他像我们一样用这个词。在这儿我想说:一个可以被转动,却没有其他东西随之而动的齿轮,并非机械装置中的一部分。

把错误的私有对象当作"疼痛"所命名的东西——私自面对并非疼痛的东西,却把它当作疼痛——并非一种相比以日常的公共标准误用这个词更进一步的犯错方式。

问题是,一种**用法**,把态度的对象置于连接可递归相遇者,与在当前的意义上——所以在**环境**中**要去相遇**之物的网络之中。由此,立场就成了一个人在与要去相遇之物打交道时的一种是对是错的方式;所以,一种是对是错的方式本身就是要去相遇的,相遇的主体(按照那种无主体的被动)并未指明。由此,如果符号"S"是私有语言,那么它所贡献于表达的立场——例如,如此这般是 S——必定没有用途。在这里,用途是与公共可达的判断的对象的关联,例如血压的上升。这正是在讨论弗雷格时已经提出的观点:私有判断的对象——无论是一个私有对象,还是事物所是的一个私人可达的方式——无法在事实性意义的网络中立足。如果 S 的出现意味着我的血压会上升,那么 S 就不是一个私有的觉识对象。在这样一个网络中立足的是将**会**意味着(或被用来意谓)如此这般的东西。所以它是事物所是的某种一般性的方式,或是对其的一个例示。而它一定是让世界——事物独立于对它们的观察而是其所是——在任何特定的情况下,去固定的那个一般性是什么。何种红色的头意味着那只鸟是一只雀?粪便中的何种可辨认的性质意味着野芋田里有野猪?有关世界的安排方式的某些东西,一定会提供这些问题的答案;使事物以其所联系的方式联系起来。何种红色的头有这种意思,比方说并不是什么是我们同意(或私有语言者承诺)说"是如此这般的红色"的问题。它是什么,原则上必须是向研究敞开的东西;至少是研究可以承担的东西。只不过这种可能性在私有的情况下是缺失的；在相关的方面，不存在这样的事物被安排成这样或那样的可能性。或者，反过来说，根据第 270 节，如果这种可能性没有缺失，那么我们就不会有私有性。

为何 S 不能连同血压一起，在一个事实性意义的网络中占有一个位置，从而使得 N 有一种感觉 S，就意味着 N 的血压将要上升，或是 N 的血压将要上升的良好迹象？我们可以以此开始：注意到即使是在关于 S 的立场的情况中，也有**某些**并非私有的东西：私有语言者对他的感觉或内在体验的**反应**。这些反应本身就是血压上升的一个指示物。这对于 S 而言尚不构成一个指示物。毫无疑问，这些反应是一个不完备的指示物。疲劳、分心、沮丧等等，可能会使私有语言者在血压不上升的情况下如此反应，或者不。在这之中，可能有理由假定，这些反应表现出对其他东西的（不完备的）反应性，是一个更完美的血压上升的指示物。但是，它们能成为假定它们是"对一种感觉是 S"的反应性的理由吗？对我们来说，它们不可能是这样的理由，因为我们不能把握是 S 是什么。（你不可能有理由去思考你根本无法思考的东西。）

假设一个医生发现，在说"S"的时候，私有语言者实际上是对某种生理状况作出了反应——比如，大腿上神经挟捏。如果认为**那**即是发现了对"S"的反应性，那就是对私有性意味着什么的荒唐误解。医生把生理状况定位于一个事实性意义的网络中，通过一定的路径关联到血压的上升。他就此并没有在这样一个网络中定位一个感觉"之为 S"。他怎么可能这样做呢？关于 S 的发现，对他并不开放。[对比一下，私有语言者报告的是他大腿上短暂的剧痛。医生发现神经挟捏，这没有理由不该表明剧痛何以位于一个网络中，使得其发生成为某些其他东西的指示物。（血压上升。为什么不呢？）剧痛并不自诩是对之私有地可应答的东西。如果那个私有语言者说，"我刚才感到一阵剧痛"，恰恰不能认为他表达了一个私有地可应答的立场——这样一个立场只有**他**才能把握他**何以**因而是可应答的。剧痛的发生，想必是一种可被共同研究的现象；医生就利用了一种研究的方式。对于所有这些，剧痛并不是神经挟捏。]

假设我给你看我的宠物猪，并告诉你，当它在一棵橡树下吸鼻子时，那便意味着那里有松露。现在你看到猪在橡树下吸鼻子，也就是说，在它的树冠下，但离树干很远；或者在树干高处，鼻子悬空地吸鼻子（如果这也算吸鼻子的话）；或者以一种毋宁是暗示（正确地）这是重感冒的症状的方式吸鼻子。这些东西是否意味着橡树下面有松露？而在它确实意味着有松露的那个意义上来说，如果有的话，它们可以是陈腐的或者是某种鲜为人知的有毒的松露吗？这些都是要通过发现机制，或猪的感性，或其他原因，将猪的鼻息，或这头猪的鼻息，与松露联系起来发现的东西。从例子的性质来看,这些都是有待研究的。是什么使松露让猪**那样**吸鼻子?
比如什么? 答案会告诉我们,按照对猪的鼻息的何种理解,这头猪吸鼻子就意味着
有松露。或者说,如果这不是一个理解上的问题,那么何种鼻息会有此意谓。对其
所意谓的东西也是如此。**如果**某物之为 S 可以立足于一个事实性意义的网络中,
那么,关于 S 的同样的发现和研究也一定有空间。人们一定可以问,**何种 S 感**意味
着如此这般,或者基于何种对这会是 S 感的理解,它就会如此意谓。必须有这样一
种东西,作为对答案有影响的其他事实;以及通过研究它们,发现答案是什么。只
有私有语言者能**看到**对答案有影响的其他事实——如果他能的话。但是,它们将
通过其与某物之为 S 的因果关系而产生影响(除了其他的之外,也许)。困难的是,
要看出怎么会有这样的事实或因果联系,或者说,私有语言者如何能够进行任何适
当地算作调查的事情。

试图通过转向**公共现象**——要被研究的公共现象,来把一个感觉之为 S 置于
一个事实性意义的网络中是无望成功的。世界之被如此安排,以至于作为 S 的感
觉的出现意味着血压上升,不可能在于,例如,其在生理上被以这一种方式安排。
在**那种**安排中,独立于生理学,没有任何东西能排除 S 的发生,或者不发生。如果
说 S 的出现有什么意义,那就必须通过私有语言者的所谓担保判断一个感觉 S,当
且仅当它是如此这般(在那里,其之为那个个别的如此这般,就是其之为 S)所形成
的联系来做到。它必须是这样一种联系,使私有语言者的反应表现出对某物之为
S 的反应性。如果它做到了这一点,那的确会把是 S 置于一个事实性意义的网络
中,因为那些反应就在这样一个网络中。反之,如果有理由认为某物之为 S **无法**在
这样的网络中立足,那么这就是认为私有语言者的担保不可能建立这样的联系的
理由。

这**几乎**就带我们进入正题了。但首先要说明一下。在第 304 节中,维特根斯
坦写道:

> "而你到现在一再得出感觉本身**什么也不是**的结论。"——并非如此。它
> 不是**某样东西**,但也并非**什么也不是**。

有些评注者把这句话解读为一种胆怯,好像维特根斯坦不能让自己直说,但又不能
否认,真的没有内在体验——内在全是空白。不过,我们现在已经看到一种观点的
初步版本,根据这种观点,这句话根本不是一种胆怯,而是完全有意义的。私有语
言者在说"S"时,**是**在回应;所以是在回应**某样东西**——他内在体验的过程。这并
没有什么虚构或似是而非的地方。内在体验是丰富且令人不安的。他回应的并非

一个感觉*之为* S，就好像那是一个感觉之所是的某种确定的方式。或许他是在回应一种感觉——比如说，他大腿上的剧痛。这种想法没有问题。并且它抓住了感觉并非什么也不是的意涵。但是，对一个感觉作出反应，并不是被设想为对一个对象之是其可侦测之所是、带着它是如此这般的**判断**作出反应。这就是感觉也不是某种东西的意涵。

约翰·麦克道尔表示，这仍然是在"回避困难"，他想说的是"否认对感觉的自我归属是……对关于事态的判断的阐明"（McDowell 1994：22）。我觉得，麦克道尔对最后这个想法的抵制，反映了他对一种过于严格的观念的服膺，即一个开语句必须对它是其组成部分的那个整体作出**一致**的贡献。[如果**我**说你头痛，这就表达了一个判断；所以如果你说你头痛，那也必须也表达一个判断。（关于这个观点，见 Evans 1982：例如第 7 章。）]这就是那个维特根斯坦在别处使劲想让我们放弃的想法。（尤其是在他对摩尔悖论的讨论中，《哲学研究》第二部分的第十章。）不过，在这里，内在体验未必是对有待判断的某物的见证——对它们的第一人称报告未必总是表达判断——这一观点我们仍在努力理解。迄今为止，我们充其量也只是有了一个初步的版本。

如果紧接着，我们发展第 258 节的主要想法，我们或许会看到更多这里的关键所在。在转向文本前，最好是先完整地说明它。我回到弗雷格关于判断（可应答性）的概念，以此作为开始。一个判断是一个合于某种正确性的立场。这种就是真理。但我们怎么能说这种是什么呢？比方说，它与辩护种类不同。这种对比可以这样来说。对我来说，认为橡树下有松露可能是正确的；我那只值得信赖的松露猪正在那里呼哧作喘。但对你来说，认为这里没有松露可能是正确的；你眼睁睁地看着它们被移走，被假的松露香取而代之。真理不像这样。如果有人曾经在判断（当时，等等）这里有松露时判断正确，那么**任何人**这样判断，就会在真理所是的正确性的意义上判断正确。（这一点弗雷格强烈坚持。）这一想法对于获得正确的正确性观念至关重要。打个比方，它是那种世界（事物是其所是）对之拥有**唯一**权威的正确性。但是，如果没有我刚才提到的想法，我们就没法使这种想法具有正确的意义。[对于事物是其所是的态度决不能进入对相关的那种正确性的决定。但是，既然这种态度也可能是事物是其所是的一部分，因而也是对之可回应之物的一部分，那么，当且仅当对同一态度的采纳因正确性而异（根据这种态度在每种情况下所做的工作），它们就会在它们必定不能的意义上这样做。]

在这里，要想说我们想说的、有关正确的那类正确性的东西，我们必须能够在对之我们可说的任何态度的情境中作出某种区分。如果皮娅某次对希德的猪采取了一种态度，那么我们必须能够分辨出其中的两个成分：她所采取的态度以及她对这种态度的采取。她所采取的态度一定是一个有待采取的态度。这至少是说：即便她当时没有采取这一态度，也本会有这样的态度可被采取。（我相信，对于态度的多重可采取性，我们在这里可以合理地保持一个相当强硬的立场。不过，鉴于对自己的态度错综复杂，我在这里不把话说死。反正这也不必要。）凡我们无法作出这种区分之处，我们就达不到认可某物是一个判断的第一阶段。希德的猪很可爱，这可能是一个可被许多人共享的态度，而并不因而成为一个判断。所以，除了这第一步，还有更多的事情要做。但如果我们没有达到这一步，我们就可以直接放弃我们所处理的是判断的想法。

第 258 节的要点如今应当清楚了。可以粗略地这样来说。假定皮娅是私有语言者。在着手通过一个感觉之为 S（以一种特殊的方式使用"S"）来理解某事之后，她现在作出了一个可待的判断：**这个**感觉是 S。如果这是一个判断，我们应该能够把被判断之**物**（如果我们能够做到的话，那就是这样那样的东西是 S）与她对它的判断区分开来。也就是说，我们应当能够去说［或者至少应该有一个正确的（真的）东西去说］，当其他人作出一个立场会恰恰是**对此**作出判断。但是，第 258 节的想法是，如果我们试图去做这一点，我们就是在执行一项无望的任务。所以，无论皮娅做了什么，那都不可能是对某事物的判断。

这只是一个初步的概略。在维特根斯坦和弗雷格都聚焦于的那种私有语言的情况中，被刻画为是 S 的对象理应是一个不可复现的对象。人们**可能**会当这意味着（错当，如第 2 讲的工作应当表明的那样）不再有别的场合对**之**采取皮娅的立场。假设并非如此。我们在这里真正感兴趣的，无论如何是开语句"＿＿＿是 S"，或者是 S 被认为谈及什么。所以，如果皮娅说某个给定的事项"是 S"，那么何时某个采取立场的人会说某个事项正是**那样**呢？比如说，什么时候皮娅会说某个其他事项是那样的呢？把她所采取的立场和她对立场的采取分离开来，恰恰就是说"是 S"会是什么样子。

在第 258 节，它意在通过她将其注意力集中于（此后）是 S 的某一个别例示的某些做法来决定的。不过，这种注意力的指向意在有其他的作用。它意在使她以一种私人的方式是可应答的；原则上，除了她，无人能确切把握以此方式可应答是怎么回事。所以，除了她，无人能把握"是 S"是怎么回事。现在，在另一个场合，她对某物采取了一种可待的可应答立场。她将论及的事物当成是如此这般的。需要一个答案的问题（无论我们知道与否）是：作为如此这般的就是作为 S 吗？在新的场合，她没准当自己是把论及的事项当作就是她先前理解为是 S 的东西。还有什么可能会影响到答案？当第一次，她把注意力集中在随即成为某物之为 S 的一个实例上时，她当时还不能对这个未来的判断有任何态度。她不这样做，是意在通过在这个全新情境中需要某种判定的"是 S"而若有所思。这就允许我们从皮娅现在对这一情况的态度（她对新颖的项采取的态度）是错误的想法中想通。如此假设是有道理的：她当前的态度未必是过去的做法所要求的。如果我们无法在她最初的做法中使这样一个因素有意义，那么我们就不能使她如此错误的态度有意义。第258 节的要点，即在这里，正确和看似正确之间并无区别（对于"是 S"要被当成是什么），正是因为我们对此讲不通。

这些都呼应了第 4 讲的主题。基于作为 S **是**某些事项存在的一种方式的假定，皮娅的新颖态度为我们提供了"是 S"的两种新颖理解。人们可以把"是 S"理解为诸如新颖的事项例示它的某事；人们也可以把"是 S"理解为诸如新颖的事项并不例示它。一个在先的理解，即这样那样的东西要算作某物之为 S，可能需要或排除一个新颖的理解，仅当这个在先的理解部分地是由对于如何看待这样那样的东西才是合理的某种感觉（而非做法）形成的——在这种情况下，是对例示者应当被视作是在例示的一种特殊感觉。在可分享的态度（尤其是对环境的态度）的情况下，这种意义可以由维特根斯坦在第 242 节中谈到的判断上的共识来提供。在当前的私有情况中，除了皮娅的感觉，我们没有什么可以使此继续。但是，皮娅基于新颖的理解对于这些事情所能行使的唯一感觉，就是她在这些理解可得时对它们的感觉。所以，如果说在新颖的场合，有什么东西决定了作为 S 是什么——如果说有什么东西为这个需要回答的问题提供了答案——那只可能是她所具有的感觉，她随即出现的、以同样的方式进行下去的感觉。这只是说，在私有的情境下，她所采取的态度——她所判断的东西，如果那是个判断的话——不能脱离她采取的那个立场。在此，我们无法说到那个她随即采取的有待采取的态度。而这就补全了那个论证。

我们只需要强调一点。根据维特根斯坦对这件事的看法，在私有情况下出错的东西，是一些在独有语言的情况——偏狭的情况下并不错的东西。如果我说橡树下有松露，要固定我因而采取的态度，单单我自己的感性远远不够。就我所说的目的而言，什么东西应当算作是在橡树**下**，对于这样的事情，恰恰有判断上的一致。即便偏狭者的工作是如此，使我的态度不可为某些可设想的思考者所通达，也仍然如此。（毕竟，原则上，我们的人手如你所愿，而且不止于此。）其他人能共享我的态度吗？对此的可能性是由对某人何时会这样做的判断达成一致的可能性所开启的。

如果私有语言的问题是它与逻辑所**必定**是的东西相抵牾，那么，的确，转向独有的语言无济于事。但是，在他的私有语言论证中，需要比弗雷格的好观点更多的东西，才能使任何这样的抵牾出现。人们需要对逻辑是普遍的、包罗万象的方式有一种特殊的看法,然后才能把那种解读附在那些好观点上。第 3 讲至少提出了为何这样一个观点并非强制性的。

以上,我提出了对于感觉不是某种东西,但也并非什么也不是这一想法的一个初步解读。这一解读的适当形式现在已经看到了。假设希德被供以对感觉的觉识,并将其刻画为是如此这般的。(如弗雷格所强调的,被供以觉识,在这里仅仅相当于拥有这个感觉。一个人并不是像在视觉的情况下那样——比如说,看到一头猪——被供以对无论如何都要被觉识到的东西的觉识。再次与视觉的情形相对,被供以觉识在这里也不是被供以一个选项,根据一个人如何收授他的注意力,他可以选择采纳与否。)所以,希德用一个立场来回应他的感觉。第 258 节的要点现在变成了:人们不能把一方面,他的如此回应,与另一方面,他回应时带着的一种立场(有待采取)——"那种感觉是如此这般的"——分离开来。也就是说,人们无法从他的回应中分离出独立于对之他由此一来是可应答的,而且在采纳他所采纳的立场时,对之人们也会是可应答的东西。这就是说,人们无法将他的回应和其对之以成之为一个回应之物分别开来(独立于彼此来分辨)——如此这般的感觉如其所是(而且,其如此存在,这样的感觉**是**或不是如此这般的)。这就是感觉与感知(弗雷格提醒我们,在我们与观念的接触中,感知出于行动)的一个根本差异。如果我在客厅里看到一头猪,我可能会对猪,或对它在客厅里的存在作出反应。我的反应,比如说,是一个对于猪在客厅里的判断。它可能是这样,因为它可能对客厅里事物所是的方式(例如)是可应答的——事情之为这样,是客厅里有猪与否。我们与我们的感觉之间的关系并非如此。因而,这就是涵括在那个口号中的想法:感觉并非**什么也不是**——相关的回应将是对拥有一个感觉的回应——但它也不是某样东西——在它的存在中,提供了纯粹为其是其所是而可应答的机会的某样东西;对**它的**存在,或不存在,感觉之为如此这般。

这个想法是一个有关针对感觉的**私有**立场的想法。不过,正如弗雷格所主张的,如果一种感觉是上述意义上的某样东西——如果它提供了那种对之可应答的材料——一个人在使其自身如此可应答所取用的立场就势必是私有的立场。所以这一点更普遍地适用。当我们对我们的感觉采取立场时(在那是我们真正在做的事情之处)——比如说,我们报告说我们的耳朵里有微弱的嗡嗡声——我们对它们的如此回应与其他东西是不可分离的,那些才是我们的立场对之真正可应答的东西。如果那些立场终究是可应答的立场,那么它们所可应答的东西是比这复杂得多的东西。(它们无需是可应答的。我们在这里不应该被这样的事实压倒,如果你当有微弱的嗡嗡声在**我的**耳边,那么你就采取了可应答的立场。但是,把它们当作不可应答的,就不会减损其内容的复杂性。)

可应答性会是何种复杂事物,要视情况而定。比如说,痛,就与回应的方面有深切的牵连。如果我刚刚被热锅烫伤了手指,这种感觉是否很像牙痛,并不重要。更要紧的是,疼痛是人们在乎的那种东西。但是,反应究竟如何重要,其他因素究竟如何重要,是要去逐个检视的事情。迄今为止,我们所拥有的全部,用那句著名的格言来说,是对一个不会有用的模型的结论。

5.4　弗雷格式的语言者

日常(维特根斯坦式的)语言是这样工作的。希德在做,比如说,传达一些信息。正如可能的那样,他说,"客厅里有一头猪"。有一些可能被预期理解他的人——具有合适背景的人;他们应该被预期对像希德这样的人所操的那种语言的用法有正确的感觉,如果有人有的话。他们会熟知希德所使用的语词的相关用法,以及相关人士通常谈论(以及更一般地,处理)事情的方式。人们会说,希德的话,是**用来**和这些人交流的。这些人对希德的话会有一些预期(或者说会合理地被预期)——给定他们对如何看待事物的一般感觉,他们会合理地预期的东西。他们会预期**什么**(带着与那些交谈的恰当暴露),取决于希德说话时所处的环境。这些(合理的)预期告诉我们,什么时候事情会像希德说的那样。如果猪只是把头伸进了客厅的窗户,那么,或许,根据环境,这就不足以(根据那些预期)使事情像希德所说的那样。如果猪在沙发上睡着了,也许,这**就**足够了。

[重要的是,只有在所表达的立场是针对可能在一个事实性意义的网络中就位的东西时,人们才可能有那种可能决定真理的预期(如果允许的话)。皮娅告诉希德,"隔壁房间里有一把椅子"。希德在房间里发现的是椅子形状,但却是纸糊的东西。如果皮娅是对的,这或许不是人们所预期的。但为什么不呢?问题是你不能坐进去。如果这结果是某种特殊的结实的纸,这样你就**能**坐在"椅子"上,那么就有少得多的理由来发现预期的破灭。相关的预期总是和你能用如所说一般的事物所**做**的事情捆绑在一起的。]

弗雷格式的语言并不这样工作。如果希德是在以弗雷格式的口吻讲话,那么他以某种方式让他的"客厅里有"来命名一个弗雷格式的概念——一个从对象到真值的函数。如果他这样做了,那么他说的是否为真,不外乎取决于是否存在某头猪,这个函数对它的取值为真。任何人对希德的话可能抱有的预期都不会对它们是否为真有任何进一步的影响。对于弗雷格式的语言来说,判断上的一致就这样出局了。(或许弗雷格式的语言这一想法是一种误解,其表现与对说 p 和说当且仅当 p 为真的东西之间的等价性的误解如出一辙,这种误解导致一些人持有一种关于真的"紧缩论"的看法,并导致关于感知对象的相关错误。这些最后的误解将是第 6 讲的主题。)

那么,弗雷格式的语言是如何达成的呢? 希德是如何设法让他的"客厅里有"来命名一个弗雷格式的概念的? 近来哲学中一个流行的观点是,你通过以某种方式用你的话表意来做到这一点。如果语言是维特根斯坦式的,那么,当然,这个想法是错误的。但对于当前的目的而言,它是可以的。如果有关于以正确的方式来用一个人的话表意这样一个问题,那么关于它们实际上承载着被渴求的理解(涵义)也会有同样的问题,即便锁定其涵义的东西并非说话者如何意谓它们。所以,这样一来,希德意在将其"客厅里有"命名某个从对象到真值的弗雷格式的函数。而他是如何做到这一点的呢? 好吧,也许是通过把他的注意力集中在他的话上,也集中在他心中的那个函数上。对第 258 节的间接提及,是看待弗雷格式的语言与私有语言之间的平行关系的正确方式。

弗雷格式的语言这一想法是一种错觉。如果一个人确实以弗雷格式的口吻说话,那么某些问题就不可能可理解地产生;或者至少在它们产生的情况中,它们的答案不可能取决于任何人对于什么是正确的看法,无论偏狭与否。希德说,某种弗雷格式的概念——我们可以通过称之为客厅里有的概念来示意它(仅此而已)——被一头猪所满足。**这**就是所说之物,它有资格为真或为假。人们不能理智地对**它**发问,客厅之是其所是是否**应当**算作事物如此所言。客厅之是其所是干脆算是如此,或者不算。如果你不知道是哪种情况,那就是根本不知道**客厅里有**是哪一种函数。这种想法是为了取消偏狭。但它所做的一切只是使偏狭在另一个地方又回来了,代价是压根没有真正讲通任何东西。

何时它会是希德指明的那个对某只猪变量取值为真与否的函数? 希德听到从客厅方向传来哼叫声。他惊恐地说:"客厅里有一头猪。"然后我们进入客厅。一只猪的头从窗户里伸进来。弗雷格式的函数是廉价的。例如,有两个函数,在它们所取的值上处处一致,除了在这里。在这里,一个函数,而非另一个,对那头猪(或对其所处的条件)取值为真。这些函数中的哪一个是希德想要指明的? (如果这个问题没有答案,那么希德就不是在以弗雷格式的口吻讲话。)什么可能对答案有所贡献呢? 在希德集中注意力时,据说是让他的话特指某一个函数时,关于这个函数应该是哪个函数的某些理解,对他是不可用的,也就是刚刚指出的两个——比如说,它应当被认为是一个对现在**这**头猪取值为真的函数。所以他当时就有这样一种决定事情的理解是不可能的。或许他对于它是何种函数有某种一般性的理解,其中这种一般性的理解恰好需要这些新颖函数中的一个。但是,在第 4 讲中,我们看到了为何这种想法无路可通。此外,在决定**这**是否真的使事情如希德所说时,其他任何人对**这**(客厅、那头猪，是其所是)是否应该算作使希德所说的话为真的看法，在这里都无足轻重。或许我们有各种弗雷格式的东西**去**说，每种说法或许确实能够敲定实际情况是否确实如此。但是，还没有这样的事实能够敲定希德所说的是否为真。因为迄今为止，这些要说的东西都不能(确定地)是他确实说过的话。

或许，在进入客厅时，希德**当**事情如他所说的那样。用弗雷格的术语来说，他现在可以辨识出他以前所不能的某种函数：以**这头**猪为变量，给定这头猪之是其所是，取值为真(或取值为假)的那个函数；现如今他可以把它当作是他起初所意指的那类函数。但是，如果这就是决定希德心中所想的是哪种函数的全部，那么，当在某个判断中被指明的是那种函数的时候，正确和看上去正确之间就没有区别了。例如，如果希德现在(在客厅里)判断某事，他在说"一头猪在客厅里"时表达了这一判断，那么在他把这个判断当成是他以前表达的判断，和它实际上是这样的判断之间便没有区别。这正是第 258 节所指出的私有语言者的问题。这也就意味着，正如我们所看到的那样，如果希德**必须**以弗雷格式的口吻说话，其后果就是他根本无法表达任何真正的判断。偏狭的积极作用，似乎只是讲通的代价。因此，私有语言会影响到第 242 节提到的那个判断上的一致的效果是有害的还是有益的。这就完成了第一点。

5.5　超越论

希德说客厅里有一头猪。超越论者想知道他是否借此表达了一个可应答的立场。或许(在正确的环境中)有可理解的东西以回答的方式说出来。在足够确定的情况下，如果立场不是可应答的，什么会出问题，我或许能够向超越论者保证，是的。当然，我会谈到之为可应答的一种特殊理解；这种理解不标榜是唯一一个向来可接受的理解。或者说，如果维特根斯坦在什么是可应答性上是对的，我就会是在这样做。事实上，这种理解将被赋予，形成于在我说话的环境中，人们对可应答立场的预期。例如，对希德立场的正确性的争议的解决方式，按照对该立场的理解，是解决争议的合格方式，而不是，比如说，服从多数人的意见的投票。它们通过了让世界决定正确性的考验。它们是合格的，也就是说，按照这种对可应答性的特殊理解所施加的标准：在这种情况下，我们对合格的东西不再预期更多。这不是超越论者希望听到的。他想知道希德的立场是否**真的**可应答；根据他的理解，他仍然没有被告知这一点。或者换一种方式来说这种担心，如果我所表达的立场真的是可应答的，超越论者或许会同意接受我的话。但他仍然需要一个关于这一点的保证。如果这种保证以与我给希德的话以保证相同的方式给予,那么就没有取得任何进展。对于超越论者来说,需要一条不同的进路。

维特根斯坦对此的回答是:超越论者想听到的,其实只是打仗游戏的口号,尽管他没有看到这一点。这就是说,没有任何东西能够满足超越论者对回应的要求,并成为一个可应答的立场。没有可应答的立场,具有超越论者希望一个立场具有的含义。在他寻找的区域内,没有什么可说的。换句话说,在事物所是的方式中,没有任何他想要说的东西可能是可应答的。

假设那个超越论者坚称他是站在超越的立场上说话,告诉我希德的立场终归是可应答的。我的回复会是:"那又如何?我指望用这些信息做什么?它有什么好处?我可以指望它什么?"答案不可能是显而易见的。我已经把希德的立场当成是可应答的,因为对我来说,这在任何日常的标准上都是要紧的;而且,如此处理这一立场的情况下,生活也完全顺利地进行(就以某种方式对待希德的立场可能与此有关而言)。如果我如此对待希德的立场使事情在某种可察觉的方面不顺利,那么我会修正我对它的处理。比如,我不会轻率地把这个所谓的信息重复给猪的(我认为是)应受责备的主人皮娅。因为我不会当自己是在重复信息。我会等着看我对此事感受如何,然后再考虑是否真的需要向皮娅表达这种感受。但我并不预期从这位超越论者里学到什么,从而成为改变我在任何这样的方面对待世界的理由。因此我会回复"那又如何"。

对事物如超越论者所言,人们应当或可以有何预期?不可能是事物如我在基于对可应答性的一种偏狭或局部的理解,说"是"时那般,人们所无权预期的任何东西。因为那会使超越论者对可应答性的理解仅仅是一种局部的理解。我说的是对**可应答性**的一种理解。所以,与超越论者的理解相伴的预期,并不是每一个对可应答性的理解都需要唤醒的。但是,超越论者所唤醒的预期也不能仅仅是我的"是"所唤醒的预期。因为超越论者旨在告诉我一些新的东西。毕竟,他对我对他的回答是不满意的。

对维特根斯坦来说,对某人的话的理解由人们对他的合理预期、由他们因此而合理地负责的东西**形成**。但现在看来,对于超越论者来说,预期是离题的。如果他是对的,人们会预期什么,如果有的话,并不重要;至少如果这以任何方式是一个思想者可能或可能不准备有的预期的问题,那便不重要。必须为他的话锁定一种独立于任何人所会预期之物的理解;那么,预期可以落在其所可能之处。用其他现在为人们所熟知的术语来说,他承载着它所承载的理解的话语,必须独立于其话语被推定为是**为**的任何特定类型的思考者所达成的任何种类的判断上的一致。这就是说,超越论者需要在说弗雷格式的语言。

超越论者以弗雷格式的方式说话：当他说到可应答性时，他由此说的东西决不是由对哪些新颖的理解符合他所说的话判断上的一致所形成的——这会是维特根斯坦的正确之处。但是，我们没有看到的是，在这样说时，他所说的东西，也正在于私有语言无法具有的那个意义上无法具有一个用法。所以，他站在有待成为私有语言者的立场上。因此，我们熟悉的问题出现了。在超越论者口中，"是可应答的"意在挑出一个从对象到真值的特定函数。哪个呢？要回答这个问题，主要是要回答：一般而言，何时"是可应答的"，或别的话在某人口中的出现，会挑出**那个**函数？假设超越论者告诉我们，"希德的话是可应答的"，然后，当皮娅说在客厅里的猪这回事上，"不，没有"时，告诉我们，"且皮娅的话也是可应答的"。他挑出了同一个函数两次吗？什么可以决定这一点？可能有他的倾向说他有。但如果只是这样，那么那个肯定不是一个可应答的立场。在这回事上，并不存在他对了或错了这种事。就如我们从第 258 节中学到的，从超越的角度说，在称希德和皮娅的立场是可应答的时，他的立场也谈不上对了或错了。于是，局面发生了扭转。超越论者担心我对希德所表达的立场是可应答的偏狭保证可能不是可应答的。结果他才是那个处在困境中的人。

从超越的角度说，就没什么可说的了。就结束了故事。还留下一个**似然**的问题，由阿德里安·摩尔提出，他认为，如果偏狭的预期形成了词语所承载的理解，就像上面所描述的那样——如果判断上的一致是这样运作的——这就意味着，比如，如果在有人称某物为绿色这回事上，我们的预期是不同的，那么草就不会是绿色。但这为什么根本是一个错误，现在应该已经很清楚。

可能潜藏着一个疑点。如果弗雷格式的语言像我辨清的那样问题明显，怎么还有那么多哲学家能够长久以来如此不经意地假设，他们（以及每个人）实际上都能讲这种语言呢？一个原因是，整个哲学从来没有停下来全面思考维特根斯坦指出的命名所能达成的东西的局限的后果。[另一个原因可能是，弗雷格式的模型（语言游戏）有时可能是有用的参照物——只要它们不与比较的其他术语混淆。]哲学没有因此而停顿，或许是因为在维特根斯坦之前，没有这样的机会可以停顿。《哲学研究》是出于其后果的延伸工作。

要去说维特根斯坦的局限，人们一定不能从超越的角度说吗？我认为不是这样。维特根斯坦指出的是一种从一个偏狭的角度之中可认出，且可记录的现象。就来反思一下你说某物是蓝色的意味着什么吧，看看你是否找不到各种可能被其理解的东西。如果你找不到，维特根斯坦和我，可以提供例子来帮助你。这就够了。维特根斯坦不需要对超越论的野心说什么（至少不需要亲自上阵）。他所需要做的只是引导我们期待，每当我们想到事物所是的某种方式时，就能找到对事物如此存在的理解。《逻辑哲学论》对无意义的构想,即词语未能发挥任何可能使有意义的逻辑作用,**或许**迫使它无法说出它似乎想说的意义和无意义会是什么。《哲学研究》对无意义的构想,实际上是弗雷格式的语言,不必受此强迫。例如,如果维特根斯坦告诉我们,除我们之外的其他形式的共识是可想象的,那么,对于他需要提出的观点来说,对这一点的偏狭理解足矣。

第 6 讲

协调

《哲学研究》第 95 节的开头如是说：

> "思想必定是某种独特的东西。"当我们说，并且**意指**，事情是如此这般的时，我们——以及我们的表意——不折不扣地对应这个事实……

第 110 节对此作出评论：

> "语言（或思想）是某种独特的东西"——这被证明是一种迷信（而**不是**一个错误），它自身从语法的错觉中产生。

对同一种迷信，第 429 节换了一种不同的说法：

> 思想与现实的一致与协调在于这一点：如果我错误地说某个东西是**红色的**，尽管如此，它却不是**红色的**。而如果我想要对某人解释"那不是红色的"这个句子中的"红色的"

一词,我则指向某个红色的东西。

　　这里的迷信误解了一个普通的事物,正如那个孩子那样,想象裁缝除了线以外什么也没有,从而对他能缝制衣服感到惊奇(见第 195 节)。第 429—464 节解释了为什么这种普通的事物确实很平庸。它因此展示了这个迷信如何错误地将令人兴奋的事物加诸其上。它以如下评论作结(第 464 节):"我的目标是教给你们从一段经过伪装的废话转到一些明显的废话。"基于那一讨论,在这一讲中,我将尝试定位相关的平庸之物、对其的迷信的理解,以及不从前者转到后者的重要性。

　　相关的平庸之物是这样一种东西,它们**可以**表现在诸如"如果 P 是真的,那么 P"(反之亦然)的说法中。对其的迷信的解读的一个版本是 P.F. 斯特劳森的评论:

> 　　但是,有什么能比正在下雨的陈述更能完美地符合正在下雨的事实呢?当然,陈述和事实相符。它们是为彼此而生的。如果你把陈述从世界中剥离出来,你就也把事实剥离了出来,但世界并不会变得更贫瘠。(Strawson 1950:197)

　　根据这种迷信,事物是其所是,和有关它们怎样存在的一个真陈述,差不多只是同一件事的不同版本。如果我指称这只猫有癞皮病这一事实,我就在不涉及语言的情况下,成功地言说了和我在将这只猫有癞皮病"那个"陈述说成是真的时正好相同的东西。它们是一对完美的镜像。这是第 3 讲中讨论的一个观点。它是维特根斯坦在放弃那个在 1930 年年初之前一直指导他的思想的、有关表征为如此之表征的想法时,分阶段地摆脱的一个想法。它包含如下想法,即陈述的概念结构(至少在某种所谓的深层次上)就是世界的概念结构,因此世界除了**具有**空间的、化学的、因果的结构(事实意义的网络)之外,还具有一个概念结构。

　　摆脱这一想法,为思考真和经验的方式开辟了新的可能性。具体而言,它开辟了新的方式,以思考是其所是的事物的特殊性如何可以例示一个陈述的,或更加一般地说,一个表征为如此之表征的,内在的一般性;开辟了新的方式,以在是其所是的事物中定位那种一般性,后者会是它们之如同所陈述的,或如同所表征的那样存在。并且因此,也开辟了思考真的新方式。在是其所是的事物中定位一般性的新方式,也是认识我们在经验中,尤其是知觉经验中,与这些一般性的相遇的新方式。在第 429—464 节中,维特根斯坦开始得出第 3 讲所讨论的工作的这样一些后果,尤其是对世界中的一个概念结构的想法的放弃,这种概念结构反映了在语言中被找到的那个(或某个)结构。本讲将追踪其中的一些思路。

我们在此要努力摆脱的迷信，出现在真理的"紧缩论"或"冗余论"观点的语言方面。亚里士多德已经洞悉了这些观点为何行不通，尽管他立刻就失去了这一洞见（见 Travis 2006）。这一洞见是，真要求将事物说成如同它所是的样子，假要求将事物说成如同它所不是的样子。如果一个人认为（就像亚里士多德那样），一旦一个人说了任何东西，他就不可能在这两件事上**都**失败的话，那他就失去了其中的洞见。那已经是对相关的平庸之事的一种迷信的解读，而后者如果被正确地解读的话，就不会支持前一种解读。第 429—464 节清楚地说明了原因。

在世界方面，这种迷信鼓励了一种有关经验是什么样子的错误观点。如果这种迷信在表征方面的一个突出表现是真理的紧缩论的话，它在世界方面的一个突出（虽然并非唯一的）表现就是经验（尤其是知觉经验）具有表征内容这一观点。在《哲学语法》中，维特根斯坦如此描述这种迷信：

> 这种错误深深地植根于我们的语言之中：我们说"我期待他"，以及"我期待他的到来"。（§90）

这一具体的混同，使人注意到迷信的世界方面。"他"是，或可能是，某个我已经熟知的人，比如，过去的感知觉识的对象。如果他来了，我将会与他重逢——对同一事物的进一步（感知）觉识。将这一更新的觉识作为这样的觉识而注意到，是辨识**可能**是的一件事情。如果发生，他的**到来**将会是如同它们于是将会发生的那样发生的事物的一个特征。我将尚未熟知它（这是当然，因为它尚未发生）。我不可能对它有在先的直觉觉识，因此，我不可能具有更新的觉识。我**当下**已经熟知的，是某人的到来这种现象，或许甚至是他的到来（在某时，至某地）的现象。如果他到来了，那么那将会例示我所熟悉的这一现象。我可能于是注意到一次到来的发生（也注意到这是他的到来）。这也可以被叫作辨识：对于**一次**到来的发生的辨识。那是辨识可能是的一种相当不同的事情。我重新认识了**他**，然而我将发生的事情辨识为到来的一个实例。此处的迷信会强行在这两个实例中采用相同的辨识模式，就好像我以与我察觉到他的方式正好相同的方式来**察觉**一次到来。这曲解了那种方式，通过它，例如，我们的感觉为我们提供对是其所是的事物的觉识。这两种辨识的概念需要非常不同的理解。

这标志着有两个主题将在此展开，它们涉及对相同的平庸之物的两种不同但又相互关联的误读。而它所做的不过是标志它。将迷信公布出来是一回事，表明它们是迷信则是另一回事。我现在就开始这后一项任务。

6.1　"尽管如此"

如果我错误地说某物是红色的,那么,尽管如此(DOCH IMMERHIN),它并不是**红色的**。第 429 节表明,我错误地称之为红色的东西应当没能成为的东西是红色的,这在某种程度上有悖于期望。第 429 节意在作为一种迷信的表达。**它**必须创造出由此受挫的期望。什么东西会做到这一点?

错误地将某物称为红色的,已经是一项实质性的成就。这就是亚里士多德曾拥有却遗落的洞见。实际上,这也是第 2 讲的部分教益。如果我们能够进行单称的言说或思考,那么我们就必须避免对罗素提出的问题进行一种罗素式的解决。在容许期望之外的,或尚未遇到的东西在如下问题中具有权重时,我们就那样做了:当赋予它权重是合理的时,我们心中有什么东西与之相应。倘若《论指称》本是由 G. E. 摩尔写的,而由于纯粹的错误被以"罗素"的名义出版,那么对于我刚才用上文中的"罗素"一词谈论的人,我们应该说什么呢? 那最好要依赖于这一事故发生的情境,以及依赖于对于我心中所想的东西,它们使之能够合理地被说出的东西。那样说就是承认,至少在人类思想方面,对于当我们使自己成为可应答的时,我们如何做到这一点,我们并非纯粹的主人。世界必须在其中占有一席之地。如果它确实如此,那么就存在余地,使它能够在这样那样的情况下作出裁决,比如,当我将如此这般的事物称为红色的时,既不能合理地以那样一种方式理解我对某物是红色的谈论,使得我就此说出的东西为真,也不能合理地以那样一种方式理解它,使得我就此说出的东西为假。那个意料之外的、全身都既是红色又是绿色的雕塑(在第 3 讲所讨论的意义上)可能既不能被合理地当作**我**在将其称为红色的时,将其称为的东西,也不能被合理地当作某个并非我就此将其称为的东西的东西。(有关用弗洛伊德的术语来说,我们并不完全是自己的房子中的主人这一点所处的领域的观点,就是希拉里·普特南在 Putnam 1962 a, b 以及其他许多地方,非常有说服力、非常详细地提出来的。)

在第 4 讲中,这一观点在事物所是的方式方面得到了进一步的发展。这是概括那一讲的主要工作的一种方式。如果我就此所说的会要么为真、要么为假的话,那么在我将该雕塑称为红色的时,有关我所谈论的东西的一种在先的理解,必须要求某些新理解。**存在**什么样的理解,以至于它要求或不要求它们,依赖于世界是怎样的——依赖于事物是怎样存在的。在一种在先理解中,没有任何东西能够排除如下可能,即需要被要求或排除的那些新理解,事实上二者都不是。

然而,在第 429 节中,这并非问题所在。我们已经走了足够远,以至于错误地说出某物是红色的。那么，这个东西不是红色的这件事，为什么应该显得令人惊讶呢？一个人能够在第 4 讲所拒斥的、有关在先的和新的理解之间的关系的那一图景中，找到这种惊讶的源头。假设我错误地说，皮娅的鞋是红色的。那么我说的是（鞋子）是**红色的**，并且我将**这**说成是皮娅的鞋子所是的一种方式。由于我所说的为假，我们就会想要说，在那样做的时候，我谈论的是皮娅的鞋子所不是的一种方式；所以它们不以**那种**方式存在，也就是说它们不是红色的。但我们能这样说吗？一方面，如果我错误地说皮娅的鞋子是红色的，那么我就**说了**皮娅的鞋子是**红色的**。所以理解我（或一个人）这样说了，就必须是可能的。所以把握皮娅的鞋子是红色的会是什么样子，就必须是可能的。所以必须存在这样一个东西，它是当它们是红色的时，事物会是的样子。

　　但是现在，让我们来应用这个被拒斥的模型。这个模型的想法是，在谈论事物存在的一种方式时——因而在谈论（鞋子）是红色的时——我谈论的是这样一种东西，它仅仅是其所是时，就要求一个具体范围内的、关于什么会或者不会算作一个东西之以那种方式存在的新理解：对于鞋子是、曾是、将是，或本可能成为的任何一种方式，如果它们如此之存在会是事物如我就此所说的那样存在的话，那么对我以之谈论事物的那种方式的那一在先理解，就恰恰要求对于事物何时会是那种方式的**那一**新理解。加以必要的变通，对于鞋子所是的任何方式或类似的东西，如果它们是它们之**不是**那种方式的话，也是一样的。此处的要求会独立于对于对那种方式**应当被当作**所是的**正好的**理解的任何具体的、偏狭的（非强制性的）感觉。所以它必须是那种方式的内在要求——就现在的例子而言，即是红色的。这也就是说，在称呼那种方式时，我必须也称呼了事物以或不以那种方式存在的这些具体情境。我必须正好以这种意义称呼它们，在这种意义上，我所说的某个"罗素"可能称呼罗素。如果我**称呼了**罗素，那么，无论事物状况如何，没有人会成为我谈论的那个人，除非他是**罗素**。类似地，无论事物状况如何，没有东西会是我在谈论事物是红色的时，我所称呼的事物所是的那种方式，除非它是一个恰好承载了那些新理解的名称。

　　我们一开始的观点是，如果我说了皮娅的鞋子是红色的，那么即便它们并不是那样，也存在它们之为红色的这样一个东西。但是我们现在已经得到了一个结论，即不存在任何可以是如此的东西。因为这样一个东西会包括皮娅的鞋子之是其所不是。对于它们当时所是的任何方式而言，鞋子之以皮娅的鞋子当时所是的方式存在，会完全地是鞋子之以那种方式存在一事，都会是内在于一个事物会是的**那种**方式的。所以要谈论那种方式（比如，作为皮娅的鞋子所是的一种方式），一个人必须在刚才探究过的意义上，称呼皮娅的鞋子之为其当时所是所处的具体情境。然而，就目前的情况而言，不存在这样的情境可以称呼。在（错误地）说皮娅的鞋子是

红色的时,我不能称呼鞋子如此存在的**那个**情境,就像我不能在弗雷格出生这一幸福的意外不存在的情况下称呼弗雷格一样。所以,鉴于对内在于事物所是的一种方式的东西的这一观点,如果在说皮娅的鞋子是红色的时,我说的是假话,那么就**没有任何东西**会是它们之为红色的。但是这样一来,按照最初的看似合理的思路,我就无法**说出**它们是红色的。也就是说,如果这里使之为假的是它们之不以我所说的那种方式——**红色的**——存在,那么我就无法那样。**这**可以使人(在其他令人惊讶的事物中尤其)对如下事实感到惊讶:当我错误地说它们是红色的时,它们就此所不是的东西是红色的。

在将皮娅的鞋子说成是红色时,我意在将它们说成以一种它们至少可能是(也可能不是)的方式存在。那是我希望提供(正确或错误的)信息的方式的一部分。但如果我们将称呼事物所是的一种方式看作是**称呼**事物之以那种方式存在的个例,那么,由于根据假设,我所说的为假,在我没有谈论事物所是的一种完全不同的方式的情况下,我所说的就不可能为真。因为在我谈论皮娅的鞋子之为红色的时,只有称呼某个事实上,就现状而言,根本不是可被称呼的东西,我所说的才可能为真。这就是从事物之是其所是的殊例中,产生表征的一般性的尝试的一般性困难的其中一个方面。

迄今为止的问题,与说出本可能为假的东西有关。但它指出了一个更大的问题。真正的表征为如此(真正的可应答性)的一个合理的条件是,一个人将事物说成是(表征为是)这样一种方式,以至于即便事物并不正好如其所是,它们也至少可能被说成以这种方式存在——对世界而言,事物如同其被表征的那样存在所要求的,是与事物仅仅是其事实上所是相比,更具体的某个东西(后者是这样一个要求,即它实际上不能不被满足,并且如果事物相较于其所是之外有**任何**不同,它就不得不没能被满足)。相应地,它也是这样的一种要求,它在事物并不正好如其所是的情况下,也能够被施加。正是这一观点,导致了将事物表征为如此一事中的本质的一般性:事物之如同被表征的那样存在,并不**等同**于事物之是其所是;相反,存在**一个范围内**的情况,在其中事物本会如同被表征的那样存在,并且本会存在那种方式,以将它们表征为存在——事物之是其本可能所是的某个相关范围内的情况。对世界而言,如同被表征的那样存在,就是在一个无限大的范围内的可能被做的方式中,以其中的一种方式,做如此存在所要求的事情。

如果,很可能地,表征为如此就是施加上述类型的一个要求的话,那么如果我正确或错误地说了皮娅的鞋子是红色的,我就说了譬如即便她的鞋子比它们实际所是的少了一点磨损,也**可以**被说出和把握的东西。如果将皮娅的鞋说成是红色的是(这实际上是不可能的)**称呼**鞋子是红色的的那些(尚不能被我称呼的)个例——如果那就是一个在先的理解决定新理解的方式——的话，就没有容纳这一观点的余地。因为在那种情况下，如果皮娅的鞋子不以我所说的方式存在，那么就根本不存在这样的情况的**范围**，在其中我所说的本会为真；并且，如果它们如同我所说的那样存在，就不存在这样的**范围**，在其中它们仍会是如此。一旦它们有任何不同，一个人就根本无法说出或把握我事实上所说的东西。而无论一个人当时说了什么有关它们的真话，现在都根本不可能说出或把握了。因此，谈论事物所是的一种方式的这种模型，就使得表征为如此一事崩解了。

根据我们对说某物如此的直觉上的理解，在一个人被理解为说出的东西和它的为真或为假之间，存在一段**距离**。如果我将皮娅的鞋子称为红色的，那么我所说的为真还是为假，以某种实质性的方式依赖于这双鞋子所是的方式。如果我说了真话或假话，就存在有关它们所是的方式的某物，以使之如此。这并不是简单地说它们如同其所是的那样存在，而是说它们之如此存在符合**我的**语词的真伪所要求的东西。鞋子如其所是的那样存在是一回事，它们所符合的要求则是另一回事。如果谈论事物所是的一种方式就是称呼它的（可被称呼的）个例的话，那么在就此被讨论的那种方式和某物以那种方式存在与否之间，就没有距离可言了。但是，那恰恰颠覆了对为真一事的一种**要求**的这一符合直觉的想法。抹去某物为真的一个条件和它之是如此所处的情境之间的距离，似乎可以保障可应答性的**客观性**。它当然意味着，在那种条件之外没有任何东西（比如我们在判断中的共识），使得是其所是的事物对后者的满足可能**依赖**于它。它没有留下这样的缝隙，使得客观性能够从中渗出。然而事实上，它所抹去的是我们可以将其认识为可应答性的一切东西（这是第 4 讲的主旨的另一种说法）。

或许，看待事物所是的方式的这种方法的代价足够怪诞，以至于没有任何人曾明确地采取它。我们最接近它的地方可能是如下观点，即红色的这一概念是从对象到真值的一个函数，其中它所取的值，大致是被是其所是的事物所唯一确定的。在这之中可能还存在一些希望，即这种函数可能是这样一种**函数**（对于每个自变量而言，都容许正好一个值），它采取不同于称呼它在其中取真值的那些情境的某种方式。第 4 讲意在至少对这类希望给予无用的安慰。

是红色的最好在无论皮娅的鞋子是否是红色的时，并且当然，即便在它们并不正好如其所是时，都是鞋子（或无论什么东西）可能是的一种方式。这并不是说，无论事物**如何**存在，都仍然会有鞋子是红色的这样一个东西。但是任何消除了这种可能性的设想，都将简单地是行不通的。由此可得，当我们谈论某物之为红色的时，我们就此谈论的东西并不被那些具体情境的某个所谓的合集所辨别出来，其中这些情境会是某物之是红色的情境。它是某个这样的东西，即便**它们**并不正好存在,也无论如何都可被谈论。这仍然为如下观点留有余地,即如果皮娅的鞋子是红色的,那么就存在某个东西,在遇到她是其所是的鞋子时会被**重新**遇到;某个在那次遇见之前,一个人可能已经熟知的东西——它无论如何都会是可被熟知的——它以与如下情况相同的方式在那些具体情境中出现,即罗素可能在一场聚会上出现,仅仅作为罗素、作为在那里会被**重新**认识到的某个东西,并且它根据其在场或缺席,正是那个使皮娅的鞋子是红色的一事成真或不成真的东西。所以,我们在**说**她的鞋子是红色的时会称呼的,就是那个可被重新遇到的东西或元素。[涉及颜色的例子可能会在这个方向上产生误导,因为它鼓励人们将两个十分不同的东西混为一谈:认识到一种颜色——比如蓝色——以及认识到某物之**是**蓝色(这种颜色)的一个例子。]

在这一观点,即事物所是的一种方式正如罗素那样,是一个可重新遇到的亲知对象(现在被假定为刨除了称呼以那种方式存在的事物的具体例子的观点)中,我们重新认识到:

> 一般性概念是其特殊个例的一个共同属性这一观点……如下观点,即**属性**是那些具有该属性的事物的**组成部分**,例如,美是一切美的事物的组成部分,正如酒精是啤酒和葡萄酒的组成部分一样。(Wittgenstein 1958:17)

维特根斯坦在《哲学研究》第 429—464 节针对那一观点提出的问题,正是我们要如何设想它。是否是如此,即我们遇到了皮娅的鞋子,因而遇到了它之是其所是,并且除了这一切之外,实际上在它的旁边,还遇到了某个其他的东西——那一特殊的亲知对象,即(某物之)是红色的? 或者是否是如此,即那一特殊的亲知对象是分解为皮娅的如其所是的鞋子的各个部分的某种可认识的元素(在第 3 讲中被拒斥的有关世俗的结构的那一观点)? 这些问题的用意并不是要否认我们能够,并且确实,为某人之熟知是红色的事物的观点赋予意义。相反,它是要帮助我们赋予它正确类型的意义。如果我们不再被它诱导至关于真理的紧缩论思想或关于所谓"经验的内容"的表征主义思想,这将是我们以正确的方式听取这一观点的标志。不过到目前为止,这仅仅是我们追求那种意义的最起码的姿态。

6.2　契合

我引用了斯特劳森作为第 110 节的迷信的例证。考虑那究竟是怎么一回事,将会有所帮助。以下是有关他对陈述与事实之契合的进一步阐述:

如果一个情景是我们陈述的"主体"，那么"使得该陈述为真"的东西就不是该情景，而是该情景具有它被断言具有的特性这一事实。(Strawson 1950：198)

"使得这一陈述"，即这只猫有癞皮病"为真"的东西，不是这只猫，而是这只猫的状况，即这只猫有癞皮病这一事实。(Strawson 1950：195)

斯特劳森在此的观点与弗雷格一致，后者告诉我们(1918：60)，如果真理是由与被表征(为如此)的东西的符合构成的，那么完全的真理(vollkommene Wahrheit)就会要求完全的符合(vollkomene Übereinstimmung)，因为"真不会容忍更多或更少"。(弗雷格进一步坚持，一个**表征**和它所表征为如此的东西之间的**完全**的一致性是不可能的，二者是两种非常不同的东西。)斯特劳森的坚持针对的是 J. L. 奥斯汀。他在这一点上相当正确：弗雷格在此的思想会排除奥斯汀的真理观念。反之亦然。所以，如果正如我所论证的那样，奥斯汀和(后期)维特根斯坦在真理问题上观点一致，那么弗雷格，以及斯特劳森，就屈服于第 110 节的迷信了。那么，再一次地，看到维特根斯坦的观点如何与弗雷格的观点背道而驰，可能有助于理解前者。

但是，斯特劳森真的完全屈服于迷信了吗？他告诉我们，事实和陈述完美地相互契合(或根本不契合)，这里不存在契合的程度这回事。但是他也告诉我们，如果你把事实从世界中剥离出来，世界也不会变得更贫瘠。如果我们的陈述和思想都是关于世界的——如果当我将皮娅的鞋称为红色的时，我确实对于事物(在一个环境中)如何存在采取了一种立场——那么，无论是什么使得这些陈述为真(无论是什么使得皮娅的鞋子是如同我所说的那样)，它都最好是某个一旦"从世界中剥离出来"，就会使它更贫瘠的东西。如果你把使得皮娅的鞋子如我所说的那样的无论什么东西从世界中剥离出去，那么你大概就会使得世界不再是如我所说的那样。(我们也不能对使陈述为真的那个想法犹疑不定。)所以，斯特劳森的意思或许并不是事实是使陈述为真的东西。此外，(乍看上去)他还告诉我们，使得说这只猫有癞皮病的某个陈述为真的，是这只猫的状况。那一状况可能仅仅由是其所是的这只猫所组成。但是他继续告诉我们，这只猫的状况就**是**它有癞皮病这一事实。所以显然，事实就是使得真陈述为真的东西。于是，认为把它们从世界中剥离出去不会使后者变得更贫瘠，就是一个错误。剥离了这一事实，你就会使这只猫失去它的状况：有癞皮病。

事实上，斯特劳森，一个并非不典型地被其所控制的人，不断地在迷信和平庸之间徘徊。例如，将"这只猫有癞皮病这一事实"说成是使得某个这只猫有癞皮病的陈述为真，就不必是一种迷信。这完全取决于当你说它时，你认为自己在说什么。对于斯特劳森自认为在这些篇章中所说的东西,有两件相关的事情值得注意。第一,他的陈述与事实为彼此而生的观点,是作为对 J. L. 奥斯汀如下观点的回应被提出的:

> 在作出陈述时,其成功有多种**程度**和**维度**:陈述对事实的契合总是或多
> 或少不精确的,以不同的方式、在不同的场合、为了不同的意图和目的。
> (Austin 1950:130)

这就是斯特劳森通过坚称陈述与事实之间的契合仅有完美契合或没有契合两种而意在反驳的观点。

对于被使用的开语句——比如,在某个场合被说出的"＿＿是红色的"——其对应物会是:它们和满足它们的对象,或和那些对象的状况之间的唯一一种契合,要么是完美的,要么根本没有。(无害地)用"是红色的"来言说是红色的,这就必须意味着,当一个人在世界中遇到特定状况下的对象时,他所遇到的如下二者之间的是正好完美的契合,或没有契合:那些状况与是"是红色的"所言说的东西的对象,对于后者,我们能够就此无条件地说"是**是红色的**"。在这个世界上,对这个概念(或对任何表达它的开语句)来说,只有完美的契合和完美的不契合,而没有其他种类的契合了。如果那是事物存在的方式,那么每当我遇到一个红色的对象,我就会重新遇到熟悉的东西。我已经熟知了使之完美匹配的那个东西;在每一次这样的相遇中,我都会重新遇到那个老朋友。(在皮娅的鞋子中)它同样存在;同样熟悉的完美匹配。这种完美可能被不同的东西——鞋子、墙纸、血液——所例示,但不存在这种完美的不同种类。它像是一个个体。如果我们把开语句说成(总体上)言说属性,那么我们在此就有了一个属性的概念,它在一切重要细节方面,都正好是维特根斯坦在将属性比作诸如啤酒和葡萄酒中的酒精等事物的组成部分时,他所指的东西。所以,在此我们确实滑入了维特根斯坦意在反对的图景。而斯特劳森意在让我们这样做:只有以这种方式,我们才会有一个与奥斯汀相对抗的观点。

第二,我们需要看看斯特劳森对陈述的构想。首先(正如他所认为的那样)针对奥斯汀,斯特劳森坚称陈述是要被作出的——要被说出的(承载真的)东西。言说要被说出的东西没有错,因此以这种方式使用"陈述"也没有错。但是,很明显,在他识别陈述的实践中,斯特劳森在此操作的,是被使用的语词之意义和被作出的陈述之间的关系的一种特定概念。如果我们再次聚焦于开语句,将会在这里把事情简化。汉语的"＿＿有癞皮病"言说的是(某物之)有癞皮病。对于斯特劳森而言,那就足以识别出它对于它在其中出现的任何陈述(的真值条件)的贡献。所以,

我们可以自由地说"这只猫有癞皮病这一陈述"。将猫和时间用括号括起来，就只有一个这样的陈述。它是这样一个陈述，当一个人说"这只猫有癞皮病"，用这些语词以表达它们所表达的意思，他总是作出这样的陈述。所以，斯特劳森违反了维特根斯坦的第二原则：语词所称呼（言说）的东西，就其本身并不需要决定它们对一个真值条件作出任何一种贡献。如果猫正在好转——它身上的寄生虫正处于死亡的边缘，但其毛发尚未长回来——那它是否有癞皮癣？如果这取决于你对有癞皮癣的理解，那么可被作出的就不止一个陈述，可能还需要进一步的详细阐释。就在这一点上，斯特劳森和奥斯汀分道扬镳了。正如我们在第 1 讲所看到的，这种对第二原则的违背，与把属性看作事物的成分的观点是紧密联系在一起的。

在这些讲座中，当考虑到真、命题、可应答性这些概念是否可能有其他的揭示方式时，奥斯汀关于程度和契合之种类的观点就开始起作用了。我在第 3 讲指出，维特根斯坦在写就《哲学语法》之前，已经致力于对这一问题作出一个肯定的回答。要看到这一点，一个人需要把目光从弗雷格对于揭示的设想中移开。那一设想侧重于推论关系——逻辑法则。真概念的这一部分的一个特定揭示，会带来一个特定的推论结构，或许是多个结构，使得任何命题都必须和其他命题一起，在其中找到一个位置。（至于有多少其他的命题，以及找到一个位置会是怎么回事，则是一个有待研究的问题。）但我指出，真这一概念还有另一面。对于给定的某个可应答的立场来说，正是该概念的那一部分，契合于何时如其所（曾）是的事物会组成那一立场之被应答。

对弗雷格来说，真的那一面渐次分布在思想中：每个思想都包含着与它何时会被应答有关的一切，对它来说，正好在它会如此的时候应答，无非就是成为它所是的思想（Frege 1918：59-62）。对弗雷格来说，皮娅的鞋子是红色的这一思想，与皮娅的鞋子是红色的为真这一思想是同一个思想，说的就是这个意思。这使得谈论皮娅的鞋子是红色的**这一**思想合法，从而使得斯特劳森有关陈述的观点与弗雷格有关思想的观点一致。对弗雷格来说，对可应答性概念或真的这一面的这种片面揭示，是分布在一个系统中的：一切思想，包括逻辑法则，都必然属于的那个系统。所以，正是在那种意义上，只有一种对于该概念的这一面的揭示，正如对它的推论的一面只存在一种揭示。然而，对于《哲学语法》中的维特根斯坦来说，事情不再是这样。相反，在每个思想或命题都对真概念的这一面的某种集体性的揭示作出自己的贡献的意义上，存在无限多种其他的揭示。每种语言（《哲学语法》意义上的语言）都是这样一种集体性的揭示。存在无限多种这样的语言。不存在任何更加包罗万象的揭示，使得所有这些个别的揭示属于其中。

这种对弗雷格的背离，就其而言，没有触及以下观点：对于任何给定的思想或命题来说,只有一种对**它**之应答事物存在方式是怎么一回事的揭示,那一揭示包含在该思想或命题本身之中。(弗雷格表述为一个思想和它为真的思想之间的等同的观点。)无论那一观点在《哲学语法》中的地位如何,到《哲学研究》时,它肯定已经消失了。在这一点上,维特根斯坦和奥斯汀达成了一致。如果我谈论米尼奥河畔的青山,而它们中的许多其实都有房子坐落其上(那些房子打破了周围树叶的青绿色),那么它们到底是不是青山?我们应当用什么标准来衡量我的陈述呢?它的答案是否简单地包含在(如果是的话,是否唯一地包含在)对我陈述的理解中呢?并没有充分的理由这样认为。

所以,在斯特劳森和奥斯汀的争论中,斯特劳森站在弗雷格一边,而奥斯汀则站在后期维特根斯坦的一边。现在我们可以看到,如果背离《逻辑哲学论》中关于表征为如此需要什么条件的观点,我们就会被解放出来,从而能够考虑接受关于属性,或者说事物存在的方式,如何在例示它们的东西中存在的新观点。如果如下观点是对的,即要将这只猫表征为有癞皮病,一个人必须以一种给定的方式将给定的表征元素结构化(以与这只猫之**有**癞皮病中的某种结构相匹配)的话,那么斯特劳森就必须是对的。除了完美或没有之外,在陈述和它们所表征为如此的东西之间就不可能有其他契合的空间。与这只猫有癞皮病这一事实有不完美的契合,就必须等于将其他某个完全不同的东西表征为如此。但是,如果我们放弃这种有关表征的观点,那么我们就失去了任何接受斯特劳森观点的动机。如果,正如奥斯汀所坚持的,有许多不同的方式来将同一个东西表征为如此(Austin 1950:124-125),那么其中一些方式为什么不能在某些时候,对于这样或那样的目的而言,被算作更好、更严格、更准确,或其他什么的呢?而且,正如第 3 讲所指出的那样,两种这样的方式是否真的是说出同一事物的方式,将必须是一个场合敏感的问题。

在这里放弃斯特劳森对契合的观点,也是放弃将属性或事物存在的方式,看作事物中的组成部分的观点的至少一个版本。这会使我们远离第 110 节提到的迷信。为了更好地看到这种迷信会是什么样子,我现在转向第 429—464 节对它的处理的一半。那一半正好说明了相关的平庸之物是如何可能被误读的。

我借助一种看上去甚至比维特根斯坦所举的那些例子更平庸的平庸之物来接近这一观点。假设你被告知:“如果皮娅说希德哼哼叫,那么一旦事情正好如她所说,那么她所说的就为真。”假设你同意皮娅确实说了希德哼哼叫。关于她所说的何时会为真,平庸之物告诉了你什么?产生如下错误印象是可能的:它事实上告诉了你相当多的东西。这里的想法是:如果皮娅说了希德哼哼叫,那么**那**正好告诉我们,事物必须怎样存在才能如她所说,即希德必须哼哼叫。现在,应用那一平庸之物,我们就知道皮娅所说的东西何时会为真(或者,同样地,她何时将会就此说真话）。

但是这一观点导致了并不在平庸之中的观点。假设希德，人类中的最高雅者，如果太阳穴受到足够重的打击，就会有正常人的反应（哼哼叫）。皮娅所说的是真的吗？平庸之物并没有说任何能够解决这一点的东西。那额外的（所谓的）信息呢？**如果**皮娅说了希德哼哼叫这一事实，确实正好告诉我们事物必须怎样存在才会是她说的那样，那么它必须提供这个信息。而如果仅仅皮娅将哼哼叫说成是希德所做的事情（并且将希德说成是做了它的人）这一事实就决定了她所说的何时为真的话，那么它就会提供这一信息，而无需多费周折。那正是斯特劳森对于一个陈述的设想，即他所用来许可自己自由地谈论"这只猫有癫皮病这一陈述"的东西。但现在，一个人可能会有所顾虑。平庸之物中，没有任何东西排除了如下可能性，即一个哼哼叫的人容许理解，所以在说希德哼哼叫时，有不同的关于希德的东西可以被说出。到现在为止，我们已经看到了很好的理由来假设没有这些东西，关于这一点，平庸之物应该不会使我们动摇。所以问题在于，当被告知皮娅说了希德哼哼叫时，我们得知了什么。而答案应该是：这完全要视情况而定。事实上，我不认为你会觉得你从我迄今对于皮娅如此说的谈论中得知了任何东西，从而让你可以回答被提出的问题：皮娅关于高雅的希德所说的是否为真。就你目前所知道的东西而言，它可能是，也可能不是。

到目前为止，有两种可能的情况。在其中一种情况下，你通过被告知皮娅说了希德哼哼叫所得知的一切，就是她将哼哼叫说成是希德所做的事情，并且将希德说成是那样做的人——一个人**无论在哪里**谈论希德时，他会做的是什么，他都使用"希德哼哼叫"来意指它所意指的东西（在汉语中，是啰嗦之言）。在这种情况下，你并没有得知任何东西以解决希德所说的东西何时为真这一问题。在将某人说成是一个哼叫者时，一个人可能基于对希德是如此的许多理解中的任何一种来说话。（这正是维特根斯坦有关命名的最初的观点。）在另一种情况下，某人说皮娅说了希德是一个哼叫者，并且那个人（提供信息的人）基于对是一个哼叫者的一种特定理解来说话。它或许是这样一种理解，根据它，对太阳穴的打击作出的正常反应就是哼叫。在这种情况下，如果你理解了提供信息的人（并且他是对的），那么你就被告知了某个东西，以回答刚才提出的特定问题。在这种程度上，你确实知道皮娅所说的何时会为真。

这里的关键点可以换一种说法。知道大意是一旦希德哼哼叫，皮娅所说的就为真的某个事实，可能被算作知道皮娅所说的东西何时会为真。但要算作知道这样一个事实，尤其是算作把握对是一个哼叫者的这样一种理解，以至于根据它，一旦希德是那样，皮娅所说的就为真。在被告知皮娅说了希德哼哼叫时，你所被告知的可能会,也可能不会使你算作把握了它,这取决于你就此被告知了的是什么。当前的平庸之物不是作相反理解的原因。进一步地,如果(根据对是一个哼叫者的某种特定理解)一旦希德哼哼叫,皮娅所说的就为真的话,这就使得它精确且严格地决定了事物何时会如同皮娅所说的那样,正如它决定了根据对是一个哼叫者的那种理解,某人何时会是一个哼叫者那样。在平庸之物中,没有任何东西排除了这正好未被决定的情况:希德是如此的独特,以至于没有任何与对是一个哼叫者的相关理解有关的东西解决了在那种理解下,希德是不是那样。所以,在平庸之物中,没有任何东西排除了如下可能,即皮娅所说的可能既不为真,也不为假;或者,同样地,它可能在某些对为真的理解下算作真的,在另外的理解下算作不为真的(这是奥斯汀有关陈述不精确地、以不同的方式、为了不同的目的而契合于事实的部分观点)。当前的平庸之物没有排除这些观点,相应地,如果要反驳奥斯汀,斯特劳森最好依靠比它更多的东西。

坚持截至目前只是一个有关**说了那句话**的建议,将有助于增加明晰性。如果一个汉语的开语句所说的东西是容许理解的,那么相应地,一定有两种理解**说了那句话**的可能方式。汉语“哼哼叫”说的是一个生物所是的一种特定方式:是一个哼叫者。如果在这样或那样的场景中,皮娅用“哼哼叫”来谈论希德,那么她就此将他说成是一个哼叫者。她就此所做的,就是说希德是以那种方式存在所会是的东西。那是说希德是一个哼叫者可能是的一种东西,对**说了那句话**的一种理解。从皮娅说希德是一个哼叫者这一事实,并且根据对说了那句话的那种理解来看,我们并没有得知她所说的何时会为真(或者事物何时会如她所说)。还有一种对“说了那句话的理解”,根据它,“皮娅说希德是一个哼叫者”会被当作是说皮娅所说的是如此。如果我们以这种方式理解某些这样的“说了那句话”,我们就应该寻找对于“____是一个哼叫者”的某种特定理解,根据它,对皮娅所说的话的整个描述就说了她之说那句话。如果有那样一种充分的理解,那么我们就被告知了事物何时会如皮娅所说的那样。反之,在如此理解“说了那句话”的情况下,这句话压根没能达到它的目的。

将对“说了那句话”的两种读法混为一谈,无疑是迷信的一个源头。根据第一种读法,皮娅所用的语词的意义决定了她是否说了希德哼哼叫。根据第二种,她说了希德哼哼叫一事决定了她所说的何时会为真(在后者确实被决定了的情况下)。所以她所用的语词的意义决定了这一点(给定她谈论的是希德)。这就给了我们斯特劳森的图景。它确实能够使真理看起来是一件相当不实在的事情。但它只是一个错误。

因此,那最平庸的平庸之物已经将使平庸膨胀至迷信的关键方法显示出来。维特根斯坦处理的平庸之物可能甚至更具诱惑力。以下是他对其有所暗示的地方：

> 正是在语言中，期望和它的实现发生联系。（《哲学研究》，第 445 节）

> 我真正想说的是：希望他会来这一愿望，是真正的**他**会真正地**来**的愿望。如果想要对这一保证作进一步地解释，我会接着说"我用'他'意指在那里的那个人，用'来'意指做这件事……"。但这些只是**创造语言的语法解释**。

> 正是在**语言**中，这一切得以完成。（《哲学语法》，第 95 节）

> "一个命令命令它自己的执行。"那么，早在它存在之前，它就知道它的执行了吗？——但是那是一个语法命题，并且它的意思是：如果一个命令表述为"做如此这般的事"，那么执行该命令就会被称为"做如此这般的事"。（《哲学研究》，第 458 节）

在我们能够正确地说服从防火门上的命令会是保持门关闭的情况下，我们也能够正确地说当（且仅当）一个人保持了门关闭时，一个人就服从了该命令。在我们能够正确地说希德哼哼叫的情况下，我们也能够说，说希德哼哼叫是正确的，反之亦然。在我们能够正确地说她所说的为真，并且它是我们在说希德哼哼叫时所会说的东西的情况下，我们也能够正确地说，说希德哼哼叫是正确的，并且因此，能够正确地说希德哼哼叫。所以如果在说希德哼哼叫时，一个人会说出某个（正确或错误的）东西的话，他在说"说希德哼哼叫是对的，当且仅当希德哼哼叫"时，所说的总是真的，如此等等。

当然，在说这样的事情时，一个人**将会**说什么，则是另一回事。我们在此需要牢记，只要平庸之物还在作用，在说希德哼哼叫时说真话，就可能要求基于某种对是一个哼哼叫者的特定理解说话，因此我们就此说会被正确地说出的东西，正是一个人会基于那种理解说出的东西，根据它，我们将希德说成是一个哼叫者。同样地，一个事实是，在基于对是一个哼叫者的一种足够确定的理解说话的情况下，我在说"说希德是一个哼叫者是正确的，当且仅当希德是一个哼叫者"（其他这样的式子也是类似）时，会不可避免地说真话。但是，对于在如此说的任何具体实例中，我所说的是什么，那并没有作什么说明。例如，对于如果希德是高雅者中的最高雅者，那么说他是一个哼哼叫者是否正确，诸如此类的事情，它就什么都没有说。

如果我们确实将这些要点牢记在心，那么我们在这里所拥有的，确实是平庸之物——正如维特根斯坦所说的那样,仅仅是语法的要点——从中并不会产生任何令人激动的东西。用第 459 节的术语来说,存在从一个命令到会是符合或违背它的那些具体实例的翻译的问题,即从一个陈述到那些是事物如同所陈述的那样的具体情境的翻译的问题。对于这种翻译在任何具体情况下如何进行的问题,语法上的平庸之物没有告诉我们任何东西。所以,它们中没有任何东西与奥斯汀的洞见相抵触。

这一洞见有两部分。一部分详述了奥斯汀对作为**情景化**表征的陈述的关注。在策划晚宴时,皮娅向佐伊描述希德是一个哼叫者。现在的问题是,她所说的是否为真。这里的想法是,答案部分地,但仅仅是部分地,被做一个哼叫者是什么样的所决定。但是,如果它确实是被决定的话,它也必须被皮娅在其中说话的情境的特征所决定。具体在那个场合中,如果某人会被算作一个哼叫者,应当从他身上期望什么?如果事物如皮娅所说的那样存在,一个人严格说来应该对它们有什么期望?太阳穴被击打时哼哼叫,会是足够的吗?我们看看皮娅给出的描述——她将希德描述为一个哼叫者。我们再看看希德,看看他之是其所是。然后我们必须问,这二者是否足够匹配,以至于皮娅所说的会被算作为真。希德之是其所是是否——**在那些情境中**——**配得**那一描述。我们绝不能期望配得与否独立于描述所处的情境而被决定。我们也绝不能期望希德的言说所基于的理解可以用某些其他的术语来阐明,以至于希德存在的方式是否配得那一另外的描述,不以任何方式依赖于给出它的情境。根据奥斯汀的观点,说真话的情景化性质是不能被取消的。不能是因为那些方式,在其中真的问题总是**配得**的问题——有关**这个**(是其所是的事物)是否配得上被称为如此这般。依据第 459 节,这些都是在将一个陈述翻译为那些会是或会没能成为它之为真的情境时,会不可避免地涉及的评价。

弗雷格的观点是,每一个判断都在其自身中完全包含了它自己对真概念的揭示:要想以它所假装的方式符合事物的存在方式,它会是什么样子。误读那些平庸之物会使它转变为一个它不应该成为的观点(弗雷格赞同的观点)。根据那种不恰当的解读,一个判断就此包含对真概念的这种揭示,就是以一种非情景化的方式为真或为假。相关的平庸之物会被诸如"希德哼哼叫是真的,当且仅当希德哼哼叫"这样的东西表达出来。根据对它的相关误读,对希德哼哼叫的一个陈述必须如何符合世界,无非是被如下东西所决定:是一个哼叫者是它说希德所是的方式。正如我们已经看到的,在平庸之物中,没有任何东西能证成这样的结论。不过,如果将陈述说成是情景化的表征,我们仍然可以保留如下观点,即每个陈述完全包含了适用于它的、对应答概念的那种揭示:一个陈述为真会是什么样子,无非就是被它给事物的描述与该描述所处的情境所确定的东西。奥斯汀的观点的第二部分是，这也不一定是真的。对我们来说，认为某一给定陈述为真——比如，皮娅对希德哼哼叫的陈述——就是在那一情景中，对（对希德的）该描述的配得与否作出判断。我们就此所作的判决，内在地依赖于**我们**对一个在那种情景中被给出的描述对于真而言有多相配的观点。陈述之是其所是，即便如其所是的那样情景化，也为对**它**之符合事物存在的方式的观点的不同揭示留下了如此大的空间。所以，此处与弗雷格式的真概念存在一个真正的分水岭。何种概念是正确的这一问题，则并不被任何这些平庸之物所确定，而一旦误读了它们，它们看上去就仿佛十分有趣。

平庸之物没有排除的东西中最重要的部分，即配得的观念。这一观念在表征的内在一般性与是其所是的事物的内在特殊性的会合点上找到了一个位置。表征就是在一个特定的分类方案中，将是其所是的事物定位在一个特定的位置上——将希德与哼叫者（为了相关的目的）分在一起，而不是分在其他地方。配得的观念是这样一种观念，即在一般与特殊的这样一种会合中，总是有余地提出这样的问题，即将事物如此分类是不是一种足够好的方式（不过当然，除非有关分类是**为了**什么而好的这一点，有足够多的东西是确定的，否则这一问题就不会有意义）。对我们当下的目标重要的是，在属性作为事物的成分的图景中，没有留给这种余地的空间。如果是一个哼叫者只是哼叫者的一个成分，正如酒精是葡萄酒的一个成分的话，那么在希德之是其所是中，要么存在那个成分，要么不存在；相应地，在将希德称呼为一个哼叫者时，我们说的为真，或为假。说希德是一个哼叫者是否为真，**完全**被是其所是的事物所确定，那么，配得的问题就必须不被受理。

事情都会是如此，无论我们是将这样一种成分设想为在是其所是的事物之外的某个东西，还是简单地设想为是其所是的事物的某种分解中的一个元素，而这种分解内在地是它们之如此存在。来到晚宴上，我们遇到了是其所在此是的事物。我们也遇到了希德。这是对是其所在此是的事物的一次新的相遇，但也是与希德的重新相遇，即与先前的熟知对象的一词新的相遇。以一种类似的方式，一个人可以认为，如果希德是一个哼叫者，那么在遇到他时，我们遇到的不仅是他之是其所是，而且还重新遇到了一个先前的熟知对象，即某人之是一个哼叫者。或者，也许，希德之是一个哼叫者就是内在于是其所是的事物的概念结构的一部分。无论是哪种情况，奥斯汀将真描述作为**配得**的描述的观点都排除了将属性视为成分的想法，反之亦然。

"辨识"可能说的是各种事情——可能是重新认识了一个熟知的东西，也可能是**承认**某物配得到承认。遇到希德时，我们遇到了一个（旧有的）熟知的东西。如果根据对是一个哼叫者的某种理解，他是一个哼叫者的话，那么我们就此遇到的是某个根据那种理解，是一个哼叫者的人。但要点在于，**是一个哼叫者**并不是希德所是的方式中的一个老相识,遇到它也并不相当于遇到希德所意味的事(如果相当于什么的话)。所以,如果再认是一个哼叫者可能有什么的话(正如此处所没有否认的),那么这样一回事将不会是再认希德所会是的那回事。那么,在遇到一个哼叫者时,我们遇到的是什么呢?这里有一个回答:我们遇到的是某个是其所是的人,而他的如此存在是这样一个东西,它会,或者**应当**,算作(例示)某人之是一个哼叫者。(它配得后者:所以,对一个其同意在这种事情中重要的人来说,它会显得如此。)现在,辨识一个哼叫者——不是这样那样的一个,而是某人是一个哼叫者的情况——至少部分地表现为承认。它因此与重新认识希德不相似。后者使得奥斯汀的观点具有适当的意义。弗雷格也坚称,看见(辨识出)太阳已经落下,不同于看到落日。同样地,对他来说,前者中承认(anerkennen)的位置标明了关键的区别(见1918:61)。我想他没有看到现在的后果。

属性作为成分这一意象,是以最一般的形式捕捉维特根斯坦不希望上述平庸之物被曲解为迷信的一种方式。第 110 节在其中出现的、《哲学研究》的段落——第 3 讲的主题——描绘了一种迷信,即语言、思想和世界三者的图像是完美的图像,而且每一个都是其他两个的完美图像。——正如我们已经看到的,作为世界本身结构的各种表征结构的这样一种图景。这一意象最适合斯特劳森。他坚称,事实和陈述为彼此而生。这一观点与《逻辑哲学论》中表征的概念有一些相同之处:根据这一观点,世界(是其所是的事物)必须是陈述(表征)的**完美**图像,陈述才能算作将是**如此**的东西表征为如此。否则,陈述会将某个完全不同的东西表征为如此。于是,现在的问题成了,我们能赋予这种世界作为完美图像的观点以怎样的意义。在其一切特殊性中,事物是其所是。那种特殊性怎样完美地反映世界的某个给定表征的一般性,其中那一表征将世界表征为如此这般?它怎么能够是**那种**特别的一般性,它被反映在事物无论如何如此存在的方式中?对于这个问题,要被反映的那个一般性到底是什么呢?维特根斯坦对现在的平庸之物的处理方式,就是要看到这种完美反映的观点如何毫无意义。

我们对迷信的处理的前半部分,聚焦于真理的问题。但是在其最一般的形式中,迷信同样关乎经验的本质。维特根斯坦现在对迷信的处理的后半部分,将把经验引入画面。

6.3 辨识

在如下事实中,存在某些迷信的诱惑:如果我说"希德哼哼叫为真,当且仅当希德哼哼叫",我就这样根据同一种理解用了两次"哼哼叫",因此如果我实际上陈述了某物的一个真值条件，那么无论我就此所说的碰巧是什么，它都将会是真的。但是，诱惑还有更深层的源头。当维特根斯坦提到潜伏在我既可以期盼他，也可以期盼他到来这一事实中的一个错误时，他就标明了其中一个。那当然**是**一个事实。并且，期盼他就**是**期盼他到来，反之亦然。此处的迷信来自以错误的方式解读这一等式。

这里的源头在如下意义上是更深层的：它不仅仅是我们对真的谈论的一个特征，它也如其所是的那样，以现有的谈论经验的方式，深深地嵌入了经验的语法中。维特根斯坦通过关注期望（有时也关注愿望、希望以及相关的东西）来获得这种源头上的广度。正如我们已经看到的，理解和期望在语法上相互联系：以一种特定的方式理解皮娅的语词，就是对如果她是对的，事物将会如何存在抱有特定期望，或者相信她完全具有那些期望。而具有那些期望就**是**以那种方式理解她。所以，有关期望的一般性观点将会包含我们所想要的有关真的观点：有关它的平庸之物并不使**真**平庸。但引起期望的并不一定是真的承载者。山坡对面的那个（几乎不可见的）运动，引发了那里有猪的期望。那头猪抽鼻子的声音，引发了那棵橡树下有松露的期望。

我期盼他，我也期盼他到来。当我那样做时，我可能在一张照片中辨识出他来。我不能就此辨识出他的（被期盼的）到达。它尚不可以拍摄。但是，更重要的是，**它**不是我熟知的对象。我重新辨识出它的观念之中没有意义，正如我可能从照片中重新辨识出他来。同样地，我可以在一个晴朗的日子拍摄蓝色的湖面，或者在一个阴天拍摄绿色的湖面，还可以拍下正在啃萝卜的猪。但我不能拍摄蓝色、绿色、啃萝卜等属性之被例示（例证），也不能拍摄就此被例示的属性。或者不如说，我能那样做：要这样做，我只要拍摄与在拍摄蓝色的湖面（等等）时，我已经拍摄的照片相同的照片，但是现在我们就需要对**拍摄**的一种不同的理解。这些是我们要紧紧抓住的核心要点。

但它们可能迷失方向。一方面，我们在多种多样的情况下也会谈论**辨识**。辨识就是达到某个正确的东西。它因而是一种能力的行使。所以，我们在相同种类的情况下也假定了能力。我可能辨识出他。我也可能将某物辨识为一头猪，注意到它之是一头猪。在当我看到一头猪，我就知道一头猪的情况下，我就可以这样做。我也（或许）可以在看到红色的落日时就知道红色的落日，或者在看到癞皮病的实例或某人之喝醉酒时就知道它们。所以，如果这只猫之有癞皮病或我们的主人之喝醉酒是事物存在的方式的话，那么我就可以辨识它们。如此等等。存在这些说话的方式（等等）。在我辨识出我的主人的地方（比如，在甲板上的那堆人中），辨识是这样发挥作用的。我被提供了对对面的某个物体的觉识（比如视觉）。我将该物体注意为在先（视觉）熟知的如此这般的对象（即便只是在照片中熟知，就像我碰巧在街上认出了蕾切尔·薇兹时那样），一个先前被遇到的、可察觉的、共同处于我所处的环境中的物体。辨识预设了能力。如果我看见蕾切尔·薇兹时会知道她，那么就有某个可以知道的东西：某个给定的觉知对象是否是她。

辨识的其他例子现在看来也要求同种理解。我将这只猫的状况辨识为它之有癫皮病。正如蕾切尔·薇兹与我共处同一环境，偶尔会被我感知到，从而重新亲知，而在其他场合，如果一个人占据一个合适的有利位置，就总会被他察觉那样，（那只猫之）有癫皮病也是一个有其环境生涯的东西，偶尔会被我感知到，因而重新亲知，但无论如何都会被遇到。我们希望，熟食店里的那个戴丝巾的女人是否是蕾切尔·薇兹，不依赖于一个人的评价标准。这并不是一个人选择将哪个女人称为蕾切尔·薇兹的问题。如果配得的问题以那种方式进入，此处存在某种可以**知道**的东西这一想法本身就会受到威胁。推而广之，这只猫的状况是否是（它之）有癫皮病，不会依赖于何种条件**应当被称为**（这只猫之）有癫皮病，而是仅仅依赖于一个人遇到的状况事实上是否是那个熟悉的熟知对象，即（这只猫之）有癫皮病。因此，这一推论**没有**为有关配得的奥斯汀式问题留下任何空间。（它也给我们留下了一幅不可能的图景：如果这只猫**确实**有癫皮病，那么对一个熟悉的熟知对象的重新熟知——这只猫**现在的**状况——在此之前根本不能作为一个**亲知**对象。）

对辨识事物所是的方式（的实例）或事物的谈论，需要小心处理。需要说的东西会比此处将要说的多得多。但是我们至少可以在不会迷失的方面做一些扩展。那将至少会对这些问题的说明提出一个展望：它不能排除它们。这一扩展的关键篇章是第 442 节：

> 我看见某人端枪瞄准，说："我期望一声枪响。"子弹射了出去。——这是你所期望的；所以那声枪响以某种方式已经存在于你的期望之中了吗？或者仅仅是你的期望和发生的事情之间存在其他某种一致，那声枪声并不包含在你的期望中，而仅仅是在期望被满足时偶然地随附于它？——但不是的，如果枪声并没有响起，我的期望就不会被满足；枪声满足了它；它并不是一个伴随物……有关那一事件却不在期望中的事物，也是一种附加之物吗……？但是那样的话，什么又**不是**附加之物呢？和这次射击有关的某物已经出现在我的期望之中了吗？——那么当时什么**是**附加之物呢？——我当时期望的难道不是这一整次射击吗？

那一报告是我当时所期望的，正如这只猫当前的状况**是**它之有癫皮病。但是我们要如何理解这一点呢？我们在第 4 讲中已经熟悉了有关在我期望枪响时存在于我的想象中的**那次**射击的问题。我们绝不能将其解释为我之思考我当时尚不能思考的东西，仿佛我对**那声**枪响已经有了某种单称思想一样。第 4 讲旨在阐明那种解释的后果。

所以一个问题似乎产生了。我们之记录那声枪响一事所记录的**那个东西**满足了我的期望。所以**那**便是我所期望的。满足我期望的东西当然不是什么不可被听见，从而被记录所遗漏的东西。它也并非仅仅是被记录的东西的某个时间切片，或某个切断了特定频率的切片，或类似的东西。在那种意义上，它不是记录中的一个可分离的部分。（稍后我们将考虑另一种意义，在那种意义上它可以是这样一个部分。）另一方面，被记录的东西是某个完全具体的、特殊的东西。它是有特定频率和特定音量的声音，等等。它在示波器上呈现一个特定的图像。假设这声枪响有不同的频率分布，或者更响亮或更柔和一些。假设声音被墙壁或山丘反弹时，有不同的回声模式。假设不仅仅有那种空弹壳撞击鹅卵石的声音。我的期望不会仍然被满足吗？所以，这样看来，我的期望并不是那个特定的声音应该发出。（正如我已经说过的，这样一种期望会包含对不可思考之物的思考。）

所发生之事是一次**特定的**枪响，它是某个完全具体的东西，是某个至少由所发生之事之发生所组成的东西。我的期望并不就此是特殊的。它有着一个表征的一般性。所发生之事之所以满足了我的期望，是因为前者是满足后者的方式的一个范围中的**一个**版本；在记录那声枪响时，我们并没有记录任何是那一范围，或被那一范围所决定的东西；任何以某种方式宣告了，或至少决定了如此这般的东西是**那声枪响**（无论是在例示一声枪响时，或是例示我的期望时）所例示的例子的范围的东西。没有这样的东西能被记录，在所发生之事中，没有这样的元素——因此在满足我的期望的东西中也没有。它在其他地方也不存在，就好像某种不可被听见，却在我经验我的期望之被满足时被我所看到的东西。如果我的期望的一般性就**是**表征的一般性，那么就有好的理由认为它在我们的可应答性的核心概念中存在。即便在表征时，我们并不完全是我们自己房子的主人，但是在核心概念方面，对其下场之得其所哉的特定主张所要求的是什么，还是要由（或许由世界告知的）表征来决定。因此，提供或没能提供维护的是世界。表征的一般性在要求之中，而不在满足之中。所以，在世界在事物之如其于是所是之中确实地维护着立场的情况下，**那种**特定的一般性当然是找不到的，在这个合作企业的**那一边**，没有任何东西说了相关的一般性是什么。这种一般性**不是**作出维护的东西的一个元素。如果那声枪响满足了我的期待，那么在其发生之中所发生的事就**例示**了我期望的一般性。但我们必须看向别处，才能明白就此被例示的是**什么**一般性，以及**例示**由什么组成。

如果我们能够在心灵中获得事物存在的方式,而这些方式不容许理解的话,事情**可能**就会不同。我们于是可能会把表征的一般性看作是在世界上刻印了一幅图像,其元素就在那里可被发现。或者我们可能试着把这一点反过来看,即看作是世界在我们的表征上刻印了一幅图像。但是(这是目前为止最重要的结果)我们不能,也并没有,在心灵中获得这样的事物存在方式。

但是,如果我期望特定种类的枪响,一个人可能学会**辨识**那种枪响的发生。那是一个有关辨识的正确观点的个例,但它正可能产生误导。它可能会导致这样的想法:我说过,在满足我的期望时,那声枪响所例示的一般性,并不是作为被记录之物的某个可分离的部分而在枪响中在场的。我在这里似乎忽略了一种可能性。难道不能是这样:在枪响中有一种可被发现的模式,以至于一旦我的期望被满足,这个模式就会在场——正如在任何一块格子花纹的布上都(或许)可能有一种可被发现的模式那样?它会是一种**可被发现的**模式,因此会是在那里可被发现的某个东西,是一种能力的对象,并且其在场与否会对应于那种正确的一般性之在场与否。

答案是,谈论事物中的这种可被发现的模式并不一定是错误的。但是,如果认为这在某种程度上违背了刚才所述的观点,那就可以说是屈从于对辨识的无可争议的语法的一种迷信解读。这种对模式的谈论,根本没有把表征的一般性转移到可能维护它的东西那边。因为在发现这样一种模式时,我们在记录中会发现的东西,当然是它的一个个例——它在那声特定的枪响中的例示。而在那声枪响中,并没有更多的东西来宣告就此被例示的究竟是**什么模式**——它的其他个例会是什么——它之中的东西所宣告的只是哪种枪响既是被期待的,也是发生了的。

目前的要点是将(例如)满足一个期望的东西所例示的一般性定位到正确的地方。它的适当位置显现于有可能出现相互竞争的理解的地方。假设那把枪有一个新奇的消音器,以至于虽然确实有一个报告,但那声枪响更像是气球爆炸或摔门的声音。这会满足我的期望吗?答案很可能是:你可以将其理解为满足,也可以将其理解为不满足。有关我的期望的任何东西都没有指示其中的一项或另一项。所以在事实上发生的事情中,当然也没有任何可被发现的元素。也不是因为有这样一个元素,它确实指示了事物,但在这里碰巧同等强调地说,是两个互不相容的事物。

对于处理在事物存在方式的特定例示的领域内,如何理解**辨识**和**能力**的概念的应用这个问题,现在还不是时候。但是,**现在是**时候在上述内容中插入一个**警告**。我们所追求的是对这种例示的一种概念,它为有关配得的奥斯汀式问题留下了产生的空间。如果对枪声的报告就像摔门声,而在我的经验中这种枪声通常听上去并不是这样，那么那种配得算得上是满足了我的期望吗？但是，为这种问题留下空间并不是让它们总是紧迫的，甚至并不总是可以明晰的。在参观希德的农场时，我期望猪圈里会有猪。猪圈里的情况**可以**使配得的问题是紧迫的。或许其中挤满了非常小的迷你猪。但事物不一定会是那样。假设猪圈里都是普通的斑点猪。它是否配得"猪圈中有猪"这个描述？一个人应该如此理解猪圈中之有猪，以至于这例示了它吗？与之相对的是什么呢？这里的一个与之相竞争的理解会是什么样的呢？这样的问题，并不是在所有情境中都有答案。在这些情境中，可能没有什么决定性的东西使配得得以发动。在这些情况下我们可能自动地、不加反思地将我的期望辨识为得到满足。而我们也可以因此算作行使了一种可被描述为当一个人见到一头猪时就知道一头猪的能力。也许，从现象学的角度看，这可能让人觉得相关的一般性被定位于特殊者这一边。但现象学在这里并不重要。

6.4　真

有一种普遍的观点认为，奥斯汀和维特根斯坦对于真不可能持相同的观点。因为（据说）奥斯汀显然是一个符合论者，而同样显然地，维特根斯坦是一个冗余论者。我希望我们可以看到为什么这两点都不正确。我先从奥斯汀开始说起。

奥斯汀确实坚持的是这样一件事。如果问题在于一个特定的表征是否为真，那么这一问题就要通过仅仅是更多表征之外的其他某个东西得到解决（以下特殊情况除外：一个表征已被表征为是如此这般）。值得注意的是，这一问题有时会通过知觉经验给予我们对其的觉识的那个东西得到解决。如果我告诉你，前方的小路上有一头发情的野猪，那么确定我说了真话的，是在小路上你所看到的面前的一切，而你看到的那个东西——一头发情的野猪——并没有将任何东西表征为如此。这里的要点在于，一个表征是否为真，依赖于它将其表征为如此这般的那个东西的状况，而在这里，除了已提过的那个例外，这并不是一个表征的状况。这是否使奥斯汀成为一个符合论者呢？

这完全取决于你如何定义这个术语。但是我们所有人现在更了解的，是基于对"符合论"的一种特定的理解。"理论"一词必须被给予一定的重量。一种符合**论**[正如弗雷格所看到的（1918：59）]假定了一种特定的**关系**。在属于这一关系的一个有序对的第一个位置上，一个人找到的是一个（可评估其真的）表征。在第二个位置上一个人找到的是某个其他的东西，而非一个表征——发明一个名称来称呼它的话，就是一个使真者。于是，（根据这个理论）某个可评估其真的表征为真，当且仅当存在某个使真者，使得它与使真者构成了一个属于那种关系的有序对。至于这个关系是什么,则取决于这个理论。但事情在这之前就崩坏了。因为要告诉我们这个关系是什么,就必须告诉我们使真者是什么。而我们都已知道,那并没有被做到。

在(这种意义上的)符合论者与其反对者的争论中,奥斯汀站在哪一边?这在他的如下评论中已经很清楚,即一个真陈述符合复数的事实(好语法),而不是符合于"p 这个事实"(符合于 p 这个事实是一个语法错误)。实际上,一个人不可能持有奥斯汀关于在真的问题中配得的角色的观点,同时又保留使真者的概念。希德说皮娅的鞋在床底下。有关皮娅的鞋的事物之是其所是可能使得这为真或为假——给定某个标准,以确定对其之是其所是的那个描述必须有多配得才能算作为真。如果鞋子有**那么多**的地方露出来,那么也许在那一情景中,"在床底下"这个描述就有点过了。或者也许并不会,这取决于将其看作是否在床底下的用意。假设在她的鞋之是其所是,或卧室之是其所是中,存在某些使真者:在将事物之是其所是表述为事物之所是的特定**方式**中的特定事项,以至于对于那种情景为真的陈述,就是有着这样的使真者使之为真的那些。要使得一个关于皮娅的鞋在床底下的陈述为真,就需要某个给定的使真者。如果正确的使真者在场,那么希德的陈述就为真,对配得的描述的谈论也是多余的。如果被需要的使真者不在场,则相反。

一个使真者在场,就是事物以如此这般的方式存在,仅此而已——独立于任何考虑事物存在的方式是否**应当**算作事物之是那种方式的场合,从而独立于任何可能赋予这种应当的观念以实质意义的目的或用意。于是,**每当**一个人和希德一样,说事物以那种方式存在时——每当一个人说皮娅的鞋(当时)在床底下时,他所说的就会为真,或者,如果"在底下"有可识别的意义,并且希德是就其中的某个意义说话,那么每当这样说话时,一个人就以那种方式使用了"在底下"。这恰恰**不是**奥斯汀所设想的真的问题是什么样的问题的图景。根据他的图景,排除"在床底下"在汉语中的歧义,说希德将皮娅的鞋描述为在床底下是真的。这足以使得有关真的问题自然产生。然而,要**回答**这些问题,就要求对希德说话时所处的情境的敏感性——这种敏感性,并不因为某些有关希德说这双鞋以哪种方式存在的更详尽的故事而变得无足轻重。给定那些情境,以及其中那些会正确地被她的鞋之在床底下的描述所引发的期望,事物是否**应当**被以那种方式描述呢?那样的描述是否准确、就事实而言足够真实、足够没有误导性以至于能被算作为真?它是否配得那一称号?例如,在另一个场合,麦克斯将皮娅的鞋描述为(在相关的时间)在床底下。现在,相同的配得的问题再一次出现了,但是要从**麦克斯的**描述一事的事实中寻找答案。根据奥斯汀的观点,一个人可能不会假设,有某种可具体说明的、希德说皮娅的鞋所是的方式,如果**那**是那个切题的方式的话,那么**每当**一个人(在希德说话的时间）说它们以那种方式存在时，他所说的就其本身而言就为真，以至于没有关于给定情境下的配得的进一步的问题可能被提出。

那么，根据奥斯汀的观点，人们可能**不会**假设有对应真陈述的使真者存在。这里一个人可能不会假设的，正是符合论所要求的。

维特根斯坦是一个冗余论者吗？事实上，《哲学研究》中给人留下这种印象的段落是在第 136 节：

> 实际上，将"这是事物所是的样子"当作命题的一般形式，就相当于给出如下定义：凡是能够为真或为假的东西，就是一个命题。因为我可以说"这是真的"来代替"这是事物所是的样子"。……但我们有

> "p"为真＝p

> "p"为假＝非 p

> 而说一个命题就是可以为真或为假的东西，就相当于说：当**在我们的语言中**，我们对某物应用真值函数的演算时，我们就称之为一个命题。

在《哲学语法》中有一个与此几乎一致的段落，我稍后会谈到它。这两段话都出现在一个特定的语境中。维特根斯坦确实意在用它们来反对真概念的一种特定的实质。**那种**实质涉及真—资格，也就是可应答性。问题在于在真概念中，是什么能够决定我们对于世界的任何给定立场事实上是不是一个可应答的立场——**真与假**的概念是否能够正确地被应用于其上。这种因此而意味着**不**在那一概念中的实质，就会是某种外在的标准，它会决定在将某个立场当作可应答的时，我们是否"真正地"做对了——这独立于这样看待它如何服务于我们的目标和目的，独立于这样看待它是否有任何关系到我们所要做的事情的后果。正如我们在第 3 讲和第 5 讲所看到的，维特根斯坦出于若干原因，坚持在**真**概念中，不存在**那种**实质。他在这里所列的等式可能强化了那一观点。但那当然并不是说，在那一概念中**没有**实质，或者其实质不超过一个冗余论者可以允许的范围。

我们需要更仔细地观察维特根斯坦实际上列出的等式。他是用一个等号来陈述它们的。这里所说的等同的东西是什么呢？当然不是"p"和"'p'为真"这两个表述。相反，等同的东西必须是一个人（在一个场合）在说"p"时，和在说"'p'为真"时，会说出的东西。也就是说，在这里我们有的，是一个有关同样的说的论题。正

如我们(在第 3 讲)也已经看到的,对于维特根斯坦来说,同样的说是一件场合敏感的事情。将这一点一并提及,我们就能看到这个主旨在此是如何运作的。

某人说:"S。"我想知道这个人所说的话是否有资格为真或假。所以我问自己,真是否能可理解地被谓述于它。它能如此,当且仅当说"S"可以被解释为说"p"(将字母"p"作为一个命题变量)。在第 3 讲我们已经看到,我们是如何仍然有权谈论这样的东西的。在这个例子中,我们也**是**如此吗?在"S"中(会)被说出的东西是一个命题吗?(假设"S"是"希德哼哼叫"。这表达了一个命题吗?)让我们根据我们对一个命题的正常标准来回答这个问题。所以我们会说,如果"希德哼哼叫"从我们的角度来看表达了一个命题,那么它就表达了一个命题。回答了这个问题之后,我们现在可以说,一个人可能可理解地说"希德哼哼叫"为真:我们可以把"p"代换成"希德哼哼叫",然后应用那些等式。现在的问题在于:没有**其他**的方法来看到"真"在此是否适用,而那种方法可能显示我们通过应用我们的日常标准而得到的答案是错误的。从如此这般的东西是否是一个命题的问题,转到它是否可能为真(或假)的问题,在这方面并没有给我们带来任何进展。

那么,关键的问题是,一个人何时可以将某个被说出或可能被说出的东西替换为一个命题变量,或相反。对这一问题的回答仅仅与如下问题有关,即真是否有一种特定的实质,而它与真是否是一个实质性的概念完全无关。不过,可能还有一个看似尴尬的问题。假设麦克斯在报告希德的身体状况时说:"希德哼哼叫。"看起来,维特根斯坦所认可的等式,使我承诺在我说"麦克斯所说的'希德哼哼叫'为真,当且仅当希德哼哼叫"时,我所说的东西之真。而根据本书各讲中所发展的表征概念,那不可能是正确的。但是在这里看到那种承诺,就是误解了维特根斯坦对**命题**变量的使用。(因为那就是"p"被用作的东西,这一点在此至关重要。)在《哲学语法》中对相同等式的表述中,维特根斯坦讨论了这一问题。在那里,他又添加了一条等式:"他所说的为真=事物是如他所说的那样。"正如我们已经看到的,这完全是一种无害的平庸之物。根据现在我对《哲学研究》的解读,上述的其他等式也应当会是同等地平庸。

在《哲学语法》的第 79 节,维特根斯坦提出了如下问题:字母"p"周围的引号是否真正属于那里,因为,正如他所指出的,"墨迹毕竟不是**真**的,在这种意义上,只能说它是黑色的和弯曲的。"他的结论是:

> "'p'为真"这个命题能够被理解,仅当一个人理解作为一个命题符号的符号"p"的语法;而如果"p"只是某个特定的墨迹形状的名字,它则不能被理解。最终一个人可以说,"'p'为真"这个句子中的引号只是多余的。

所以在"'p 为真'，当且仅当"这样的等式中，"p"这个表述必须被理解为指称一个特定的命题。如果引号有任何功能（正如维特根斯坦所表明的那样，它们可能没有），那只能是固定该命题的一种特定的表达形式。（维特根斯坦总是允许存在许多不同的这种形式。）所以他所想的等式可以更明白地写成"p 为真这个命题为真，当且仅当 p"，或"p 为真，当且仅当 p"。但这正是我已经解释过的平庸之物。第 429—464 节的一个要点，是解释这些平庸之物为什么**不能**被赋予一种令人兴奋的解释，根据那种解释，它们会将真概念的实质拒之门外。如此解读它们就会是屈服于迷信。那么，对维特根斯坦而言，真之冗余论正是一种这样的迷信。

那么，真概念的实质到底**是**什么呢？对这一问题的回答包含在如下观点中，即我们之将事物表征为如此，本质上是情景化的表征。这一点可以用语言游戏的方式说明，正如在第 1 讲中的那样：对于某人说事物所是的那种方式（他称呼或谈论了**什么**），你爱说什么就说什么，而他在玩哪个语言游戏仍是有待确定的。后者与如下问题相关，即在他这样说的情境下，他之谈论他所谈论的东西**应当**如何被看待。通过说这样的话，即"在谈论他所谈论的那些事物时，**他**谈论的是以那种方式存在的事物"，并不能杜绝这样的问题。

这就是情景化表征的概念。它如何将实质赋予**真**？希德说皮娅的鞋在床底下。**那**是他将它们说成是的方式。假设鞋跟露了出来。或者假设鞋子和床在垂直方向上，但在床的三层楼之下。那么问题是，在希德这样说的情境下，将它们描述为在床底下是否为**真**？给定当时对它的期望，那一描述是否足够匹配，以算作陈述了**真理**？真概念不能从这些问题中排除。对这些问题的回答，相应地也是对这一概念的展开。

在这里我们可以发现，从第 3 讲所描述的、从《哲学语法》到《哲学研究》的转向，与这里从弗雷格—斯特劳森到奥斯汀—维特根斯坦的转向是平行的。真概念的一部分连接了对以特定方式存在的事物的表征，与被如此表征的事物的状况（Zustände）。如前所述，弗雷格认为真概念的这部分（必然地）散布在对以这样那样的方式存在的事物的特定（非具象化的）表征中——散布在思想中——真概念的每个小部分，都内在于它被分布于其上的那一个项。对奥斯汀和维特根斯坦来说，真理的这一面仍然像弗雷格所认为的那样被散布开来，但它被散布于其上的东西不是对事物的特定表征，当然更不是非具象化的表征，而是评估事物真假的特定场合，即通过这个或那个语言游戏，来模拟正确言说某事的这样那样的情况的特定场合。正是在这一变化中，人们对于表征的观点从一个最小化的真理观可能足矣，转到了现在的观点，而根据后者，它根本就不能如此。

这是因为弗雷格将真概念的上述部分视为**本质上**以一种特定的方式分布于真

的承载者之上，从而他可以说**真**概念的内容是在真的法则中展开的。这些法则涉及真之内容的另一部分：**它**就其自身所要求的某些推论结构的集合。这些结构使得具体的思想系统具有结构。对于弗雷格来说，它们使得一切思想所在的**那个**系统具有结构。根据《哲学语法》对命题变量的新看法，它们使得各种系统具有结构，每一个系统都是局限于某种语言之内的。因此，一个特定的命题——内在地是某种语言的成员——内在地会在它所属的系统中落入它所处的位置。所以，我们仍然可以将真的这一面视为以一种特定方式散布于它所说的任何给定个项的集合中，即便它就此所分布于其中的那些个项的**那个**集合这样的东西不再存在。在《哲学研究》中，这种分布也会移交至特定的场合，以将逻辑应用于我们所说或陈述的给定事物上——通过推论上有意义的语言游戏或演算，来模拟这些事物的具体场合。

那么，在这里，我们也从对本被认为是内在于将事物表征为如此这般的具体方式（对事物就此被表征为的方式也同样）的东西，转向了如此表征事物的场合。正如在情景化表征中，我们将事物**正好**表征为我们所将它们表征为的那些方式那样，我们在情景化表征中所参与的与其他事物的推论关系也是如此。因此现在，毫不令人意外地说，真概念的两个方面，一个涉及表征之间的关系，另一个涉及表征和它们表征为某种方式的东西之间的关系，二者是齐头并进的。

6.5　"经验的内容"

存在我们共同居住的环境。存在处于其中（或与之相伴）的是其所在此是的事物。一方面，我们在谈话和思想中（例如，在我们的期望中）将这一环境表征为是这样或那样的方式。另一方面，我们经验到它之是其所是。我们由此了解到有关它之是这样或那样的方式的事实，也因此了解到有关它如何能够被正确表征的事实。我在一开始就说过，第 110 节的迷信在经验方面的一个表现，就是这样一种观点：经验，或者说"知觉经验"，有一个表征性的内容；它们将如此这般的东西表征为如此。我将会称这一观点为表征主义。我现在将会讨论它是否符合第 110 节的说法。最宽泛地，如果说某物是如此完全不与事实相悖，那么这一观点就是被经验的事实——或者视情况而定，也可能是被经验的事物的表象——完全不与将那些事实表征为如此的一个表征相悖。如果在一种情况下，对完全不相悖的相同解读会是迷信的话，那么它在另一种情况下也会是如此。

我称之为迷信的学说的持有者，容易把"知觉经验"说成是具有表征性内容的。但如今这一术语有了更广泛的用途，以至于知觉经验根本不需要涉及**感知**任何东西。我想要把重点放在一个较窄的类别上：感知（视、听、触、嗅、味）一个人周遭环境的某个区域（以及其中的某些东西）的经验。因为那个更恰当的术语已被抢先使用，我将称这种经验为**觉知**。

在觉知中，某种感觉能力——例如，视觉——（或者它们的某种混合）提供给一个人对其的周遭环境，及其中的东西的觉识。事实上，一个人**获得了**对这其中一**些**东西的觉识。我会说，那样做就是目击到了它。（并非**所有**被一个人获得觉识从而目击到的东西都需要出于周围环境。例如，在看报纸时，一个人可能对于他自己模糊的视力获得觉识。）现在，那一观点在于，在一个觉知中，一个人周围环境的一部分——被目击到的部分，或前者中的一部分——将如此这般的东西表征为在这些周遭环境中在场。这就是那一观点的最简单的形式。但是，我们可以这样使之复杂化：在一个觉知中，一个人在目击其所目击的东西时所目击（遇到）的某个东西，将进一步的东西表征为在周遭环境中在场。在任何情况下，要点都不是，也不应当是，一个人所目击的某个东西在被目击时，将一个人所**目击**的某个东西表征为在场。如果假设被我看到在我面前，同时确实在我面前的猪，就此（在我之看见中）将自身表征为在我面前的话，那会是一个对表征为何物的粗暴误解。根据对经验的表征性内容的那一观点的某些阐发，就可能会是如此。对它们来说，事情也就更糟糕了。（不过对于我将最努力推进的那**些**观点而言，这个问题是次要的。）

表征主义者很可能想要强调（这一点是我没有否认的），一个人的周遭环境中的、是其所是的事物，本身并不将某物表征为如此。相反，表征是在目击（或经验）之中被唤醒的。好吧。我现在就将回到它的意义上来。不过我确实注意到，例如如果在（希德的）看见中，皮娅在那边的露天咖啡座上喝卡布奇诺被表征为如是，那么这就意味着给了希德某种理由，将皮娅视为参与上述活动。在顺利的情况下，它会是这样一种方式，在其中希德周围的环境，通过被他所目击，可以给予他那样想的理由。如果在一次看见中事物被如何表征，完全不受一个人周遭环境中被目击的东西的影响，这就不会是如此。如果表征在此被用作理由的话，所需要的东西大致是这样的：在一次觉知中，一个人目击了周遭环境的某个部分，或者做了可能被误认为是目击的事情（就像，不太寻常地，模糊的视力实际上使得印刷看起来模糊，或者更寻常地，模糊的印刷使得视力似乎是模糊的），正是一个人就此目击，或似乎目击的东西，决定了事物**还**如何被表象。

一个表征主义者可能也想要强调，对于事物如何被表征来说，相关的不是事物（对事物的觉识）**是**如何，而是表象——在觉知中，事物显现为如何。这似乎取代了将会是根本问题的东西，并且在某种程度上给解决以更大的希望。在我们回顾了那个根本问题之后，我也将会很快回到这个问题上来。同时我注意到，在一个人的周遭环境中,看起来是某种特定方式的事物可能**是**事物存在方式的一部分。在哈克尼的日落时分,太阳**确实**看起来是红色的。在我客厅的墙上裱着的缪勒—莱耶图中,一条线看起来确实比另一条长。所以,坚称相关的是表象,可能只是将注意力集中于被观察到的环境的一个特定部分。也就是说,那将会是在事物如其所显现的那样显现时,由环境来承担一个人会思考什么的问题之时。其他的例子可以围绕着这个中心来组织。例如,如果夕阳仅仅在**我**看来是红色的,那么我仅仅表面上具有——仅仅是我看上去具有——如此思考的理由,比如,哈克尼的空气被污染了。无论如何,将那个根本问题从事物**是**如何转移到事物看起来如何,似乎确实对解决这个问题取得了进展。这是一个我将需要帮世界摆脱的观点。

我们已经见过了那个根本问题。它能被这样表述。如其所是的事物(同样地,如其所显现的那样显现的事物)是一个完全特殊的情境。然而有一种特定的一般性内在于表征。问题在于:从如其所是之事物的特殊性之中,如何能够产生那种一般性?一个(非恶化的)表征将事物表征为以一种特定方式存在,于是就存在一系列的情境,如果它们成立,就会,或可以,算作事物以那种方式存在。是其所是的事物可能**例示**以这种或那种方式存在的事物。但是,作出例示的,正是如其正好所是的事物。显而易见的问题(在某种意义上由迷信引发,却在结果上拒斥后者)在于,在这些作出例示的特殊之物**本身**中,并没有任何东西能正好辨识它所例示的东西是什么——它属于例示的哪一系列情况,或更贴切地说,它可能属于其中的哪一系列情况,会例示**那种情况**。

用最粗的线条描绘至今,这个从特殊之物中产生一般性(或只是在那里找到它)的问题,在它为真的问题产生时,和它为经验的问题产生时,都是朝着相反的方向发展的。对于所有这些而言,它仍然是同一个问题。在真的例子中,我们将世界表征为以一种特定方式存在,世界是其所是。它之是其所是如何能与那一表征的特定的一般性相啮合?在其所有的特殊性中,**它**如何能够达成例示或没能例示**那种**事物所是的一般方式?在经验的例子中,这个问题,在其差别最为细微的形式中,就是是其所是的事物,在其所有的特殊性中,能够产生一个对事物的表征,将其表征为如此这般的事物所是的(一般)方式。即便它被表象所取代,即便表象看上去为某种答案开辟了新的空间,这种形式的问题也仍然存在。如其所显现的那样显现的事物,如何能够产生一个将其表征为如此这般的表征(它在观察到它们之如其所显现的那样显现时产生)的一般性?或许,在思考真的问题时我们所学到的东西,现在可以应用于经验的情况。

是日内瓦湖之是其所是,例示了(或没有例示)是蓝色这种颜色的;是皮娅的鞋子之是其所是,例示了(或没有例示)在床底下;是她血管里的血液之是其所是、她涂有口红的嘴唇之是其所是，例示了（或没有例示）是红色这种颜色的，如此等等。这个问题的一般形式是，在事物之是其所就此是中，或有关它的东西中，是什么将如此这般（比如，是红色这种颜色的）辨识为被就此例示的东西，或者，是什么将事物之是其所就此是辨识为会例示那个的东西。既然被例示的东西（比如，是红色的）是一个有关它何时会被例示的问题，这个问题就是，比如，在皮娅的嘴唇之是其所是中识别出某个东西，它决定了**还有**什么东西会例示它所就此例示的东西（比如，是红色的）。

　　这种迷信相当于否认存在任何这样的有关实质的问题。我们已经看到了两种框定这种否认的方式。其一，正如《蓝皮书》中所言，以属性作为事物之组成部分的措辞来说的。根据那种观点，在皮娅的嘴唇之是其所是之中，有一个具体的可辨识、可观察、**可分离**的组成部分——它们之是红色这种颜色的。正是在那一组成部分在场时，事物之是其所是例示了是红色这种颜色的。因此，皮娅的嘴唇之是其所是中的那一组成部分的在场，确定了何时某个其他的东西会是她的嘴唇之是其所是所例示的那一特定事物的一个个例。同样地，对于它们所是的所有其他方式来说也是如此。这一组成部分的形象，在第 110 节在其中出现的讨论（第 3 讲的主题）中采取了另一种形式。在那里，那一形象是关于世界和语言之相互映照——关于语言结构的某种代用品（表征结构作为某种《逻辑哲学论》式的观点要求它）——之内在地，并且唯一地（在与它同类的结构中）是世界的结构。我们可以将这种观点称为一个（是其所是的事物之）绝对连结的观点。这一想法会是，是其所是的事物，独立于任何言说事物是哪种方式的场合，与一组特定的事物所是的方式相连结，其中每种方式都被某些对象和属性的特定的集合所确定，在这些集合中，事物是那种方式，就是那些对象具有那些属性。如果属性在相关的意义上是事物的组成部分，那就会形成这样一种绝对的联结。反过来说，如果存在这样一种联结，我们也可以将属性视为事物的组成部分。

　　我将其作为实质性的而提出的这个问题，很容易看起来充其量是无聊的。考虑数字 2。如下想法有**某种**意义，即它之是其所是并没有告诉我们它属于哪些范围的事物之例示。假设我告诉你，问题是数字 2 是不是 F，然后给出是 F 的数的有限的一系列例子。关于数字 2 的任何东西都尚不会让你找到答案。如果我问 2 和 3 是否例示了**相同**的东西，我也尚未有一个良构的问题。对于例示是 F，你仍然需要知道是 F 是什么。但假设我告诉你是 F 就是是质数，或者，它是是偶数。那么 2 之是其所是就决定性地、并且确定地，**是**它之是 F。在这一点上，就没有其他的东西要思考了。在这种意义上，是质数和是偶数似乎都是 2 之是其所是中的组成部分。

2 之是其所是,就是所谓的一个数字之是质数。因为 2 只能被 1 和它自身整除。所以 2 确实可以说是一个质数。维特根斯坦的评论,在加以调整以适应这个例子后,可以这样说:如果 2 之是其所是就是它之是质数,那么称其为质数就是说它是它所是的一种方式(因此所说为真);但这是一个语法上的评论,它的意思是,如果 2 之是其所是就是所谓的一个数字之是质数,那么将其描述为质数就被称为说它是它所是的一种方式。在这个例子中,这一观察并没有多大意义。我并没有意在说,关于 2 之是其所是是否**应当**被称为一个数字之是质数这一点,有两件事情要考虑。不过,当我们转向现世的事情——转向我们可能经验到我们所处的环境所是的方式——事情就变了。皮娅的嘴唇之是其所是(或她的静脉血之是其所是)是否被正确地描述为那嘴唇或那血液之是红色的?(观察皮娅苍白的皮肤之下的蓝色血管。因为她真的是一个有着蓝色血液的人。)如果她的嘴唇所是的方式是它之是红色的,那么她的嘴唇就正确地被描述为红色的。但是(再对维特根斯坦作一些适应性的调整),这是一个语法上的评论,它的意思:如果她的嘴唇所是的方式被称为它之是红色的,那么将它描述为红色的就被称为正确地描述它。而现在这条评论就有了力度。因为当我们问皮娅的嘴唇或静脉血所是的方式是否**是**被称为某物之是红色的时,奥斯汀的问题就有了空间:嘴唇或血液之是其所是,是否**配得上**被称为它之是红色的?它**应当**被那样称呼吗?

这里的想法是:嘴唇和血液之是其所是之所以**是**被称为某物之是红色的,正是因为其是其所是对于例示所要求的一般性而言毫无缺失——正好是包含在一个事物所是的那种特定方式,即它之是红色的中的那种一般性。根据那种迷信的解读,对于这种例示而言毫无缺失,恰好会使得**那种**一般性成为嘴唇之是其所是与血液之是其所是的一个组成部分,正如酒精是啤酒和葡萄酒的组成部分那样。但是现在,奥斯汀问道,就此被例示的究竟**是**什么一般性呢?要想回答这个问题,我们必须参考对于一个事物所是的方式何时会例示是红色这种颜色的,我们准备认识到的东西。当我们谈到皮娅的嘴唇或静脉血时,我们发现我们准备认识到不止一种看待此事的合法方式。她的嘴唇只是涂了口红,那块深红并非一个胎记、文身或某种遗传性异常。她的血液是正常的血液:在有氧气的情况下呈红色。所以对于她的嘴唇之是其所是是否就是所谓的嘴唇之是红色的这一问题,回答是既是,也不是。对于她的静脉血来说也是如此。这就产生了奥斯汀想要提出的问题:在特定的情境中,为了特定的目的,她的嘴唇之是其所是是否**配得上**被称为它之是红色的?如果配得上,那么剩下的一切也随之而来。但是在这里,配得必须依赖于情境。

这显示了拒斥将属性视为事物的组成部分的图景的要点所在。皮娅的嘴唇之是其所是，就其本身而言，既不包含也不缺乏那种特定的一般性，后者就其本身而言会属于将其表征为是红色这种颜色的一个表征——它会使得这样一个表征成为正确表征的一个例子。将这一点一般化，**事物**之是其所是，并不将任何特定的表征的范围确定为那些就其本身而言就具有那种能**正确**表征事物之是其所是正确的一般性。正确的表征是配得上的表征。它的来源（部分地）在事物（一个人会表征为一种或另一种方式的东西）之是其所是之外的地方。事物之是其所是，就其本身而言并不决定哪些表征事物的方式应当算作，或会算作正确的。关于经验的平行要点将是：事物之显现为其所显现的那样，就其本身而言并不能决定哪些表征会将事物表征为是其所显现的那样。我们现在就可以看到这一点是如何应用的。

我从两个关于表征主义的清晰陈述开始，一个来自加雷思·埃文斯，另一个来自约翰·麦克道尔：

> 一般来说，我们可以把知觉经验看作是主体的一种信息状态：它有特定的内容——世界以一种特定的方式被表征——它因而容许以一种非衍生性的方式被分类为真或假。……在［概念运用与推理的］有机体的情况中，［这些］内在状态……也作为对概念运用与推理系统的输入。判断于是就基于……这些内在状态，当这种情况发生时，我们就可以说该信息对主体来说是"可获取的"，并且事实上，我们就可以谈论意识经验的存在。（Evans 1982：226—227）

> 在经验中，人们发现自己被内容所负载。……内容不是一个人自己拼凑起来的东西，就像一个人决定对某件事情说什么那样。（McDowell 1994：10）

> 最起码地，决定是否判断事物是如一个人的经验将它们所表征为的那样，必须是可能的。一个人的经验如何表征事物不在它的控制之下，但他是接受还是拒绝这种表象，是取决于他的。（McDowell 1994：11）

> **事物是如此这般**是经验的内容……（McDowell 1994：26）

因此，埃文斯和麦克道尔在三件事上是一致的。第一，这种经验中的表征不是自动表征，也就是说，它不是主体将事物向自己表征为如是的情况。与自动表征不同，它留给主体接受它为真（真实的）或拒斥它的选项。第二，它是可评价其真的——最起码通常来说，它要么为真，要么为假。第三，正是在显现为其所显现的那样（根据对"显现"的某种用法）的事物中，在经验中，事物被表征为是如此这般。

事物显现为其所显现的那样。它们因此(至少在那一次目击中)以如此这般的方式显现。它们因此被表征为是**那种**方式。因此显现为其所显现的那样的事物(在对它的一次具体经验中)产生了一个具体的、可评价其真的表征的一般性。

　　环境本身并不将任何东西表征为如此。由于它完全的特殊性和具体性,它缺乏这方面的材料。但是,这里的想法是,对某种环境的一次经验或目击可以产生这些材料。它因而会生成特定的表征内容。埃文斯和麦克道尔对这种表征内容所要具有的功能持略有不同的看法,并因此对这种生成到底如何发生也所见不同。我将跟随麦克道尔。那么第一,假设那边的那头野兽(部分地被树丛遮挡)看起来是一头猪。(在此,它是否如此是相对于一个特定观察者的特定观看而言的。)那么,在对它之显现为如此的经验中,它被表征为它是一头猪。这理应是一个主体认为那里有一头猪的理由。并且,至少在顺利的情况下,它理应也是世界能够对主体所要思考的问题(关于那里是否有一头猪)施加影响的一种方式。回到一个先前的观点,**世界**因此只有在**其**是其所是对那里之显得有一头猪负有适当的责任时,才会施加影响。这就是**世界**使事物(对一个和这个主体获得相同信息、在认知上处于同一位置的主体)显现的方式。例如,世界使得事物显现为是那种方式,是因为从那个角度看来,那只动物实际上显得像猪。

　　第二,尽管事物之如其所显现的那样显现(或者那只动物之如其所显现的那样显现)可能并不选择具有任何特定的一般性的、任何特定的表征,以作为那个将事物表征为是其所显现的那样的表征,但在事物之对一个主体显现为是某种方式中,"概念能力"的角色为进行这种选择带来了新的希望。麦克道尔希望,这里存在新的材料,以使得事物所是的某种特定方式**就**是事物是其所显现的那样时,事物会是的方式,从而**那**就会使事物就此被表征为所是的方式。

　　麦克道尔在这里的一个观点是:一头野兽无法向你显现为是一头貘,或一头犰狳,**或**一头猪,除非你知道什么是一头貘或其他等等,或至少知道有这样一种东西,或至少知道它长什么样。简而言之,这里的想法是,你至少需要有一头貘的概念,某物才能对你显现为是一头貘。即便对你来说灌木丛里显得有一头貘**不**等于,或甚至要求,你**认为**灌木丛里有一头貘,这也会是如此。依照这第一个观点,第二个观点是,允许事物向你显现为是某种方式的那些概念——那些允许对你来说树丛里显得藏有一头貘的概念——在你对你在感知你所处环境的那一部分中,你当时所做的事情的目击中扮演着角色。你不会正好地,以及完全地遇到——感知到、看到——你在看到你的周遭环境时所做的事情,除非你正好有那些概念。扮演这一角色、概念的一般性,因而会是就此产生的表征的一般性。如果对我来说灌木丛里显得有一头貘,那么是相应的概念使之可能;在事物之显现为其当时所显现的那样时，它们就此被表征为是相应的方式——灌木丛里藏有一头貘。

　　一种一般形式的反驳应当适用于此。这里应当为维特根斯坦式的惯常评论留有空间。当我看着灌木丛时，事物向我显现为以某种特定方式存在。如果它们之向我显现为以那种方式存在就是对我来说灌木丛里显得有一头貘的话，那么如果事物是其所显现的那样，灌木丛里就必须有一头貘。但这是一个语法上的评论，它的意思是：如果事物向我显现的方式被称为一头貘之在灌木丛里，那么事物之**是**其所向我就此显现的那样就被称为一头貘之在灌木丛里。但向我显现为其就此所显现的那样的事物，是否**配得上**被如此称呼？

　　但是，在我们得以看到被应用于本例的维特根斯坦的思想之力量之前，我们必须首先处理一种方式，以这种方式，事物之以某种方式显现可能产生幻觉。幻觉的来源是这样一个事实，即显得是（通常来说）一个事实性意义的问题，或更准确地说，是（事实性地）指示，其中 A 之指示 B 大致是，且尤其是，A 之通常地，或正常地，或作为一个规则地，意指 B。这是一种一般化，它把一种一般性置于 A 和 B 的任意替代物中。当然，占据那些位置的东西是某种容许实例的东西，在其中某物使之足以决定一个实例会是什么样。关键在于不要把一般性的**那个**来源与一个表征所提供的，或包含在它之中的来源相混淆。

　　假设，面对在咖啡馆桌子对面的希德，皮娅用手指敲击桌面、不停看她的表、叹气等等。那么她可能显得是在希望希德离开。怎么说呢？作为通常的规则，在面对某个喋喋不休地谈论自己的人时，那种敲击和叹气等，意味着那个敲击和叹气者希望对方离开。假设它并非如此。假设它，或至少皮娅对它的例示，同样可能是对对面的人的浪漫的兴趣的体现，或对那个人的职业前景的关心，或只是单纯的高涨的情绪。那么，对于所有提到的征候，皮娅并不会显得是希望希德离开。同样地，根据那头猪在那棵橡树下用鼻子拱动的方式，树底下可能显得有松露。如果猪只是由于某种奇怪的、猪特有的原因而像那样拱动，那么那种拱动就不会使事物如此显现。在这里，重要的可能是一种特定种类的拱动；并且，除了说它是猪在有松露时进行的那种拱动，可能不存在（或我们没有）这样的方法，来说出那种方式是什么；在所有方式之中，它可能是一个人可以学着去认识到的一种拱动。

　　然后，假设在如其所显现的那样显现的事物中，那个灌木丛中显得有一头貘。根据上述模型，事情要想是这样，如其所显现的那样显现的事物就会**指示**灌木丛里的一头貘。假设它们并不是这样：在事物如此显现的情况下，那里可能有一头貘；但那里也可能是一头猪、一头野猪，或仅仅是一块石头的影子，或小片灌丛。如其所显现的那样显现的事物并没有指示任何貘。那么，灌木丛中其实并没有显得有一头貘。猪之用鼻子拱动指示了松露，即使并没有可用的正确的故事来说明有关拱动的什么东西做到了这一点。它只是那种拱动而已。类似地,如其所显现的那样显现的事物指示了灌木丛中的一头貘,即使并没有可用的正确的故事来具体地说明在表象中做了这种指示的东西是什么。它只是如其所显现的那样显现的事物而已。这样一种故事的缺失,并不对它作为指示的一个个例构成指控。

为了讲述至今为止的故事,我去掉了"对 X 显现为是"中的修饰语"对 X"。我认为这对问题的关键并无影响。如果橡树底下并没有显得有松露,而对 X 来说显得有,因为对于如果那里有松露,事物会如何显现,X 处于某种幻觉(或错觉)之下的话,那是一个有关 X 的态度的问题:X 并不出于任何**好的**理由,就认为橡树底下(很可能)有松露。"对 X 来说"在这里的有趣功能在于,它表明 X 有资格在感知中与环境中可被遇见的某物相遇;根据讲述这个故事的通常方式,X 具有必要的概念,以使得某物对他来说看起来像,或者看起来是一头**貘**。这一观点现在成了:一个人需要概念来接受指示。也许是这样。

如果那种拱动指示了橡树底下的松露,那么,通常来说,这种拱动意味着处于如此情景中的松露。因此,被指示的东西是一个一般性条件的存在,它容许被以多种方式例示。(大的松露、小的松露、有病的松露,或许还有腐烂的松露,等等。)但是,如果橡树底下显得有松露,如此显现的事物并不是它之被表征为那里有松露。因为指示中的一般性的本质,以及它之例示的本质,和一个表征的本质是迥乎不同的。假设是猪之拱动使得橡树底下显得有松露。现在让我们问:根据对橡树下之有松露的何种理解,事物才如此显现?要想回答这个问题,我们需要问,这种拱动事实上指示了或意味着什么。这种拱动事实上会带来什么?通常来说,还有什么会成为事实?如果一头猪像那样拱动,松露事实上会正好在树底下吗?或者它们**可能**位于树荫下的任何地方?它们可能腐烂得过于严重,以至于不可食用吗?还是说,从拱动中可以推出它们是**可食用的**松露?等等。现在,假设我向你将它表征为橡树底下有松露——比如,通过这样说来表征它。根据对那里之有松露的何种解释,它被表征为如此?从我之这样说了之中,可能会、也可能不会推出那些松露将是可食用的,或甚至那里事实上将有松露。所有这些都是事实性意义的问题。但它不是问题的关键。问题在于从我所说的东西中,而非从我对它的说出中,能推出什么。那是一个有关它,或同样地,我对它的说出,**应当被怎样看待**的问题;我在此前的一个讲座中,通过在如我所做的那样说话时,使自己对其负有责任的那种期望来阐明的问题。与橡树相关的事物之是其所是,是否例示了在它之指示那里有松露之中被指示的东西,是由自然的相关组合方式所决定的。事实上,**到底**是什么使猪拱动呢?相反,在对橡树底下有松露的一个特定表征中,事物是否如所表征的那样,是由相当不同的考量所决定的。对被指示的东西的例示,和对被表征的东西的例示，是两种完全不同的现象。

表征主义现在成了这样。在(在给定的觉知中，一个特定感知者的一次特定观看中)如其所显现的那样显现的事物中，它们以某种方式显现。在那之中，它们被表征为是那种方式。如果事物被如此表征的话，它们就会，或可能，如其所实际显现的那样显现。但它们可能如其所显现的那样显现，而没有被如此表征。在这种弱的意义上，这里的显象只是单纯的。进一步地，如果问题在于，在事物之如其所显现的那样显现中，如此这般的东西是否被表征为如此，那么这个问题就不能通过确定显象**指示**的东西来回答。

希德凝视着皮娅涂了口红的嘴唇，后者以某种方式向他显现。我们将会假设，他差不多接受了它之如其所显现那样的显现。在它如此显现时，它在他对它的经验中是否被表征为它是红色的？这就是这里产生的那类问题。它的答案会与事物何时会如其所显现的那样有关。这是因为，在这个故事中，它之如其所被表征的那样，就是它之如其所显现的那样。现在就有了空间以对维特根斯坦的评论作一个改编。如果嘴唇之如其所显现的那样向他显现是(在其他事物之外)它之显现为红色的，那么它之是其所显现的那样就将是(在其他事物之外)它之是红色的。然后(也只有然后)它将会被表征为是红色的。但这是一个语法上的评论，它的意思是：如果事物之如其所显现的那样(向希德)显现被称为它们之显现为红色的，那么事物之如其所显现的那样就被称为它们之是红色的。到目前为止，我们并没有更接近所提问题的答案。

所以我们可能会问，嘴唇，或皮娅的嘴唇，何时会被称为，或应当被称为**红色的**。如果它只是被涂成红色的，一个人也可能会如此称呼它。他可能正确地这样做，这取决于那次称呼所在的场合。但是一个人也可能拒绝将它之仅仅被涂成红色算作他们之是红色的。同样地，他也可能是正确的，这取决于那种拒绝所在的场合。一个人可能坚持要求至少相当于她的嘴唇被纹成红色的所会提供的东西。或者一个人可能坚持要求更多——比如，胎记或遗传。对于嘴唇之是红色的，存在各种各样的理解，皮娅的嘴唇根据其中一些理解是红色的，根据另一些理解则不是。

为了现在的目的，我们应该将皮娅的嘴唇之如其所(向希德)显现的那样显现称为它之显现为红色，仅当我们应当将它之如其**就此**显现的那样称为它之是红色的。我们应当基于某些对嘴唇之是红色的理解(或者在我们会基于这些理解说话时)来做后者；我们不能基于其他理解来那样做。根据一种显象的概念，基于对皮娅的嘴唇之是红色的各种各样的理解，它都确实是红色的。它显现为仅仅被涂成红色的会如此；显现为在某种方式上有文身或胎记(并且或许，被透明的唇彩覆盖)也会如此,等等。但是,这种显象的概念并不能达成表征主义的目的。这是因为,根据这种显象的概念,有太多显象可以确定一个表征内容——确定事物何时会如同它在希德的经验中所被表征的那样。不存在(在对它的一次表征中)将嘴唇表征为红色这回事,如果它同时基于如下两种理解:根据其中一种,如果它只是被涂成红色的,则它并不是如同所被表征的那样;根据另一种,则相反。

如果事情是如此,即在希德的经验中,要么皮娅的嘴唇被表征为红色的,要么它**不**被表征为红色的,而是表征为某种其他方式,那么相关的显象概念就必须取决于,基于何种对嘴唇之是红色的理解,她的嘴唇之是如此会是事物之是其所显现的那样。根据这个显象的概念,在对此的任何对立的理解之下,它不能(向希德)显现为红色的。经验确定将某物表征为如此的某个特定表征的一般性,就会是这么一回事。它是否可以涂有口红,从而在导致表征成为一个特定方式的那种显现的意义上,如其所显现的那样显现? 对于这个目的,它是否可以有刺青? 它是否至少必须有胎记? 或甚至那样也不够? 如果我们要实现这样的想法,即经验本身是否真实取决于事物如何存在——**它**在某种程度上对事物实际上之是某种方式有所承诺(它们当时是或不是哪些方式)——就至少必须决定这么多东西。但我们在经验中找不到任何东西来作出被要求的决定。

这里的基本观点可以被一般化。假设在希德的经验中,被表征的是如下内容:皮娅的嘴唇是 F。现在,设 C 为这样的情境,在其中皮娅的嘴唇不会如就此所表征的那样,却仍然会如它事实上显现的那样显现。她的嘴唇为什么不被表征为一种 C 会例示的方式? 为什么那不是事物之是其所显现的那样? 就这一点而言,基于对是 F 的**某种**可接受的理解,它为什么不是它之是 F? 在希德之经验他所经验之中,没有任何东西能为这一问题提供答案。他被赋予对其的觉识的东西,无论那种觉识是对于他的周遭环境的,还是对于它被赋予的对其的那种视角的——他不能用诸如相信或怀疑的态度来回应的东西——在其之中都没有任何东西包含了对这些问题的回答的材料。对于表征主义者而言,它们一定是紧迫的问题。

因此,维特根斯坦关于语法评论的评论是一种看待如下问题的方式,即为什么在知觉经验,或至少在觉知中,没有表象的空间——除非这种空间是感知者对他在该经验中所目击到的东西的回应,即他之就此将如此这般的东西**当作**是如此。思想和现实之间的协调,正如它通过什么会被称为什么所做的那样,并不将任何思想放入世界本身,无论是作为我们关于它的思想的图像,还是作为它之如其所显现的那样显现的图像。

6.6   胜任的经验

认出可以是一种纯粹认知上的成就。一个人将某个他已经熟知的东西识别为那个他就此已经熟知的东西。认识到也可以是接受、承认、保证、容许某物是或赋予其某种地位。荷兰语和德语用两个不同的动词来标示这种区别。荷兰语的herkennen 和德语的 erkennen（大致上）用于认知上的成就。荷兰语的 erkennen 和德语的 anerkennen 则用于具有后一范围内态度的元素者。

希德可能认出咖啡馆桌子旁的皮娅。皮娅可能认出一只飞过的马尾鹦鹉。（并不是说她认出了**那只鹦鹉**，而是她认出了**一只鹦鹉**的在场。）弗莱米什漫画家卡马古尔卡告诉我们："一个美丽的女人：你认出她（也就是说，**一个美丽的女人**）是通过她的外表。"荷兰语的 herkennen 适用于所有这些例子。我们从认知成就的角度来考虑这样的事情。在有这些成就要达到的地方，可能会有实现这些成就的能力。希德在他看见皮娅时可能知道她，皮娅在她看见马尾鹦鹉时可能知道它，每个人在看到一个时装模特时都知道他，等等。就这一情形的本质而言，能力就是弄对某事。所以，在所有这些例子（除了卡马古尔卡的例子）中，都存在某事需要弄对。例如，在马尾鹦鹉的例子中，需要弄对的事情是某物（一只鸟）何时是一只马尾鹦鹉。也可以这样说：某物之是一只马尾鹦鹉——这个属性、这个事物所是的方式——何时被例示了。在 herkennen 使用的范围内，这些事情纯粹是认知成就的问题。毫无疑问，我们**确实**以这种方式思考问题。这就是认同属性是组成部分的观点的**一些**理由。我们在皮娅的嘴唇上看见了深红的颜色，然后在佐伊的脚趾上看见了，并且注意到自己看见了，同样的颜色，即深红色。类似地，我们在比如那棵肉桂树上，看见了某物之是一只马尾鹦鹉的一个个例，然后又在大蕉的树荫下看见了相同的东西——某物之是一只马尾鹦鹉——的一个个例。

另一方面，当弗雷格谈论将一个思想认作真的时候，他所用的动词是 anerkennen。（例如，见 Frege 1918：77。）这并不是因为这一选择很好地符合了他的哲学。弗雷格是一位文体大师，也是一位德语大师。我认为他之所以选择了那个单词，是因为它是说德语时会使用的词。所以我们（有时）将认识到属性的个例作为纯粹的认知成就来谈论。但是当涉及认识到思想之真时，我们的谈论为部分作为一种态度的认识到留出了空间——接受、承认、保证、容许某物是某种地位。为什么会有这种差别？这些思考事物的不同方式又应该如何调和？

走向调和的一小步是注意到，我们在说皮娅在看到一只马尾鹦鹉时知道马尾鹦鹉，或希德在看到一头猪时知道猪的时候归于他们的那种能力，总是依赖于一个适宜的环境——以及更多东西——才成其为一种**能力**。如果皮娅告诉我们榕树上有一只马尾鹦鹉,然后我们问她是如何知道的,那么一个回答可能是她在看到一只马尾鹦鹉时就知道马尾鹦鹉。但是如果我们的岛屿被另一种鸟类入侵,后者与马尾鹦鹉无法被除了专家之外的任何人所区分,那么皮娅在看到一只马尾鹦鹉时就不再知道马尾鹦鹉。而如果希德要确证我们的岛屿被入侵的(可能是错误的)传闻,那么皮娅所说的话,即在那边的榕树上的那些鸟是马尾鹦鹉,就不是好的了。出于这些目的,当她看到一只马尾鹦鹉时,她不能算作知道马尾鹦鹉,即便事实上岛上并没有其他东西可能被她误认为是马尾鹦鹉。

　　观察到如下事实也可能有一些帮助:在看到一只马尾鹦鹉时知道马尾鹦鹉,不等于也不需要蕴含,知道何时该说某物是一只马尾鹦鹉。对于一只马尾鹦鹉和虎皮鹦鹉的杂交,一个人什么时候应当说它是一只马尾鹦鹉?(假设它几乎没有虎皮鹦鹉的特征,而具有很多马尾鹦鹉的特征。)一个人什么时候应当将一只吃饱了的马尾鹦鹉称作马尾鹦鹉?这里需要的是把握是一只马尾鹦鹉是怎么一回事,以及这如何与就如此这般的东西说这样那样的事的场合相联系。对于在看到一只马尾鹦鹉时知道马尾鹦鹉而言,鉴于那是一种有限的能力,被要求的东西可能少得多。无论如何,各种不同的考虑因素都在发挥作用。

　　这两个小的要点指向了看待将认出事物的个例看作纯粹的认知成就如何可能的一种方式,它与事物之完全是其所是以这里所讨论的方式将什么会被称作什么的问题悬置的观点相兼容。我们在这里需要的想法是一个归因者的视角。假设你和我对讨论希德的能力感兴趣,尤其是他有关猪的能力。我们必须将注意力限制在一个特定环境,或一些特定环境上——比如,如它所实际上是的那样的英国。这个环境提供了区分猪和其他事物的具体问题。例如,如果你避开伦敦动物园,就几乎不会遇到西㹶。如果我们要谈论希德有关猪的能力,我们也必须基于一种有关某物是一头猪会是怎么回事——某物是我们就此谈论的东西,会是怎么一回事——的特定理解这样做。那将必须是一种这样的理解,它经常足以决定,根据它,哪些东西算作一头猪而哪些不算,以及什么会算作某物之是一头猪。关于约克郡最深处的某个实验农场里的动物,可能会有两种说法。但如果希德关于它们会说的话与我们关心的能力有关,那么**要**关于它们说什么,就必须是我们目前对猪的谈论所承载的、对是一头猪的理解的一部分。(当然,对于我们的目的而言,关于这些奇怪的生物希德会说什么可能根本无关紧要。)

　　因此,对与是一头猪的相关理解决定了希德必须准备作出什么样的区分,即他必须将什么识别为什么,才能算作具有在说他在看到一头猪时知道猪的时候,我们会归给他的那种能力。维特根斯坦被调整后的评论在此适用:如果希德面对的是一头猪，那么在这个例子中，知道眼前的一头猪将会是知道**这**是一头猪；但这是一个语法上的评论，它的意思是：如果希德面对的是被称为（某物之是）一头猪的东西，那么……但是，在相关的范围内，说什么**是**被称作一头猪，以及在知道一头猪是否在场时要知道什么的工作，已经作为我们讨论希德的一个背景而被完成了。所有其他的事情——他之对于正确的事情说了正确的事情——现在可以被看作一个纯粹的认知成就。我们（归属者）对猪的讨论，已经确定了对于决定什么**应当**被称为一头猪，或何时某物应当被称为一头猪，所需要确定的事情。我们就此归给希德的能力中，没有任何东西包含了解决这些问题的材料。他在就我们的目的而言，什么算作称一头猪为猪中的认知成就，或者让他实现这些成就的东西——对事物或野兽之是其所是的特定种类的感性——之中，也没有任何东西指示了那些十分不同的考虑因素，它们在问题是什么应当被称作某物之是一头猪时发挥作用。它们更不表明，那些十分不同的考虑因素不能与那些它们所涉及的不同问题相关。

我们现在可以破解卡马古尔卡的问题。在谁会算作美丽的、而谁不算被确定的背景之下，在**美丽的**就此被设想的情况下，识别美丽的人，在这种理解之下，可以是一个纯粹的认知成就。当一个人以这种方式思考事物的时候，herkennen 这个动词是适用的。这并不影响美在观看者眼中的观点。

这些讲座在某种程度上在它们开始的地方结束：化解对平庸之物的误读，后者给它们注入它们本没有的哲学上的兴奋点。对奥古斯丁式平庸之物的误读，给出了一幅这样的图景，在其中表征是某个它（对我们而言）不能是的东西。我认为，那就是《哲学研究》教给我们的最重要的一课。对这种平庸之物的误读也给出了一个同样令人兴奋却错误的、有关思想和世界之相符合的图景——一个表征和它所表征为某种方式的东西之间的关系。化解这些误读使我们失去了哲学似乎需要承担的**某些**任务。这意味着哲学已经结束了吗？它**是否**结束了？我认为没有理由这么想。

参 考 文 献

Austin, J. L. (1950), 'Truth', *Proceedings of the Aristotelian Society*, suppl. vol. 24; repr. in *Philosophical Papers*, 3rd edn. (Oxford: Oxford University Press), 117-133. Page references to reprinting.

——(1962), *Sense and Sensibilia* (Oxford: Oxford University Press).

Clarke, Thompson (1972), 'The Legacy of Scepticism', *Journal of Philosophy*, 69/20: 754-769.

Davidson, Donald (1967), 'Truth and Meaning', *Syntheses*, 17: 304-323; repr. in *Inquiries into Truth and Interpretation* (Oxford: Oxford University Press, 1984), 17-36.

——(1983), 'A Coherence Theory of Truth and Knowledge', in D. Henrich (ed.), *Kantoder Hegel?* (Stuttgart: Klett-Cotta).

——(1986), 'A Nice Derangement of Epitaphs', in R. Grandy and R. Warner (eds.), *Philosophical Grounds of Rationality* (Oxford: Oxford University Press).

Diderot, Denis (1751), 'Lettre sur les Sourds et Muets', repr. in Œuvres complètes de Diderot, vol. i (Paris: Garnier Frères, 1875), 390. (I owe this historical point to Noam Chomsky, *Syntactic Structures*, (Cambridge, Mass. : MIT Press, 1957).)

Dummett, Michael (1976), 'What is a Theory of Meaning? (Ⅱ)', in G. Evans and J. McDowell (eds.), *Truth and Meaning* (Oxford: Oxford University Press); repr. in *The Seas of Language* (Oxford: Oxford University Press, 1993). Page references to reprinting.

Evans, Gareth (1982), *The Varieties of Reference* (Oxford: Oxford University Press).

Feyerabend, Paul (1962), 'Explanation, Reduction, and Empiricism', in H. Feigl and G. Maxwell (eds.), *Minnesota Studies in the Philosophy of Science*, ii (Minneapolis: University of Minnesota Press), 28-97.

Fodor, Jerry (1998), *Concepts* (Oxford: Oxford University Press).

Frege, Gottlob (1891), 'Funktion und Begriff', lecture given in the meeting of 1 September, 1891 of the Jena Society for Medicine and Natural Science; repr. in G. Patzig (ed.), *Funktion, Begriff, Bedeutung* (Göttingen: Vandenhoeck und Ruprecht, 1962).

——(1892), 'Über Begriff und Gegenstand', *Vierteljahrschrift für wissenschaftliche Philosophie*, 16: 192-205; repr. in Patzig (ed.), *Funktion, Begriff, Bedeutung* (1962).

——(1893), *Grundgesetze der Arithmetik* (*The Basic Laws of Arithmetic*), trans. M. Furth (Berkeley and Los Angeles: University of California Press, 1964). Page references to 1964 edition.

——(1897), 'Logik', repr. in G. Gabriel (ed.), *Schriften zur Logik und Sprachphilosophie aus dem Nachlass* (Hanburg: Felix Meiner, 2001), 35-73.

——(1904)，'Was ist eine Funktion?'，*Festschrift für L. Boltzman*，656-665；repr. in Patzig (ed.)，*Funktion，Begriff，Bedeutung* (1962: 81-90).

——(1918)，'Der Gedanke'，*Beiträge zur Philosophie des deutschen Idealismus*，2 (1918-1919)，58-77；repr. in G. Patzig (ed.)，*Logische Untersuchungen* (Goöttingen: Vandenhoeck und Ruprecht，1966).

Goldfarb，Warren (1983)，'I Want You To Bring Me A Slab'，*Syntheses*，56/3 (Sept.)，265-282.

Kripke，Saul (1972)，*Naming and Necessity* (Cambridge，Mass.: Harvard University Press，1980). Page references to 1980 edition.

McDowell，John (1986)，'Singular Thought and the Extent of Inner Space'，in J. McDowell and P. Pettit (eds.)，*Subject，Thought and Context* (Oxford: Oxford University Press)；repr. in *Meaning，Knowledge and Reality* (Cambridge，Mass.: Harvard University Press，1998)，228-259.

——(1994)，*Mind and World* (Cambridge，Mass.: Harvard University Press).

Moore，Adrian (1997)，*Points of View* (Oxford: Oxford University Press).

Putnam，Hilary (1962a)，'The Analytic and the Synthetic'，in H. Feigl and G. Maxwell (eds.)，*Minnesota Studies in the Philosophy of Science*，iii (Minneapolis: University of Minnesota Press).

——(1962b)，'It Ain't Necessarily So'，*Journal of Philosophy*，59/22: 658-671.

Russell，Bertrand (1918)，'Lectures on Logical Atomism'，repr. in R. C. Marsh (ed.)，*Logic and Knowledge* (London: Allen and Unwin，1988)，177-281.

Strawson，P. F. (1950)，'Truth'，*Proceedings of the Aristotelian Society*，suppl. vol. 24；repr. in *Logico-Linguistic Papers* (London: Methuen，1971). Page references to reprinting.

Travis，Charles (1997)，'Pragmatics'，in Bob Hale and Crispin Wright (eds.)，*A Companion to the Philosophy of Language* (Oxford: Blackwell)，87-107.

——(2000)，*Unshadowed Thought* (Cambridge，Mass.: Harvard University Press). (2004)，'The Twilight of Empiricism'，*Proceedings of the Aristotelian Society*，104/2 (Feb.)，245-270.

——(2006)，'Psychologism'，in E. Lepore and B. Smith (eds.)，*The Oxford Handbook of Philosophy of Language* (Oxford: Oxford University Press).

——(2009)，'Aristotle's Condition'，in P. Greenough and D. Pritchard (eds.)，*Williamson on Knowledge* (Oxford: Oxford University Press).

Waismann，Friedrich (1979)，*Wittgenstein: Conversations with the Vienna Circle* (Oxford: Blackwell).

Williams，Bernard (1978)，*Descartes: The Project of Pure Enquiry* (Harmondsworth: Penguin Books).

——(1982)，'Wittgenstein and Idealism'，in *Moral Luck* （Cambridge：Cambridge University Press）.

Wittgenstein，Ludwig （1922），*Tractatus Logico-Philosophicus* （London：Routledge）.

——(1953)，*Philosophical Investigations* （Oxford：Blackwell）.

——(1958)，*The Blue and Brown Books* （Oxford：Blackwell）.

——(1974)，*Philosophical Grammar* （Oxford：Blackwell）.

——(1981)，*Zettel* （Oxford：Blackwell）.

译后记

本书作者查尔斯·特拉维斯教授是英国伦敦国王学院哲学系的荣休教授，于 2020 年起被聘为清华大学哲学系的贺麟外国哲学讲席教授。特拉维斯教授是当代享有国际声誉的重量级哲学家，尤其专精于维特根斯坦的哲学，本书即为特拉维斯教授在该领域的力作。

思想如何获得其立足点？事物以如此方式存在的思想与事物之以那种方式存在如何相联系？本书是对该问题的一个回答。特拉维斯教授将《哲学研究》看作维特根斯坦对弗雷格的一个回应：1. 语词所命名的东西，以及它们用于命名一事的有结构的方式，都不能唯一确定它们何时为真；2. 如果缺少偏狭的作用，那么表征无法具有判断的正确形式；3. 不存在什么才是真正的判断这样的问题。除此之外，本书对单称思想、遵行规则、私有语言等问题都作了颇具独创性和富有见地的阐发。

本书由两位译者合作完成：陈楚森翻译了序言及致谢、导言，以及第 1、4、6 讲；马健则翻译了中译本序以及第 2、3、5 讲。此外，唐浩教授通读了全书译稿，并对照原文逐字逐句地校读了序言及致谢、导言,以及第 1、2 讲的译稿,并就其他章节中的疑难处提供了有益的指导。特拉维斯教授思想精深,但行文晦涩。尽管我们自认已尽力在理解的基础上用合规的中文呈现原文,但想必最终仍不免有诸多佶屈、错漏之处,恳请方家不吝指正。

陈楚森　马　健

2022 年 8 月 20 日